山东省社会科学审判专项“认罪认罚从宽制度规范化研究”
（项目批准号：18CSPJ09）研究成果

认罪认罚从宽制度规范化研究

RENZUI RENFA
CONGKUAN ZHIDU
GUIFANHUA
YANJIU

刘军　潘丙永◎著

知识产权出版社
全国百佳图书出版单位
—北京—

图书在版编目（CIP）数据

认罪认罚从宽制度规范化研究/刘军，潘丙永著. —北京：知识产权出版社，2021.10
ISBN 978－7－5130－7699－9

Ⅰ. ①认… Ⅱ. ①刘… ②潘… Ⅲ. ①刑事诉讼—司法制度—研究—中国 Ⅳ. ①D925.210.4

中国版本图书馆 CIP 数据核字（2021）第 181607 号

责任编辑：李学军　　责任校对：谷　洋
封面设计：刘　伟　　责任印制：刘译文

认罪认罚从宽制度规范化研究

刘军　潘丙永　著

出版发行：知识产权出版社有限责任公司　　网　　址：http：//www.ipph.cn
社　　址：北京市海淀区气象路 50 号院　　邮　　编：100081
责编电话：010－82000860 转 8559　　责编邮箱：752606025@qq.com
发行电话：010－82000860 转 8101/8102　　发行传真：010－82000893/82005070/82000270
印　　刷：北京虎彩文化传播有限公司　　经　　销：各大网上书店、新华书店及相关专业书店
开　　本：787mm×1092mm　1/16　　印　　张：16.25
版　　次：2021 年 10 月第 1 版　　印　　次：2021 年 10 月第 1 次印刷
字　　数：262 千字　　定　　价：96.00 元
ISBN 978－7－5130－7699－9

序 言

我们要依法公正对待人民群众的诉求，努力让人民群众在每一个司法案件中都能感受到公平正义，决不能让不公正的审判伤害人民群众感情、损害人民群众权益。

——习近平

长期以来，笔者持续关注主体性哲学和人的主体性理论，并以马克思主义主体性理论为指导，在罪刑关系、刑罚理论、刑事司法和被害人学等领域开展相关研究，已经取得一些前期研究成果，发表十余篇学术论文并出版多部个人专著，集中展现了笔者对于主体性理论的思考以及在刑事司法中的具体运用，系统阐释了主体行为之该当、规范之主体间性、刑事司法中的主体性言说、涨落有序的正义理念和罪刑均衡的动态实现等创新性思想和观点，对刑法的改革与完善提供了重要的理论支撑和参考标准。同时，笔者也在积极探索主体性理论的拓展性研究，主张刑事法一体化研究领域的主体性视角，力图寻找跨越刑事实体法和程序法的理论桥梁。认罪认罚从宽司法改革提供了搭建刑事法一体化研究的桥梁、以主体性理论全面审视并重构刑事法的重要契机。

随着刑事一体化研究和司法改革的不断推进，认罪认罚从宽这一同时具备实体价值和程序意义的刑事司法现象受到党和国家的高度重视。2014 年党中央作出“完善刑事诉讼中认罪认罚从宽制度”的改革决定，2016 年全国人大常委会授权最高人民法院、最高人民检察院在北京、上海、青岛等全国 18 个城市开展认罪认罚从宽制度改革试点，2018 年修改的《刑事诉讼法》正式确立认罪认罚从宽制度，随后最高人民法院、最高人民检察院、公安部、国家安全部、司法部出台了《关于适用认罪认罚从宽制度的指导意见》，最高人民检察院发布了“适用认罪认罚从宽制度”指导性案例，认罪认罚从宽制度进入精准实施与规范完善的阶段。认罪认罚从宽司法改革的初衷主要是解决司法部门办案程序繁琐、效率低下的问题，尽可能地提高诉讼效率，实现司法资源的优化配置。但是认罪认罚从宽制度并不是简单地程序上从简和实体上从宽，而应当在正义的范围内考虑包括诉讼效率在内的所有社会功利，这一司法改革方向将有利于保障刑事诉讼案件当事人在认罪认罚从宽司法程序中的主体性地位，贯彻“涨落有序的正义理念”并保障罪刑均衡的动态实现。

认罪认罚从宽制度改革通过前期试点、法律确认与初步实施取得了重大成功，然而从进一步完善的角度看，依然存在不少理论和实践方面的问题，突出表现为认罪认罚从宽制度的改革实践缺乏更高理念的指导，被追诉人和被害人在认罪认罚从宽协商程序中的主体性地位严重不足甚至缺失，认罪认罚的反悔与撤回虽然在司法解释中有所涉及，但依然被作为一项消极的因素予以对待，相应的司法处置机制并未构建起来，单位认罪认罚的不起诉制度还很不完善，尤其是单位认罪认罚能否从宽、如何从宽的问题没有得到很好的解决，等等。注重效率与后果的功利主义由于贴合认罪认罚从宽制度提升司法效率的改革初衷，一时成为认罪认罚从宽制度规范化研究的重要理论工具，认罪认罚从宽的“同意式协商”“听取意见式协商”“家长式协商”等诉讼理论模型相继涌现，因为追诉部门制定从宽意见、被追诉人进行确认这种方式最迅速、最快捷，与提升司法效率高度契合。然而在进行功利主义论证的同时，人的主体性无形中被消解掉了，认罪认罚沦落为被动的自愿，从宽处理异化为慷慨的恩赐。任何刑事诉讼模式在进行程序设置和制度建构时都应当以人为目的，尊重诉讼当事人的人格尊严和主体地位，充分保障当事人的主体性，以自由意志发布的命令为导引不断强化自我选择和自我决定的能力，在持续的选择中不断地进行自我完善。为此，我们倡导认罪认罚从宽制度的规范化完善不应简单地依循注重效率与后果的功利主义，必须坚持以人自身为目的的主体性理论，在正义的范围内追求诉讼效率最大化。

本书以人的主体性理论为视角，重新审视了认罪认罚从宽制度的基本概念、性质定位、运行样态和域外模式，在肯定其制度价值的同时，指出存在的人之主体性不足甚至缺失的突出问题。为此，结合主体性哲学和刑事法学原理创新提出刑事诉讼程序中人的主体性理论，并同刑事实体法中的主体性理论完成一体化论证。被追诉人等所有诉讼当事人的程序主体性主要包括主体性参与论、主体性选择论和主体性保障论，以此为具体的理论分析模型，构建和完善了认罪认罚从宽的主体性协商制度、主体性撤回及其司法处置制度、单位犯罪的主体性不起诉制度和被害人的主体性参与制度。

除导论外，本书共设计九章内容，前四章主要考察认罪认罚从宽和域外相关制度的现实情况以及相应的研究状况，并指出主体性缺失在各方面的具体表现，第五章构建程序主体性理论模型，后四章是具体制度的规范完善。详而言之，第一章和第二章阐述认罪认罚从宽的基本概念和性质定位，包括学术研究、立法规范和司法实务三个层面的立场观点。对于认罪认罚从宽概念的理解无法脱离该项制度的正当性根据，认罪认罚从宽并非简单地服务于司法效率的提升，其根本的正当性在于被追诉人主体性地位的擢升，即认罪认罚首先是被追诉人基于自由意志所为的自由选择——主体性选择，其次才是基于可能的利好后果进行的理性衡量，从宽处理乃国家对这种向善的主体性选择的尊重、肯定和鼓励——主体性选择该当的结果，即从道德法则层面，对认罪认罚者就应当进行从宽处理，是对其主体性选择和决定的肯认，也是被追诉人能够重拾主体性人格和重返社会的制度保障，澄清了这一点，对认罪认罚从宽制度的本质自然就有了全新的体认。

第三章和第四章考察我国认罪认罚从宽制度的运行样态和域外相关制度模式。研究中发现，认罪认罚从宽制度虽然对域外相关制度多有借鉴，却存在本质差别。在正当性基础上，坚持让诉讼当事人在每一个司法案件中感受到公平正义，在公平正义的范围内追求诉讼效率最大化，是认罪认罚从宽司法改革的最大特征和制度优势。而域外相关制度，尤其是美国的辩诉交易制度却是极端的当事人主义，在追诉认罪案件过程中，只要控辩双方协商一致甚至可以有意忽视案件事实。当然，域外相关制度模式中也存在一些可资借鉴的优秀制度成果，比如对人权保障理念的坚守、注重协调诉讼效率与司法公正之间的关系、分级量刑从宽协商模式和重视被害人在认罪认罚案件办理中的地位和作用等，对于域外制度成果应当积极借鉴，但前提是秉持制度自信然后才能守正创新。

第五章集中论述刑事诉讼程序主体性理论模型，为认罪认罚从宽制度规范化完善提供高位的理论指导。我们所倡导的程序主体性并非简单地作为诉讼一方的主体，而是相对于功利目的而言，立足人格尊严和自由意志在思想行动中的主动选择和自由决断。人为什么会得到主体性的尊重？不是因为他做了哪些对自己有利的选择，而是因为人天生具备高贵人格和卓尔理性，具有道德自律、自我立法和自我完善的能力，主体性就是人格的可能性。基于此，本书结合刑事诉讼程序的自身特点，提出主体性参与论、主体性选择论和主体性保障论的分析架构。核心观点是，制度的规范化应当以包括被追诉人在内的所有当事人为目的而展开，构建必要的制度并设置必要的途径保证当事人的充分参与，提供不同的诉讼程序保证当事人自由选择，尤其需要在满足正义和效率制度价值的同时，促使被追诉人通过主体性参与，自我选择、自我决定并最终达至自我完善。

后四章乃认罪认罚从宽具体制度构建的展开，认罪认罚从宽主体性协商制度的规范化应当以人为目的，尊重诉讼当事人的人格尊严和主体性地位，不断强化自我选择和自我决断的能力，在持续的选择中不断地进行自我完善。为此，应从协商主体、协商程序的启动和协商的具体内容等方面进行制度完善，建立当事人的平等武装协商能力保障机制和协商的司法审查机制。认罪认罚的撤回是被追诉人基于意志自由所作的主体性选择，司法实践中认罪认罚的撤回存在多种理由和情形，应当建立和完善认罪认罚的撤回机制。认罪认罚撤回的司法处置，应注重尊重和保障被追诉人主体性选择的权利，同时考察撤回权行使本身是否正当。对于滥用认罪认罚撤回权的，应当排除不再适用从宽处罚；对于正当行使的，应区分不同事由而分别展开程序回转、程序接管和程序弥补等司法处置。单位亦具有法律拟制的自由意志和责任能力，其主体性人格是判断责任归属的标准，对单位犯罪无论采取单罚制还是双罚制，都可以在单位主体性人格视角中获得合理的解释，对单位主体性认罪认罚的，不仅可以进行从宽量刑，亦可以附加一定条件而暂缓起诉或不起诉，以换取单位主体性地进行合规化改造。当前的立法和司法对认罪认罚从宽制度中的被害人参与均未给予足够的重视与保障，导致被害人无法实质参与量刑协商程序，上访申诉压力不断增加，有些办案机关为避开争议焦点甚至在有被害人的案件中不适用认罪认罚从宽制度，被害人的主体性在认罪认罚从宽制度中不同程度地受到忽视。在论证和规范认罪认罚从宽制度中的被害人参与制度时，应当明确被害人的主体性，立足正义与效率司法理念间的互补融合，构建被害人参与认罪认罚从宽制度的保障机制，有效保障被害人的知情权、规范与完善被害人的量刑参与权、确保被害人享有法律帮助请求权与获得救济权，达到既惩罚犯罪又兼顾人权保障、促进社会关系修复、保障社会和谐与提升司法公信力的目的。

本书受到山东省社会科学规划项目资助，虽然课题早已结项，然而总是想着能够以整体的面貌呈现给读者。经过不断的修改与完善，如今项目成果能够以著作形式面世，笔者深感欣慰。在研究的过程中课题组进行了实证调研和文献整理，开展了不同形式的学术交流，举办了认罪认罚从宽制度的专题学术研讨会，笔者与潘丙永博士也持续不断地进行思想和学术交流，并指导其从主体性理论的视角对相关问题进行全面审视和制度创新。在笔者的指导下潘丙永博士做了许多基础性的材料搜集和整理工作，并具体负责第一章至第四章、第六章的文字撰写工作。作为笔者指导的第一届博士研究生，潘丙永才思敏捷、勤奋刻苦、踏实稳重，对新事物接受能力强，经过严格的学术训练，具备了较强的科研能力。希望潘丙永博士今后在学术科研的道路上能够一切顺利，不断取得新成绩，为我国法治事业的发展贡献自己的力量。

本书乃是我们运用主体性理论解决刑事司法程序存在问题的最新尝试，虽已交付出版，但至今仍然战战兢兢、如履薄冰，所阐释的主体性理论以及尝试构建的主体性程序和制度是否能够与司法实践相契合，仍需进一步检视与验证。恭请大方之家批评指正，欢迎各位读者与我们进行学术交流。

2021 年夏于美丽的佘山

目 录

导论：认罪认罚从宽制度的改革实践与存在问题

一、认罪认罚从宽制度改革的过程与研究现状

2014年10月23日，《中共中央关于全面推进依法治国若干重大问题的决定》中明确提出了“完善刑事诉讼中认罪认罚从宽制度”的任务要求和改革部署，强调构建认罪认罚案件程序分流机制。2016年7月22日，十八届中央全面深化改革领导小组第二十六次会议审议通过了《关于认罪认罚从宽制度改革试点方案》。2016年9月3日，全国人大常委会表决通过《关于授权最高人民法院、最高人民检察院在部分地区开展刑事案件认罪认罚从宽制度试点工作的决定》，授权最高人民法院、最高人民检察院在北京、天津、上海、厦门、济南、青岛等18个城市开展程序试点工作，刑事速裁程序被纳入认罪认罚试点工作中，其适用范围扩大到3年有期徒刑以下刑罚的案件。2016年11月16日，最高人民法院、最高人民检察院、公安部、国家安全部、司法部（以下简称“两高三部”）联合出台《关于在部分地区开展刑事案件认罪认罚从宽制度试点工作的办法》（以下简称《试点办法》），明确了认罪认罚从宽制度在程序上体现为从简、从快，结合刑事案件速裁程序与简易程序的适用，是在保障犯罪嫌疑人、被告人、被害人合法权利的前提下提高刑事诉讼效率的一项重大司法改革。由此，认罪认罚从宽制度开始在全国18个城市试点改革并持续推进，取得了诸多研究成果与改革经验，配套改革措施不断完善，出现了几种典型模式和有益尝试。2017年12月，最高人民法院院长周强代表最高人

民法院，并受最高人民检察院的委托，向全国人大常委会作《关于在部分地区开展刑事案件认罪认罚从宽制度试点工作情况的中期报告》。[1] 依据该中期报告相关数据可以看出，“司法资源得到合理配置，促进了刑事诉讼效率明显提升”。对于认罪认罚案件，检察机关审查起诉平均用时 26 天，人民法院 15 日内审结的占 83.5%。适用速裁程序审结的占 68.5%，适用简易程序审结的占 24.9%，适用普通程序审结的占 6.6%；当庭宣判率为 79.8%，其中速裁案件当庭宣判率达 93.8%。通过速裁程序、简易程序、普通程序分流处理，司法资源配置进一步优化，办案效率进一步提升，确保了及时有效惩治犯罪。该中期报告还总结了改革经验、分析了改革困难、明确了改革方向、提出了完善意见，明确要通过有关试点工作的开展来逐步实验推行该制度的各项规定与适用条件。

山东省相关试点城市司法机关积极采取措施组织实施相关试点工作。例如，2017 年 1 月，全省法院刑事案件认罪认罚从宽制度试点工作部署会在青岛市中级人民法院召开，对《山东省关于开展刑事案件认罪认罚从宽制度试点工作办法实施细则》逐条进行了讨论，并提出完善和修改意见。目前济南市和青岛市法院与检察院系统正在市委政法委的统一领导下，协调公安、检察、司法等有关机关，不断加大力度推进认罪认罚试点工作，取得了显著成效，极大地提高了诉讼效率、节省了办案时间、缓解了案多人少的压力。2018 年 10 月 26 日，第十三届全国人民代表大会常务委员会第六次会议决定修改《中华人民共和国刑事诉讼法》，第 15 条规定：“犯罪嫌疑人、被告人自愿如实供述自己的罪行，承认指控的犯罪事实，愿意接受处罚的，可以依法从宽处理。”至此，认罪认罚从宽作为一项刑事司法制度，正式被法律所确认，同时这也是近一段时间以来对相关司法改革与实践的定型化与法律化。回顾认罪认罚从宽司法改革的过程，历经了从概念提出、方案制定、程序试点再到经验总结等不同的阶段，反映了司法改革从无到有和不断完善的过程。

---

[1] 最高人民法院、最高人民检察院：《关于在部分地区开展刑事案件认罪认罚从宽制度试点工作情况的中期报告》，载人大新闻网，http：//npc.people.com.cn/n1/2017/1225/c14576 – 29726965.html，最后浏览日期：2020 年 3 月 16 日。

从制度酝酿到宏观设计，从政策推动到试点铺开，从经验总结到法律确认，认罪认罚从宽制度在我国的施行，经历的时间并不是很长，从论证到实践再到立法，甚至让人感觉有些仓促。司法实践中的简易速裁程序以及创新实践的“刑拘直诉”（北京、南京等）、分级量刑激励机制（杭州、广州等）、阶梯式从宽量刑机制（济南、厦门）等制度模式极大地丰富了认罪认罚从宽司法改革实践，但是缺乏更高理念的指导，对于正义与效率的关系关注不够。

随着司法实践的推进，理论研究所关注的问题也发生着转变，2018 年《刑事诉讼法》修改以前，对认罪认罚从宽的理论研究主要聚焦认罪认罚从宽的正当性、可行性以及如何开展等基本问题，2018 年新修改的《刑事诉讼法》正式确立了认罪认罚从宽制度之后，对认罪认罚的理论研究焦点开始转向制度适用问题。另外，认罪认罚从宽与国外相关制度的比较研究也持续性地为学者们所关注。据中国知网数据统计分析，关于认罪认罚从宽制度的文章 2016 年 166 篇，2017 年 621 篇，2018 年 578 篇，2019 年 904 篇，2020 年前 8 个月已发表 426 篇❶。当前的学术研究主要集中于对认罪认罚从宽制度的探讨，或者是从犯罪嫌疑人、被告人的权益保障以及其与控方的关系而展开的讨论。学术研究也从改革的具体问题分析转向如何更好地适用和完善认罪认罚从宽制度。认罪认罚从宽制度改革的初衷是在保证实现正义的前提下，尽可能地提高诉讼效率，实现司法资源的优化配置。

当前的学术研究还存在较多问题，尤其是在认罪认罚从宽制度的理论基础、立法目的、从宽的正当理由和从宽幅度的设置、程序法与实体法的协调以及域外相关制度的比较借鉴等方面，国外协商制度也并未提供现成的借鉴模式。更加重要的是，认罪认罚从宽制度并不是简单的程序上从简和实体上从宽，而应当在正义的范围内考虑包括诉讼效率在内的所有社会功利，如此才能确保司法改革方向有利于贯彻“涨落有序的正义理念”，保障罪刑均衡的动态实现。

❶ 以“认罪认罚”为主题词在中国知网进行检索，数据来自中国知网发表年度趋势图。

二、认罪认罚从宽制度改革存在的问题分析

虽然认罪认罚从宽制度改革正在如火如荼地推进，但是，早期试点和现实司法中出现的一些具体问题和难题并未得到很好的解决，如认罪的真实性和自愿性问题，认罪认罚的标准、范围和幅度问题，证明标准问题，是否需要建构独立的认罪程序，案件流程和审批程序，认罪认罚是否是一种量刑情节等。并且，如何从制度上保障当事人的主体性及正义在具体个案中的实现，也需要持续观察和深入研究。当前改革已经进入深水区，需要在前期改革试点的基础上从理念、实体与程序等不同的层面进行全方位的总结、梳理、反思与重构，亟须进行体系性的规范化研究，根据司法改革的发展和现实需要，以域外经验为参照，以先进的司法理念、严谨的认罪标准和综合的刑罚理论为指导，设定合理的改革目标和改革步骤，制定统一、规范和相对稳定的定罪处刑的相关制度、实体标准、组织规程和工作流程，对于罪刑均衡和系统偏离进行动态的把握，在保证司法效率的前提下，确保司法公平公正，确保正义的动态实现。

认罪认罚从宽制度存在的显著问题还包括被害人主体性地位的缺失。认罪认罚制度中涉及被害人的规定目前只有四条，分别为《刑事诉讼法》第 173 条、第 223 条，以及《试点办法》中的第 3 条、第 7 条。《刑事诉讼法》第 223 条将被告人与被害人达成调解或者和解协议作为启动刑事速裁程序的条件之一。《试点办法》第 3 条仅仅是一种保障被害人权利的宣示性条款，第 7 条则被纳入《刑事诉讼法》第 173 条中，是针对第 3 条的规定从程序与实体上稍作细化（应当听取被害人及其代理人意见并记录在案），但是其删除了“将犯罪嫌疑人、被告人是否与被害人达成和解协议或者赔偿被害人损失，取得被害人谅解，作为量刑的重要考虑因素”的规定，对听取的形式、效力以及针对被害人意见如何处理的问题均未作出回应。以上这些仅有的规定与被害人作为诉讼当事人的地位并不匹配，对被害人权利保障的规定也并不周延。对于被害人的意见是否能实质影响认罪认罚从宽制度的适用，被害人具体享有哪些诉讼权利，又该用怎样的配套制度来进行保障与救济，在《刑事诉讼法》与《试点办法》中均没有进行详尽的规定。在试点的司法实践过程中

也存在一些现实问题，如国家机关在办案过程中听取被害人的意见流于形式，部分机关在办案过程中针对存在被害人的案件有意回避适用认罪认罚从宽制度，以期减轻矛盾等。

2019 年 10 月 28 日，“两高三部”通过的《关于适用认罪认罚从宽制度的指导意见》（以下简称《指导意见》）对被害方的权利保障规定了三个条文，其中第 16 条进一步明确办理认罪认罚案件，应当听取被害人及其诉讼代理人的意见，并重新将犯罪嫌疑人、被告人是否与被害方达成和解协议、调解协议或者赔偿被害方损失，取得被害方谅解，规定为从宽处罚的重要考虑因素。第 17 条规定了促进犯罪嫌疑人、被告人与被害方和解，取得被害方谅解的条款，明确公安司法机关应当积极促进当事人自愿达成和解，被害方出具的谅解意见书应当随案移送，并且规定了公安司法机关对被害方的告知义务和协调办理司法救助的责任。第 18 条规定被害方异议的处理方式，明确了被害方异议并不影响认罪认罚从宽制度的适用，但从宽时应当予以酌减。同时规定了因被害方赔偿请求明显不合理而未能达成调解或者和解协议的，一般不影响对认罪认罚的犯罪嫌疑人、被告人的从宽处理。从关于被害方权益保障的规定可以看出，《指导意见》对涉及被害人的主要问题都作了回应，不仅细致而且可操作性强，一定程度上体现了对被害方地位的重视。但是从《指导意见》关于被害方权益保障规定的三个条文内容上看，仍存在一些不完善的地方，比如第 17 条规定了公安司法机关为符合条件的被害方协调办理司法救助，何为协调办理？它是一种法律义务，还是只是一种宣示性规定？如果公安司法机关不办理或者办理了没有办成该怎么办？《指导意见》作为司法的重要依据，这种不明确的规定很可能造成实践上的混乱。更为重要的是，它透露出了并未真正将被害方作为一方诉讼主体来对待，被害人的主体性理念在诉讼中并未得到应有的展现。

由此可见，认罪认罚从宽制度虽然持续到现在一直都是学术界研究的热点问题，但是被害人作为刑事诉讼的主体之一，无论从学术界抑或是立法司法实践中并未得到足够的重视，反而处于被边缘化的位置。在此研究背景下，本书拟通过梳理目前认罪案件适用程序中有关被害人的立法现状与认罪认罚制度下的司法现状，研究被害人为何被认罪认罚从宽制度边缘化，由此会产生怎样的问题，通过对被害人参与认罪认罚从宽制度正当性的论证，最后落脚到如何通过重塑被害人的主体地位和应该保障被害人的何种权益来完善认罪认罚从宽制度，进而促进整个刑事诉讼领域关注和保障被害人的参与，以此达到多元主体共同参与、多元利益平衡的效果。

本书的研究优势在于认罪认罚从宽制度的规范化研究。在总结前期司法改革典型经验和做法的基础上，以主体性理论为引领，从法整体视角看待认罪认罚从宽制度改革实践，尊重并保障诉讼参与各方的主体性，力图构建一种标准化的操作规程和实施方案，从理念到实践、从原则到规则、从实体到程序、从定罪到刑罚，全面规范认罪认罚从宽司法实践，为理论研究提供更多思考和素材，并获得最佳改革红利和综合效益。具体内容不但涉及认罪认罚从宽制度本身改革状况与未来展望，更重要的是通过对认罪认罚从宽制度进行规范化研究，有针对性地对认罪认罚从宽制度适用过程中存在的理念、程序和实体问题进行重构，并尝试构建一种标准化的操作规程和实施方案，平衡法益保护与权利保障、司法效率与公平正义、实体公正与程序正当等诸多方面的诉求，为此需要对主体性理论进行整理和阐发，并以马克思主义主体性理论进行指导和引领。

三、认罪认罚从宽制度规范化研究的重点与创新

本书不但对认罪认罚从宽制度的相关概念、性质定位、制度运行等司法实践进行了探讨，而且在理论上积极探索人格尊严与主体性理论，在对域外相关制度模式进行比较分析的基础上，具体探讨了认罪认罚从宽主体性协商制度、认罪认罚从宽的程序性撤回、认罪认罚从宽制度中的单位犯罪以及被害人参与。应当说马克思主义主体性理论的内涵、对于刑事法治建设和司法改革的引领、主体性理论在认罪认罚从宽司法改革中的具体应用、认罪认罚从宽制度的规范化设计等，是本书研究的重点和难点，同时也是本书的创新之处。

一是，认罪认罚从宽的概念内涵。不同学者对于认罪认罚从宽的概念进行了解析和阐释，如朱孝清强调认罪认罚从宽概念的“三要义”。绝大多数学者目前主要是从程序法的意义上阐释认罪认罚从宽的概念内涵，但其实认罪认罚从宽制度的规范化需要进行刑事一体化研究，需要从理念、实体和程序等不同

的层面对于认罪认罚从宽的概念、特征和内在逻辑进展进行细致解析与反思重构，以便概括出认罪认罚从宽以及司法改革的本质，为规范化研究打下坚实的基础，其中包括对于域外相关司法制度的阐释和借鉴。

二是，马克思主义主体性理论引领刑事法治建设。马克思主义主体性理论是马克思主义哲学的重要组成部分，对于当代中国社会发展起着极其重要的指导和引领作用，深刻地影响着刑法观念的革新、刑罚制度的建构和司法制度的创新。在马克思主义主体性理论指导下，我国立法实践得到空前发展。1982年"人格尊严"条款入宪，2004年"人权"条款入宪，行政诉讼制度和国家赔偿制度的建立，国家公权力的行使日益受到监督并规范化等，都体现了高扬人的主体性，人的尊严得到空前提升。法治建设不但需要在主体性行为的基础上探讨中国特色的犯罪论体系，而且人的主体性也正在成为刑罚正当性基础；对犯罪人施以刑罚正是尊重其主体性的表现，唯有从主体的层面探讨刑罚的正当性才是对人的尊重；不但应当在刑事诉讼中保障犯罪人作为人之尊严，而且应当尊重并保障包括犯罪人在内的所有诉讼参与人的主体性参与。

三是，主体性理论对于认罪认罚从宽制度规范化的具体贡献。认罪认罚从宽制度的规范化唯有坚持马克思主义主体性理论的引领，保障人的主体性才能保持正确的改革方向。在梳理并不断阐发主体性理论的基础上，重在阐释主体性理论的概念内涵、理论优势，以及主体性理论在犯罪论体系的构造、刑罚均衡的维持、诉讼程序构建中的具体运用；深入探讨司法改革理念中的主体性、刑事实体法中的主体性和刑事程序法中的主体性，构建有控辩双方以及被害人和律师等参加的多方参与机制，从制度上保障诉讼参与人尤其是案件当事人的主体性，确保认罪认罚的客观性、真实性和自愿性。

四是，认罪认罚从宽司法制度改革的价值选择。认罪认罚从宽制度的价值取向众说纷纭，通常均认为是为了提升诉讼效率，详言之，具有保权、激励、分流、息诉等功能[1]，但是如何处理效率与公平、正义之间的关系却存在不同

---

[1] 胡江洪：《双向式完善：刑事被告人认罪认罚从宽制度的实体规范与程序优化之维》，载《尊重司法规律与刑事法律适用研究——全国法院第27届学术讨论会获奖论文集》（上），人民法院出版社2016年版，第321页。

的理解。有学者认为，效率是这次司法改革唯一需要考虑的价值选择，如有学者认为应当将效率价值作为刑事速裁程序的根本价值取向，而不应该赋予刑事速裁程序其他价值诉求；❶ 有的学者则将之概括为“公正为本、效率优先”，认为认罪认罚从宽制度的价值取向应当包括：公正基础上的效率观、承载现代司法宽容精神、探索形成非对抗的诉讼格局和实现司法资源的优化配置。❷ 应当说，认罪认罚从宽在制度构建过程中，集中贯彻了在维持公平正义的前提下，追求诉讼效率提高的改革思路。《试点办法》在“开展试点工作的重大意义”中指出，这项改革有利于及时有效惩罚犯罪，维护社会稳定；有利于进一步落实宽严相济刑事政策，加强人权司法保障；有利于优化司法资源配置，在更高层次上实现公正与效率相统一。这其中提到了优化司法资源配置、公正与效率的统一，而且是在更高层次上予以实现，体现了认罪认罚从宽司法改革的指导思想仍然是要兼顾公正与效率；所谓优化司法资源，其实就是繁简分离，对认罪认罚案件通过适用速裁程序、简易程序与适用普通程序的刑事案件进行分流，以便快速提升案件办结率，提高诉讼效率，而且将司法资源集中到解决疑难复杂案件或者对事实、证据和法律适用等有较大争议的案件之中，防止出现冤假错案。这样的一种制度设计，既保障了司法公正，又提高了诉讼效率，节约了司法资源。这本身也是宽严相济刑事政策的要求，能够及时有效地惩罚犯罪，维护社会稳定。因此，认罪认罚从宽司法制度改革的价值选择，本身就是多层面的，追求的是公正与效率的统一，并不是单纯地追求诉讼效率的提高，这一点在认罪认罚从宽司法改革以及对于认罪认罚从宽案件的处理过程中尤其应当注意纠正，防止过度追求诉讼效率而忽视了司法公正。

因此，认罪认罚从宽制度应当在主体性理论的指导下，兼顾制度所追求的各种价值，不断完善制度规范化运行，在保证公平正义的前提下，不断优化司法资源配置，提高刑事诉讼效率。

---

❶ 汪建成：《以效率为价值导向的刑事速裁程序论纲》，载《政法论坛》2016 第 1 期。

❷ 陈卫东：《认罪认罚从宽制度研究》，载《中国法学》2016 年第 2 期。

第一章　认罪认罚从宽制度的概念解析

认罪认罚从宽的概念在认罪认罚从宽制度研究中属于基础性的问题，它既是理论研究的重要内容，又是司法实践适用该项制度的前提，决定了对我国认罪认罚从宽制度的基本理解，也是本书研究的首要问题。从制度酝酿到宏观设计，从试点探索到全面推行，从法律确认到制度适用，任何阶段和所有环节都绕不开对认罪认罚从宽概念的理解。学术研究虽然在该制度正式为法律确认以前就已经关注到了该问题，但直至当下，它仍然存在诸多需要厘清的地方。对认罪认罚从宽概念的理解，除了《刑事诉讼法》的一般规定和“两高三部”《指导意见》中的具体规定外，一些地方所发布的关于具体适用认罪认罚从宽制度的“实施细则”中，有不少内容也涉及对认罪认罚从宽概念的理解和把握，因而，本书对涉及认罪认罚从宽概念的地方性实施细则也进行一些必要的介绍。

一、“认罪”的概念与内涵

2014 年 10 月 23 日，党的十八届四中全会在《中共中央关于全面推进依法治国若干重大问题的决定》中首次提出“完善刑事诉讼中认罪认罚从宽制度”这一纲领性的司法改革任务，但对认罪认罚从宽的具体所指并未涉及。2016 年 9 月 3 日通过的全国人大常委会《关于授权最高人民法院、最高人民检察院在部分地区开展刑事案件认罪认罚从宽制度试点工作的决定》（以下简称《授权决定》）开始触及认罪认罚从宽的含义，其中“认罪”是指“犯罪嫌疑人、刑事被告人自愿如实供述自己的罪行，对指控的犯罪事实没有异议”。

同年，“两高三部”《试点办法》沿用了《授权决定》中对认罪认罚从宽概念的表述，即“认罪”是指“犯罪嫌疑人、被告人自愿如实供述自己的罪行，对指控的犯罪事实没有异议”。经过两年的试点工作，2018 年全国人大常委会议修改《刑事诉讼法》，主要内容就是增设认罪认罚从宽制度系列条款。自此，作为刑事政策的认罪认罚从宽正式成为一项法律制度，实现了刑事政策的法律化。根据刑事诉讼法的规定，认罪是指“犯罪嫌疑人、被告人自愿如实供述自己的罪行，承认指控的犯罪事实”。通过比较不同规范性文件关于认罪概念的规定可知，全国人大常委会的《授权决定》、“两高三部”的《试点办法》和《刑事诉讼法》对“认罪”的理解基本相同，只是在认罪的后半句表述上存在细微差异，前两者中是“对指控的犯罪事实没有异议”，后者是“承认指控的犯罪事实”。政策与法律前后的表述差异并未引起学界的关注，因为这一细微差异并无实质意义，对认罪的理解和适用没有任何影响，确实，“对……没有异议”和“承认……”的表达都是“认罪”中“认”的字中意思，是行动者对外在环境作用于己的结果的认可、接受或承受。但细究起来，“承认”除了被动的“接受”与“认可”之外，还包含了主动的“同意”与“认领”，不仅仅是“没有异议”。措辞的置换最起码昭示了刑事诉讼法重视犯罪嫌疑人、被告人对于“认罪”的主动性，彰显了犯罪嫌疑人、被告人“认罪”过程中的主体性。

即便上文对规范性文件的历史沿革作了一定的解读，然而在理解和适用认罪认罚从宽制度的过程中，仍然出现了各种难题。首当其冲的就是明确认罪认罚从宽的内涵和外延。究竟何为“认罪”或“认罪”为何？犯罪嫌疑人、被告人所供述之罪行和所承认之犯罪事实具体指向的是什么？犯罪嫌疑人、被告人承认罪行到何种层面才能构成刑事诉讼法中的认罪？是承认了犯罪事实就成立认罪，还是需要额外地接受指控的罪名方成立认罪？刑事诉讼法中并未明确，司法实践中的做法也各不相同，不同的法律执业群体对此的理解存在较大的出入[1]，对于这些问题的解答实质性地影响着对“认罪”的科学认知和司法实践的运用。

---

[1] 刘广三、李艳霞：《论认罪认罚从宽制度的立法完善——以实证研究为视角》，载《山东大学学报（哲学社会科学版）》2017 年第 4 期。

2018年修订《刑事诉讼法》实施一年后，“两高三部”出台了针对适用认罪认罚从宽制度的单行司法解释，即《指导意见》。《指导意见》第6条对如何具体把握“认罪”作了详细规定，认罪认罚从宽制度中的“认罪”，是指犯罪嫌疑人、被告人自愿如实供述自己的罪行，对指控的犯罪事实没有异议；承认指控的主要犯罪事实，仅对个别事实情节提出异议，或者虽然对行为性质提出辩解但表示接受司法机关认定意见的，不影响“认罪”的认定；犯罪嫌疑人、被告人犯数罪，仅如实供述其中一罪或部分罪名事实的，全案不作“认罪”的认定，不适用认罪认罚从宽制度，但对如实供述的部分，人民检察院可以提出从宽处罚的建议，人民法院可以从宽处罚。《指导意见》将“认罪”中的“罪”，即刑事诉讼法中的犯罪嫌疑人、被告人所供述之“罪行”和所承认之“犯罪事实”界定于犯罪事实和犯罪性质的框架内，认罪的成立与否就是要考察犯罪嫌疑人、被告人所承认的事实内容和行为性质。《指导意见》虽未明示“认罪”不需要考虑犯罪嫌疑人、被告人是否接受指控罪名，但从具条文含义可知，认罪的成立并不牵涉犯罪事实所应担的罪名，换言之，犯罪嫌疑人、被告人只要承认犯罪事实并接受犯罪性质认定就成立认罪，对犯罪事实应担的罪名未予表态，或者不承认甚至否认、抗拒指控的罪名，均不影响认罪的成立。

认罪不包括对罪名的自认，一些地方性实施细则对此作了明确认定，比如，天津市《关于开展刑事案件认罪认罚从宽制度试点工作的实施细则（试行）》规定，“对犯罪事实没有异议，仅对罪名认定提出异议的，不影响如实供述的认定”。另外，北京、上海、广州等试点地区在各自的实施细则中也作了相同的规定。

与规范性文件的规定不同，理论界对于“认罪”的解读则呈现多样化。单从语义上看，“认罪”乃承认犯罪之意，然而承认犯罪的哪些方面或承认犯罪的哪些内容才能构成刑事法意义上的“认罪”？单纯的语义学分析并不能得出明确结论。“认罪”是单纯地承认犯罪事实，还是同时承认所触犯的罪名甚至犯罪形态和罪数？对此，学术研究中存在较大的争议，争议的焦点集中于“认罪”的成立条件包括哪些内容上，综合来看形成了三种不同的主张。

第一，“认事实一元论”或“单纯认事实说”。该说的基本观点是，只要犯罪嫌疑人、被告人承认是自己所实施的行为事实，即成立“认罪”，对于该行为事实是否构成犯罪以及触犯了何种罪名，不影响“认罪”的成立。持此观点的学者有黄京平、张建伟等人，比如黄京平教授认为“认罪认罚从宽中的认罪，就是‘自愿如实供述自己的罪行’（简称认事），认罪的实质或核心要素是客观供述所犯罪行，认罪即认事或承认犯罪事实，除此之外，不应给认罪附加任何冗余的内容。……被告人只承认事实，但否认事实应定性犯罪的情形，成立认罪，否认有罪不应作为否定认罪成立的事由”。[1] 张建伟也认为被告人承认事实而否认有罪，依然具有诉讼程序简化的效果，并倾向只承认事实的被告人也应获得从宽处理的诉讼利益[2]。

第二，“认事实和认性质二元论”。其核心观点是，认定犯罪嫌疑人、被告人成立“认罪”时，不仅要求被追诉人自愿如实供述自己的行为事实，还要求其承认该行为事实已经构成了犯罪，但是否承认司法机关指控的罪名不影响对“认罪”的认定。持此观点的学者有朱孝清、陈光中、马康等人，如陈光中、马康认为，“认罪”应当是自愿承认被指控的行为构成犯罪，但不包括对自己行为所触犯的具体罪名和犯罪形态的认识，并将此种认罪简称为“概括认罪”。[3] 朱孝清也主张“如果犯罪嫌疑人承认自己的行为是犯罪，但不承认司法机关确定的罪名，则不影响‘认罪’的成立。”[4]

第三，“认事实、认性质和认罪名三元论”。该说的基本观点是，司法机关在判断犯罪嫌疑人、被告人是否成立“认罪”时，要整体考察其对行为事实、犯罪性质和指控罪名的态度，只有同时承认和接受行为事实、犯罪性质和指控的罪名，才能判定其构成“认罪”，才有对其从宽处理的可能。持此观点的代表性学者有陈瑞华、孙长永等人。比如陈瑞华教授认为，被告人只有对公诉机关指控的犯罪事实和罪名予以认可，才能判定为认罪[5]，孙长永教授认为“认罪”在不同的意义上具有不同的外延要求，实体法意义上的“认罪”仅包括“认事实”，程序法意义上的“认罪”因诉讼阶段不同而区别理解，侦查和

---

[1] 黄京平：《认罪认罚从宽制度的若干实体法问题》，载《中国法学》2017 年第 5 期。

[2] 张建伟：《认罪认罚从宽处理：内涵解读与技术分析》，载《法律适用》2016 年第 11 期。

[3] 陈光中、马康：《认罪认罚从宽制度若干重要问题探讨》，载《法学》2016 年第 8 期。

[4] 朱孝清：《认罪认罚从宽制度的几个问题》，载《法治研究》2016 年第 5 期。

[5] 陈瑞华：《“认罪认罚从宽”改革的理论反思——基于刑事速裁程序运行经验的考察》，载《当代法学》2016 年第 4 期。

审查起诉阶段初期，“认罪”是“认事实”，签署《认罪认罚具结书》和提起公诉时以及案件进入审判阶段后，“认罪”不仅包括承认指控的犯罪事实，还必须承认指控的罪名。审判阶段中的“认罪”因适用程序不同存在不同的成立条件，适用简易速裁程序审理的案件，“认罪”必须同时包括“认事实、认性质和认罪名”，而对适用普通程序审理的案件，“认罪”的成立不包括承认罪名，只要“认事实”和“认性质”就可以构成“认罪”。证据法意义上的“认罪”是指“犯罪嫌疑人、被告人自愿如实供述自己的罪行，即提供一份在法律上具有证据能力和证明能力的完整口供，它是一种对刑事诉讼程序的运行有重要作用且对定罪、量刑有重要作用的证据”[1]。

相比较而言，以上学术观点对于“认罪”的要求越来越高，如果单纯从提高诉讼效率而言，对于单纯承认犯罪事实也应当给予奖励，然而如果从认罪悔罪的态度而言，对于自己行为的犯罪性质也需要承认，而是否要承认罪名或者与司法机关认定的罪名是否必须一致，则完全没有必要。

二、“认罚”的概念与内涵

全国人大常委会《授权决定》中将“认罚”界定为犯罪嫌疑人、被告人同意人民检察院的量刑建议并签署具结书。“两高三部”《试点办法》对此也作了相同的规定，只是条文表述方式上存在细微差别，在此不再赘述。《授权决定》和《试点办法》对认罚的理解可谓相当具象，其外延也清晰明确，认罚就是指被追诉人同意检察院的量刑建议并签署具结书。刑事诉讼法中的“认罚”是指“犯罪嫌疑人、被告人愿意接受处罚”。显而易见，刑事诉讼法并未直接规定“认罚”的外延是什么，而是从更加一般的视角来规定认罚。从立法技术上看，《授权决定》和《试点办法》对认罚的界定采取的是归纳列举的方式，而刑事诉讼法则使用的是抽象演绎方法。正是这一抽象的一般的行文方式，使得“认罚”的外延具备了灵活性与解释空间，这也体现了立法政策和正式立法之间各自的特性。

---

[1] 孙长永：《认罪认罚从宽制度的基本内涵》，载《中国法学》2019 年第 3 期。

接受处罚中“处罚”的具体所指，刑事诉讼法并未明确规定，如何理解这里的“处罚”成为科学把握认罪认罚从宽制度必须澄清的问题。刑事实体法中的“处罚”是指刑法规定的对犯罪人的刑罚处罚，即对犯罪人的生命、自由、财产、政治权利的剥夺与限制，以及在生活上、名誉上的不利反应❶。刑事实体法中的刑罚是犯罪所该当的法律后果，并非实际判处的刑罚，而刑事诉讼法中此处的“处罚”是被追诉人承诺愿意接受的处罚，它既可能是该当的刑罚，也可以是实际判处的刑罚，更可能是可期待的刑罚。至此，至少可以确定，认罪认罚从宽制度中所接受的“处罚”并不能简单地等同于刑事实体法中的刑罚，想准确理解其含义，还需放在刑事程序法的语境中进行全面考察。

司法实务中关于“认罚”的理解也不尽相同，根据刘广三、李艳霞的实证研究，不同法律职务的人对“认罚”的理解也存在较大差别，将“认罚”理解为愿意接受刑事处罚的含义中，法官的占比都是最高的，这说明法院更加重视审判权由法院来行使。不同法律职务的法律职业者对“认罚”含义理解的不同造成了司法实务的混乱❷，对律师辩护、检察官提起公诉甚至对侦查机关采取刑事强制措施都造成了困难，认罪认罚案件中亟须对“认罚”的成立条件统一规定。

“两高三部”在《指导意见》中对如何把握“认罚”作了详细的规定。认罪认罚从宽制度中的认罚，是指犯罪嫌疑人、被告人真诚悔罪，愿意接受处罚。认罚，在侦查阶段表现为表示愿意接受处罚；在审查起诉阶段表现为接受人民检察院拟作出的起诉或不起诉决定，认可人民检察院的量刑建议，签署认罪认罚具结书；在审判阶段表现为当庭确认自愿签署具结书，愿意接受刑罚处罚。认罚考察的重点是犯罪嫌疑人、被告人的悔罪态度和悔罪表现，应当结合退赃退赔、赔偿损失、赔礼道歉等因素来考量。可以看出，以上表述和解释从正面规定了认罚的成立条件，可称之为认罚成立的积极条件。同时，《试点办法》还从反面规定了成立认罚的消极条件，犯罪嫌疑人、被告人虽然表示认

❶ 张明楷：《刑法学》（第五版），法律出版社 2016 年版，第 497 页。

❷ 统计数据来自于刘广三、李艳霞：《论认罪认罚从宽制度的立法完善——以实证研究为视角》，载《山东大学学报（哲学社会科学版）》2017 年第 4 期。

罚，却暗中串供，干扰证人作证，毁灭、伪造证据或者隐匿、转移财产，有赔偿能力而不赔偿损失，则不能适用认罪认罚从宽制度。另外，《试点办法》还纠正了司法实践中常见的将认罚与程序适用绑定在一起的认识误区，即认为不同意追诉部门建议适用的审判程序的，不认为是认罚。因而，《试点办法》明确，犯罪嫌疑人、被告人享有程序选择权，不同意适用速裁程序、简易程序的，不影响“认罚”的认定。

各地方性实施细则对认罚的理解也存在着更为具体的规定，比如北京市《关于开展刑事案件认罪认罚从宽制度试点工作实施细则（试行）》中规定，犯罪嫌疑人、被告人同意量刑建议，是指对检察机关建议判处的刑罚种类、刑期幅度或确定的刑期、刑罚执行方式没有异议。江苏省《关于办理认罪认罚刑事案件的指导意见》也认为，认罪认罚从宽制度中的认罚，是指犯罪嫌疑人、被告人真诚悔罪，愿意接受处罚，对人民检察院量刑建议的刑罚种类、幅度以及执行方式等均予以认可。山东省《关于适用认罪认罚从宽制度办理刑事案件的实施细则（试行）》还规定了，认罚中的“罚”，既包括主刑，也包括附加刑。天津市《关于开展刑事案件认罪认罚从宽制度试点工作的实施细则（试行）》中，“认罚”是指同意检察院量刑建议，对人民检察院建议判处的刑罚种类、幅度及刑罚执行方式没有异议。犯罪嫌疑人、被告人有能力、有条件但拒不退缴赃款赃物、赔偿被害人经济损失的，或者隐匿、转移财产逃避财产执行的，不属于真实的认罚。关于认罪认罚从宽制度各地方性实施细则对认罚的理解可谓大同小异，各省市之间也存在相互借鉴、互相补充的现象。

对“认罚”的理解，在我国法律传统中，一般将其与悔罪结合，即“认罚”就是犯罪人真心悔罪，愿意接受处罚，比如 2010 年 2 月 8 日《最高人民法院关于贯彻宽严相济刑事政策的若干意见》（法发〔2010〕9 号，以下简称《宽严相济刑事政策意见》）中第 23 条规定，被告人案发后对被害人积极进行赔偿，并认罪、悔罪的，依法可以作为酌定量刑情节予以考虑。因此，有观点甚至主张认罪认罚从宽制度的适用需要满足行为人悔罪的条件[1]。结合 2010 年《宽严相济刑事政策意见》和 2019 年《指导意见》以及各地方性实施细则的

[1] 闫召华：《虚假的忏悔：技术性认罪认罚的隐忧及其应对》，载《法制与社会发展》2020 年第 3 期。

规定可以看出，认罪认罚从宽制度中的认罚在司法实践中主要是考察犯罪人的悔罪态度和悔罪表现，具体的考量因素为是否履行退赃退赔义务、是否赔偿被害人损失以及是否进行赔礼道歉等。这里需要注意的是，认罚并不等同于退赃退赔、赔偿损失或赔礼道歉，一个被追诉人表示认罚后，由于没有能力履行退赔义务而未退赃退赔的，不影响认罚的成立。

从学术研究上看，何为认罚以及认罚的成立条件为何的问题，也存在不同的观点。总的来看，“认罚”可以分为概括性认罚和具体的认罚两类。概括性认罚，是指犯罪嫌疑人、被告人概括性地表示愿意接受处罚，对具体接受何种处罚以及是否退赃退赔或进行民事赔偿和解不作进一步的表态（注意，陈光中、马康所称之“概括认罚”❶ 实际上应为具体的认罚）。具体的认罚，是指犯罪嫌疑人、被告人不仅概括性地表示愿意接受处罚，而且对刑罚的刑种、刑期、执行方式、财产刑的金额甚至退赃退赔、民事赔偿和解等具体的内容表示接受。具体的认罚根据其要求内容的不同又可以分为狭义的认罚和广义的认罚。认罚的广狭之分是由我国刑事诉讼法学者黄京平教授提出的，其核心议题是认罚的成立条件是什么。狭义的认罚，是指犯罪嫌疑人、被告人同意量刑建议，签署具结书，即对检察机关建议判处的刑罚种类、幅度（包括刑期幅度或确定的刑期）及刑罚执行方式没有异议❷；广义的认罚不仅包括犯罪嫌疑人、被告人对检察机关建议判处的刑罚种类、幅度及刑罚执行方式没有异议，而且还包括犯罪嫌疑人、被告人履行退赃退赔义务、赔偿被害人损失❸。关于认罚概念的研究，很多学者虽然没有使用广义的认罚和狭义的认罚之称谓，但争论的观点都可以用认罚的广狭种类予以描述。为方便起见，本书在叙述过程中也使用狭义的认罚和广义的认罚之称谓。

首先应当说明的是，黄京平教授提出认罚的广狭之分时，并无认罚成立意义上的差别，只有效果意义的差别，即无论是广义的认罚还是狭义的认罚，都

---

❶ 陈光中、马康认为“认罚是被追诉人对于可能刑罚的概括意思表示。被追诉人认罚的判断标准应当为接受公安司法机关提出的抽象刑罚。……只要被追诉人同意可能的刑罚结果就应认为被追诉人已经认罚”。但在不同诉讼阶段，认罚又需要具体到刑罚的内容，因而其所主张的概括认罚在司法实践中实际上是具体的认罚。具体参见陈光中、马康：《认罪认罚从宽制度若干重要问题探讨》，载《法学》2016 年第 8 期。

❷ 孙谦：《最高人民检察院司法解释研究》，载《中国法学》2016 年第 6 期。

❸ 黄京平：《认罪认罚从宽制度的若干实体法问题》，载《中国法学》2017 年第 5 期。

成立认罚，均可以适用从宽制度，只是从宽的程度需区分对待。然而，有的学者却认为认罚的成立仅指广义的认罚，仅仅接受刑罚的刑种、刑期、罚金数额和刑罚执行方式并不足以从宽处理，从宽制度的适用尚需履行退赃退赔义务和进行民事和解赔偿。比如朱孝清认为，认罚首先是指犯罪嫌疑人、被告人在认罪的基础上自愿接受所认之罪带来的刑罚后果，但仅作此理解是不够的，成立认罚还需要犯罪嫌疑人、被告人积极退赃退赔。一是因为罪罚相连，狭义的认罚仅是认罪的必然逻辑；二是如果法院判处的刑罚超出了被告人预期，被告人就会不服从法院判决并提出上诉，“认罪认罚”就会演变成只认罪不认罚，以上狭义的“认罚”与单纯的“认罪”并无实质区别，退赔退赃是认罚不完全依附于“认罪”的独立的含义。❶ 邵劭也将退赔退赃纳入认罚之中，“检察机关的量刑建议应当是根据法律和既往裁判，结合行为人认罪认罚的表现，在充分考虑了各种量刑影响因素之后，预测的可能的刑罚。在有赃款赃物的案件中，认罚还应当包括退赃退赔”❷。朱、邵的观点都认为仅仅表示狭义的认罚不能适用从宽制度。而黄京平教授则认为，“一概否定狭义认罚的功能，尤其是主张对狭义认罚一般不足以从宽处罚的司法倾向，与规范量刑程序的制度规定和制度精神明显不符；与认罪的法律后果相同，狭义的认罚，是相对独立的从宽处罚事由，也应获得程度相当的程序性收益和实体性收益”❸。

还有的学者认为，广义的认罚除了包括量刑实体上的内容外，还应当包括诉讼程序类型的选择，因为程序即惩罚，整个刑事追诉属于国家实施刑罚制裁的重要活动，只要牵涉其中，被追诉人都会受到诸多消极影响，而且，被追诉人只有同意适用快速处理的简化程序，才能真正实现认罪认罚从宽制度的改革期待，否则，国家难以保证优化原本有限的司法资源，因而将诉讼程序类型的选择纳入认罚范畴，属于程序性从宽的合理范畴。❹ 以此观之，犯罪嫌疑人、被告人接受了具体的刑罚并且同意退赃退赔和赔偿被害人损失后，如果不选择简化的诉讼程序，还是不能成立认罚，从宽制度依然无法适用。

另外，认罚中的“罚”是否仅仅指刑罚，非刑罚处罚方式是否也可以涵

---

❶ 朱孝清：《认罪认罚从宽制度的几个问题》，载《法治研究》2016 年第 5 期。

❷ 邵劭：《论认罪认罚从宽制度的完善》，载《杭州师范大学学报（社会科学版）》2017 年第 4 期。

❸ 黄京平：《认罪认罚从宽制度的若干实体法问题》，载《中国法学》2017 年第 5 期。

❹ 赵恒：《“认罪认罚从宽”内涵再辨析》，载《法学评论》2019 年第 4 期。

盖在认罚领域之中？这一问题也深深影响着认罪认罚从宽制度的实施。如果认为认罚中的罚仅指刑罚，那么审查起诉阶段的酌定不起诉或从轻起诉便不适用于认罪认罚案件，如果认为认罚中的罚不仅指刑罚，还包括非刑罚处罚方式，那么不起诉制度也可能适用于认罪认罚案件。从大多数论述观点来看，认罚中的“罚”不仅包括刑罚，也包括非刑罚处罚方式。需要注意的是，侦查阶段，不接受侦查机关采取的刑事强制措施不能否定认罚：首先，即使对“愿意接受处罚”作最广义的理解，将程序性惩罚也纳入进来，也没有突破“罚”的范畴，“罚”是对犯错误或犯罪的人进行处分❶，可见“罚”的前提是存在已经犯下错误或罪行的人，而刑事强制措施只是一种保障刑事诉讼顺利进行，以期对被追诉人是否构成犯罪作出最终裁决的手段，其前提是可能犯错或犯罪的人，而非已经确定犯罪的人；其次，认罚在侦查阶段只是一种概括性地担责意思表达，它只是采取刑事强制措施的参考因素，而非强制措施本身；最后，如果将拒不接受刑事强制措施理解为不认罚，进而不对其从宽处理甚至从严处理，将严重背离认罪认罚从宽制度的价值理念和改革目标。因而，尤其是对司法实务界来讲，应当谨防将认罚理解为主动接受刑事强制措施的误读。当然，否定认罚的内容包括刑事强制措施，并不意味着认罪认罚从宽制度不适用于侦查环节，认罪认罚是采取刑事强制措施的法定参考因素，对于认罪认罚的被追诉人也可以从宽强制，采用非羁押性措施能够保证诉讼顺利进行的就不采用羁押性强制措施，能选择对自由限制较轻措施的就不要选择限制自由较大的措施，这都是从宽处理的精神体现。

综上，概括性的认罚观对犯罪嫌疑人、被告人的要求较低，不需要犯罪嫌疑人、被告人具有一定的法律知识和应诉技巧，也不需要犯罪嫌疑人、被告人支出太多诉讼成本（比如为了准确认罚而聘请律师的支出、学习掌握法律知识的支出等），且从宽制度的适用空间较大，只要被追诉人表示愿意接受处罚就可以适用从宽制度。另外，概括性认罚会使司法的重心滑向法庭审判环节，检察审查起诉环节的压力和工作量较小。然而，概括性认罚也造成了认罚的随意性。首先，在具体内容不确定的前提下，犯罪嫌疑人、被告人选择认罚，极容易产生投机心理和观望态度，他们常以判决结果超出预期为由反悔或撤回认

❶ 吴润仪编：《汉字详解字典》，四川人民出版社 2001 年版，第 196 页。

罚，而此时完整的诉讼过程已经进行完成，耗费了大量司法资源；其次，认罪认罚从宽制度提高了犯罪嫌疑人、被告人的主体地位，“把人当人看、使人成为人”，这就要求应当将人看作具有理性认识能力和自我改善能力的人，将其视为能够通过学习和实践得以提高的人，而概括性认罚对人的认识能力作最低限度的假设，并不符合重视犯罪嫌疑人、被告人主体地位的价值理念；最后，也是最重要的，概括性认罚具有较少的司法操作意义，认罪认罚从宽制度的初衷是将对犯罪嫌疑人、被告人的裁判内容在庭审之前预先确定下来，进而实现缓解司法办案压力、节约司法资源的目的。检察机关无论是在程序上还是实体上都起着主导性的作用[1]，而概括性认罚在审查起诉阶段，使得检察机关无法完成裁判内容的准备，追诉的重心依然在法院的审理环节，而认罚的效果又不需要法院审理支出太多的资源，这就造成司法资源配置的扭曲。也正因此，概括性认罚为大多数学者所摒弃。

具体的认罚观要求犯罪嫌疑人、被告人不仅要表示愿意接受处罚，还要求其接受刑罚的刑种、刑期、刑罚执行方式、财产刑的金额甚至退赃退赔和民事赔偿和解等具体内容，它对犯罪嫌疑人、被告人的要求较高，但这也有利于提高犯罪嫌疑人、被告人的认知能力，况且事先确定好具体的刑罚内容，具有一定的客观性，即使事后反悔，尤其是针对认罚的部分内容的反悔，也不至于解构认罚的成立，保证了司法的推进，避免司法资源的重复使用。更为重要的是，具体的认罚观要求在审查起诉阶段就明确刑罚的内容，法院庭审只需要关注认罚本身的自愿性与合法性，不需要就刑罚的适用再进行实质性审查。刑罚的确定任务主要由检察机关完成，有利于发挥检察机关在认罪认罚从宽制度中的主导作用，无论是价值理念还是司法操作都符合认罪认罚从宽制度改革的初衷。

三、“从宽”的概念与内涵

所谓“从宽”是指相比较没有“认罪认罚”而言，从轻、减轻或者免除处罚。“从宽处理”作为一种法律术语，在2012年修订的《刑事诉讼法》中

[1] 曹东：《论检察机关在认罪认罚从宽制度中的主导作用》，载《中国刑事法杂志》2019年第3期。

就开始使用，比如《刑事诉讼法》第118条第2款规定，“侦查人员在讯问犯罪嫌疑人的时候，应当告知犯罪嫌疑人如实供述自己罪行可以从宽处理的法律规定”。其立法理由是，使犯罪嫌疑人预知若如实回答将会依法得到从宽处理的后果。❶ 再如《刑事诉讼法》第279条规定，对于达成和解协议的案件，公安机关可以向人民检察院提出从宽处理的建议，根据权威解读，该条中“从宽处理”的具体措施包括相对不起诉以及从轻、减轻或者免除处罚。❷ 作为政策性用语，从宽处理包括多种类型的措施，具体为：刑事诉讼各阶段可以适用的非羁押性强制措施；刑事诉讼相应阶段可以适用的从简诉讼程序；侦查阶段或审查起诉阶段可以适用的停止追诉，分别为特别撤销案件和特别不起诉；审查起诉阶段可以适用的相对不起诉；审判阶段可以适用的从宽处罚，包括从轻、减轻或者免除处罚，适用缓刑或者判处管制、单处罚金等非监禁刑。作为刑事程序法律术语，在刑事诉讼法中，从宽处理是从宽处罚的上位概念。总之，从宽处理是以刑法和刑事诉讼法的相关规定为基础，兼具实体法意义和程序法意义的总括性法律术语或概括性刑事法律术语。❸

1.《刑事诉讼法》第15条中的“可以”

“从宽”并非认罪认罚后必然的法律效果，而是法律赋予司法机关的一项自由裁量权，陈卫东教授认为，认罪认罚是犯罪嫌疑人、被告人的权利，而从宽处理是司法机关的权力。❹ 对从宽处理性质认识的关键是如何理解《刑事诉讼法》第15条最后一句中的“可以”。“可以”是法律用语中一项重要课题，单从法律逻辑上来讲，“可以……”同时包括“可以不……”的含义。❺ 这是否意味着，所有法律文本中的“可以”均可以理解为“可以不”？喻中认为，只有在私权领域，“可以……”才能同时理解为“可以不……”，而在公权力

---

❶ 全国人大常委会法制工作委员会刑法室：《关于修改〈中华人民共和国刑事诉讼法〉的决定：条文说明、立法理由及相关规定》，北京大学出版社2012年版，第153页。

❷ 郎胜主编：《中华人民共和国刑事诉讼法修改与适用》，新华出版社2012年版，第483－484页。

❸ 黄京平：《认罪认罚从宽制度的若干实体法问题》，载《中国法学》2017年第5期。

❹ 该观点来自陈卫东教授在山东大学（威海）进行的一场学术报告的发言。

❺ 李茂武：《论“可以P”与“可以不P”的关系》，载《江汉大学学报》2001年第4期。

领域，“可以……”不等同于“可以不……”。[1] 关于国家机关职权的授权性规范，在一定意义上又是义务性规范，对于国家机关或公职人员来说，既是可做的行为，又是应该做的行为，只能行使，而不得放弃，否则就是失职。[2] 依之，“可以依法从宽处理”作为授予司法机关权力型的规范，其中的“可以”是否也意味着一种职责，对认罪认罚的犯罪嫌疑人、被告人“必须”依法从宽处理呢？如果是这样的话，立法者为何要规定为“可以”依法从宽处理，直接规定为“应当”依法从宽处理岂不对行为指向更加明确？实际上，对法律条文中“可以”之含义的理解，既不能单纯地根据逻辑学的方法进行，也不能简单地在“授予权利型”和“授予权力型”两种法律规范类型的基础上展开，至少一些以国家机关为主语的“可以”型规范就不能解释为“授予权力”，比如《刑事诉讼法》第 178 条[3]中规定的“可以”，便不宜理解为授予法官独任审判权，因为它的立法目的只是强调法官（独任）审判行为的合法性、有效性。[4] 可见，“可以”一词的含义，应该放在具体的制度语境中来解读。

认罪认罚从宽司法改革，是在坚守司法公正的前提下，简化诉讼程序，节约司法资源，促进司法资源的有效利用与合理配置，[5] 以便实现“帕累托最优”。然而，这种价值的定位，并非法律的明确规定，只是宽严相济刑事政策的政策精神，刑事诉讼法将这一政策进行具体化、法律化和制度化，进而才有了《刑事诉讼法》第 15 条对认罪认罚的犯罪嫌疑人、被告人“可以依法从宽处理”的规定。由此可见，“可以依法从宽处理”中“可以”一词的立法意图，并非要授予司法机关“从宽处理权”，仅仅是在表明对认罪认罚的犯罪嫌疑人、被告人从宽处理的做法是被允许、合法的和有效的，因而，至少在该项条文规范中，“可以”依然可以同时理解为“可以不”，因此“可以依法从宽

[1] 喻中：《再论“可以 P”与“可以不 P”的关系——兼与李茂武、黄士平先生商榷》，载《江汉大学学报（社会科学版）》2004 年第 1 期。

[2] 卢云主编：《法学基础理论》，中国政法大学出版社 1994 年版，第 292 页。

[3] 《刑事诉讼法》第 178 条规定：“基层人民法院、中级人民法院审判第一审案件，应当由审判员三人或者由审判员和人民陪审员共三人组成合议庭进行，但是基层人民法院适用简易程序的案件可以由审判员一人独任审判。”

[4] 万毅：《刑事诉讼法文本中“可以”一词的解释问题》，载《苏州大学学报（法学版）》2014 年第 2 期，第 103 页。

[5] 孟建柱：《完善司法管理体制和司法权力运行机制》，载《人民日报》2014 年 11 月 7 日，第 6 版。

处理”包括两层含义，一是可以依法从宽处理，二是可以依法不从宽处理。在具体的司法实践中，对两者如何选择，乃是司法机关自由裁量的领域。《指导意见》第8条规定，“可以从宽”，是指一般应当体现法律规定和政策精神予以从宽处理。但可以从宽不是一律从宽，对犯罪性质和危害后果特别严重、犯罪手段特别残忍、社会影响特别恶劣的犯罪嫌疑人、被告人，认罪认罚不足以从轻处罚的，依法不予从宽处罚。可见，“从宽处理”本质上是司法机关有限制的自由裁量权，只有在从宽处理的具体适用层面才是自由裁量的领域，而在从宽处理适用的原则指导层面，司法机关不能自由裁量，而只能依法作出是否从宽的决定。

2. 从宽处理的前提条件

从宽处理的前提条件是认罪或者认罚，还是既认罪又认罚，从作为法律效果的从宽处理角度看，“认罪”与“认罚”是或然共存，还是并列共存？对这一问题的回答直接影响司法如何准确地适用认罪认罚从宽制度。刑事诉讼法中并未对认罪认罚的关系作明确规定，《指导意见》的基本立场是，认罪不认罚的，依然可以从宽处理，但从宽的幅度应比认罪又认罚的幅度小。[1] 可以看出，在是否从宽处理的层面上，法规范并未对认罪认罚的功能作进一步区分，或者说，认罪本身就包含着认罚。这一点也为一些学者所认同，“认罪从宽具有法律依据，认罚（狭义认罚）从宽欠缺基本的实体法依据。认罚从宽就是依附于认罪从宽而存在的、不具有独立评判意义并可以单独适用的情形，认罚从宽实际就是从属于认罪从宽的情形，认罪从宽的幅度包含了狭义认罚从宽的内容。”[2] 因而，认罪也就意味着认罚，循此逻辑，“只认罪不认罚”与“既认罪又认罚”在是否从宽的层面上并无本质区别。但是，现实的司法实践中，确实存在只认罪不认罚的现象，法律条文中将两者并列使用也应该有其所考虑的问题。据此，杨立新教授认为：“适用认罪认罚从宽制度，必须同时具备‘认罪’和‘认罚’两个情节，‘认罪’不‘认罚’的，不适用认罪认罚从

---

[1] 《指导意见》第9条第2款规定：“认罪认罚的从宽幅度一般应当大于仅有坦白，或者虽认罪但不认罚的从宽幅度。”

[2] 黄京平：《认罪认罚从宽制度的若干实体法问题》，载《中国法学》2017年第5期。

宽。”[1]“认罚与认罪不同，它是认罪认罚从宽制度改革新创设的概念，具体表现为愿意接受刑罚处罚、主动退赃退赔、积极赔偿被害人损失、预缴罚金等。根据刑事诉讼法的规定，不同诉讼阶段‘认罚’的表现形式不同。例如侦查阶段体现为犯罪嫌疑人‘愿意接受处罚’的意思表示；审查起诉阶段体现为同意量刑建议，签署具结书，刑事诉讼法规定的不需要签署认罪认罚具结书的除外；审判阶段体现为对量刑建议无异议，承认具结书系在获得法律帮助下自愿签署。”[2]朱孝清也认为，认罪与认罚既然是并列使用的，认罚就应当具有不完全依附于“认罪”的独立含义。[3]“认罚的内容是随着诉讼程序的推进而逐步具体、明晰的：在侦查和审查起诉环节，表现为自愿接受所认之罪带来的刑罚后果；在起诉时，表现为同意检察机关的量刑建议；在审判后，表现为服从法院的判决。”[4]根据上述学术观点，对认罚内涵的理解不同，认罪认罚的关系认定也就有所不同，如果认为“认罚”仅是狭义的认罚，那“认罚”与认罪就难以区分，两者便是或然关系。如果认为“认罚”是广义的认罚，那认罚与犯罪就应予区分，至少认罪中不可能包含退赃退赔和民事和解赔偿，两者便是并列关系。

本书认为，承认犯罪事实与愿意接受处罚是两种性质完全不同的自认，即使是狭义的认罚也不同于认罪。因而，从宽处理的适用必须是认罪且认罚，实体法中的认罪从宽应作限缩性解释，即犯罪嫌疑人认罪的同时，不抗拒对其施加的惩罚，才可以从轻处罚（这里的认罚是指不排斥对其所追诉的惩罚，可谓消极的认罚），否则就是对法律和正义的妥协。《刑事诉讼法》第15条中的从宽处理的前提条件应当是认罪又认罚，缺少任一条件都不能适用从宽处理的制度。

3. 从宽处理的具体内容

从宽处理一般包括实体上的从宽处理和程序上的从宽处理，前者表现为从宽处罚，后者表现为从简追诉。然而，有的学者认为，从宽仅是从宽处罚，或者虽然兼及部分从简追诉的成分，但主要为从宽处罚，如陈卫东教授主张，

---

[1] 杨立新：《认罪认罚从宽制度理解与适用》，载《国家检察官学院学报》2019年第1期。
[2] 杨立新：《认罪认罚从宽制度理解与适用》，载《国家检察官学院学报》2019年第1期。
[3] 黄京平：《认罪认罚从宽制度的若干实体法问题》，载《中国法学》2017年第5期。
[4] 朱孝清：《认罪认罚从宽制度的几个问题》，载《法治研究》2016年第5期。

“从宽”除程序上体现从简以及可能带来依法不捕等后果以外，主要体现在刑法规定的从轻、减轻处罚[1]。再如，试点期间，一些实务方面的专家认为，认罪认罚的从宽，是应当从轻处罚，而非减轻处罚[2]。我们认为，从宽处理不仅包括实体上的从宽处罚，而且包括程序上的从宽追诉，实体上的从宽处罚主要包括从轻、减轻处罚和免除处罚。程序上的从宽追诉，体现在强制措施的从轻选用，不起诉或从轻起诉决定，若简化追诉程序也是一种从宽的话，适用刑事速裁程序也是从宽追诉的表现。因此，从宽处理不仅适用于审判阶段，同样适用于检察机关审查起诉阶段。对于认罪认罚从宽制度在侦查阶段是否适用，《指导意见》也作出了肯定性回应，《指导意见》第19条规定，人民法院、人民检察院、公安机关应当将犯罪嫌疑人、被告人认罪认罚作为其是否具有社会危险性的重要考虑因素。对于罪行较轻、采用非羁押性强制措施足以防止发生《刑事诉讼法》第81条第1款规定的社会危险性的犯罪嫌疑人、被告人，根据犯罪性质及可能判处的刑罚，依法可不适用羁押性强制措施。第20条规定，犯罪嫌疑人认罪认罚，公安机关认为罪行较轻、没有社会危险性的，应当不再提请人民检察院审查逮捕。对提请逮捕的，人民检察院认为没有社会危险性不需要逮捕的，应当作出不批准逮捕的决定。同时第21条规定，已经逮捕的犯罪嫌疑人、被告人认罪认罚的，人民法院、人民检察院应当及时审查羁押的必要性，经审查认为没有继续羁押必要的，应当变更为取保候审或者监视居住。从《指导意见》的规定可以看出，认罪认罚已经被规定为采取或变更刑事强制措施单独的法定参考因素，对追诉部门选用刑事强制措施是一种法律命令，必须考量认罪认罚情况。

以上规范性文件层层推进，使得作为司法实务依据的认罪认罚从宽不断明晰，也更具有实践操作意义。学术研究也为认罪认罚从宽的科学认知提供了深厚的法理支撑。然而，对认罪认罚从宽概念的研究仍存在一些不足，比如，研究视角仅停留在认罪认罚从宽概念的外延层面，大部分的论证都围绕“什么是认罪认罚从宽”，而很少关注“认罪认罚从宽是什么”，极容易陷入功利主

---

[1] 陈卫东：《认罪认罚从宽制度研究》，载《中国法学》2016年第2期。

[2] 山东省高级人民法院刑三庭课题组：《关于完善刑事诉讼中认罪认罚从宽制度的调研报告》，载《山东审判》2016年第3期。

义、经验主义或结果导向的陷阱。而从实际研究情况来看，大部分的研究进路都是功利主义的。

功利主义哲学将外在目的视为行为发动的根据，一切行动都是目的导向，“它按照看来势必增大或减小利益有关者之幸福的倾向，亦即促进或妨碍此种幸福的倾向，来赞成或非难任何一项行动。我说的是无论什么行动，因而不仅是私人的每项行动，而且是政府的每项措施。”❶ 主宰人类行动的因素就是功利——快乐和痛苦。“它唯一赞成的自我牺牲，是为了他人的幸福或有利于他人幸福的某些手段而作出的牺牲，这儿所说的他人，既可以是全体人类，也可以是为人类集体利益所限定的个人。”❷ 这种主义或思想主导下的社会政策和法律，其安排是要尽可能地使每一个人的幸福或利益与社会整体的利益和谐一致，不仅如此，它还利用教育和舆论，使每一个人的内心把自己的幸福，与社会整体的福利牢不可破地联系在一起，尤其是要把他自己的幸福，与践行公众幸福所要求的各种积极的和消极的行为方式牢不可破地联系在一起。❸ 反之，当个人行为违反了整体福利的要求，不仅会为法律所责难，更会受到道德的谴责。循此逻辑，人必然被恶化为一种实现其他目的的工具或手段，相应地，认罪认罚从宽概念问题自然偏化为认罪认罚从宽的外延，因为，要实现司法效率和政策实施的目的，必须明晰什么是认罪认罚从宽，而对于“认罪认罚从宽是什么”本身的问题就显得不那么重要了，这就是“能用”导致的结果。不能说这种进路不好，只能说这种进路无法从根本上认知事物，也许功利主义进路和关注事物本质或实存的进路可能得出完全相同的结果，但功利主义总是“活在当下”，望不到内心的道德星空。因而，要想破解认罪认罚从宽的研究误区，可能只有正视认罪认罚从宽的本质才能够实现。

❶ ［英］边沁：《道德与立法原理导论》，时殷弘译，商务印书馆2000年版，第59页。
❷ ［英］约翰·穆勒：《功利主义》，徐大建译，商务印书馆2014年版，第20－21页。
❸ ［英］约翰·穆勒：《功利主义》，徐大建译，商务印书馆2014年版，第21页。

第二章　认罪认罚从宽制度的性质定位

认罪认罚从宽的性质或本质是制度规范化运行的逻辑前提，也决定着制度的价值导向。单从经验世界的角度无法真正认识认罪认罚从宽的本质，因为对事物性质、本质的揭示是对其内在规定性和实存的探寻，经验世界只能感知事物的外在属性，无法提供内在质料。据此，有必要对认罪认罚从宽的外在属性进行抽丝剥茧，让其赤裸呈现出它的纯粹内核，“寻找实体的方法就是不断地排除其属性追问实体究竟是什么”❶。之后，再与经验世界进行对照，方能准确全面地理解认罪认罚从宽。

一、认罪认罚从宽的本质与定位

（一）认罪认罚从宽的性质界定

马克思在《哲学的贫困》中曾说：“如果我们逐步抽掉构成某座房屋个性的一切，抽掉构成这座房屋的材料和这座房屋特有的形式，结果只剩下一个物体；如果把这一物体的界限也抽去，结果就只有空间了；如果再把这个空间的向度抽去，最后我们就只有纯粹的量这个逻辑范畴了……如果我们继续用这种方法抽去每一个主体的一切有生命的或无生命的所谓偶性，人或物，我们就有理由说，在最后的抽象中，作为实体的将只是一些逻辑范畴。”❷ 这或许就是

---

❶ 刘军：《意志如何是自由的?》，载《山东大学学报（哲学社会科学版）》2011 年第 4 期。

❷ 《马克思恩格斯选集》（第 1 卷），人民出版社 2012 年版，第 219 页。

揭示事物本质的方法。以此观之，认罪中供述自己的犯罪事实、承认指控的罪行、认罚中同意检察机关的量刑建议、签订具结书、接受法院的最后判罚等，都只能称之为认罪认罚的外在属性，还称不上是它的内在实存。因为，当我们将这些要素排除掉，认罪认罚依然存在并在生活中为人所识别。认罪认罚的本质并非由这些外在属性所决定，它们只是认罪认罚的表象，现实的误区就在于，我们对认罪认罚的理解完全由这些表象所决定，易言之，行为人是否认罪认罚，以及承认何种罪何种罚，都是为其设定好一定的利好、弊坏后果来诱导他，貌似"挂在驴子面前的胡萝卜"，似乎出于行为人的自由选择，殊不知，这个所谓的"自由选择"从一开始就被附上了诸多外在强制，比如如果不认罪认罚就从重处罚。这样的行动显然不是自律，而是他律的，不是意志给予自身以规律，而是对象通过和意志的关系，给予意志以规律。"这样的关系，不论以爱好为基础，还是以理性表象为基础，所发出的只可能是假言命令，由于我意愿另一种什么东西，所以我要做某件事情。"❶ 应该是事物的本质决定属性，而非相反。但是，一个人行动的动因或依据是什么？康德说："自律的人应该摆脱一切对象，使对象不能左右意志，所以，实践理性、意志，就用不着忙于管束异己的关切，而只是证明自己的威信就是最高的立法。"❷ 可见，行动的选择并非来源于外在的爱好、幸福、感性以及经验，而是出自主体内部的意志力和实践理性，而功利主义所鼓吹之幸福原则不仅虚假，而且败坏了道德，摧毁了道德的崇高，把为善和作恶的动机等量齐观，抹杀了两者的区别。

外观相同的认罪认罚，出于单纯追求减免处罚目的与真诚悔罪目的在法律效果、道德层次上显然不能相提并论，这也是存在"技术性认罪认罚"❸ 的原因。然而，两者都还算不上认罪认罚的本质，即使是基于真心悔罪的认罪认罚也是经验层面的，也是受到感官、爱好、利益和需要的主导，因为真心悔罪无非就是在自己的犯罪行为所致危害结果面前后悔的心理，这种心理主导因素依然是对象和属性的范畴。只有基于内在自由意志发布的定言命令所为之举动方称得上是自由的和主体性的，方能展示其内在规定性和本质性，当然，主体性

---

❶ ［德］康德：《道德形而上学原理》，苗力田译，上海人民出版社 2012 年版，第 47 页。

❷ ［德］康德：《道德形而上学原理》，苗力田译，上海人民出版社 2012 年版，第 47 页。

❸ 闫召华：《虚假的悔罪：技术性认罪认罚的隐忧及其应对》，载《法制与社会发展》2020 年第 3 期。

选择的结果可能与功利结果相同，但其行动理路和品质相去千里。因而，主体性的选择才是认罪认罚的本质，而不是对象属性，如基于效率的考虑而事先拟定好刑罚，为了实现一般预防而从轻或从重处罚行为人等。因而，认罪认罚的本质是行动者或被追诉人基于自由意志发布的绝对命令而选择承认犯罪与接受处罚的行为，认罪认罚活动本身就是在履行绝对命令中规定的义务和责任，它实质上不是功利导向，而是义务和责任。

澄清了认罪认罚的本质后，那对认罪认罚的犯罪者为什么可以从宽处理，学术界对此有着广泛的论述。

（二）认罪认罚从宽的诉讼经济原则

我国刑事诉讼法的目的是保证刑法正确实施，惩罚犯罪，保护人民，保障国家安全和社会公共安全，维护社会主义社会秩序。它虽然与经济性价值无关，但在刑事诉讼活动具体开展过程中，必然需要耗费一定的人力物力财力等司法资源，而资源总是有限的，因而在实现刑事诉讼法目的的过程中，理应注意资源的耗费和效率的提升。波斯纳认为，法律程序的运行过程中同样存在着经济耗费，为此，最大限度地减少法律实施过程中的经济耗费不仅是评价和设计法律程序时所应考虑的重要价值，也是司法活动所应达到的价值目标。尤其是在刑事诉讼中，其司法资源的需求质量尤为突出。“若采行不分案件轻重的齐头式平等来分配有限的诉讼资源，司法机关恐怕因而瘫痪。”[1] 为了使有限的司法资源得到最大限度的利用进而在有限司法资源基础上实现“帕累托最优”，成本控制是最基本的方法，此即“诉讼经济原则”，它是指在实现诉讼目的的过程中，要求迅速裁判、简化程序、合并处理、维持有效、避免浪费或重复的程序法上的共同原则。[2] 诉讼经济原则和成本控制在刑事诉讼程序设计中主要有两点要求：“一是诉讼程序的启动、流转与终结能及时进行，做到迅速有序。二是诉讼程序能以提高效率的方式对司法资源进行合理配置，做到繁简得当。”[3] 在我国，及时地查明犯罪事实是刑事诉讼法明确规定的任务之一。

---

[1] 林钰雄：《刑事诉讼法》（下册），中国人民大学出版社 2005 年版，第 197 页。

[2] 林俊益：《程序正义与诉讼经济——刑事诉讼法专题研究》，元照出版公司 1997 年版，第 92 页。

[3] 詹建红：《刑事诉讼契约研究》，中国社会科学出版社 2010 年版，第 70 页。

刑法典自1997年颁行后，至今已先后进行了11次修正。总体趋势是罪名持续增多，刑法干预社会生活的范围大幅度扩张，重罪数量占比呈下降趋势，轻罪占比上升❶，同时刑罚处罚早期化明显，法定犯、危险犯等犯罪类型增多，司法证明难度加大。对犯罪快速有效打击的需要倒逼着司法追诉效率的改革，而以无罪推定和被追诉人“拒罪斥罚”为前提的刑事诉讼，因其司法资源耗费量大、效率低下而逐渐难以支撑，由此开始探索实施认罪认罚从宽处理的制度，“认罪认罚从宽制度推行的主要目的在于合理配置司法资源，使那些控辩双方对定罪量刑没有争议的轻微刑事案件得到快速的审理和裁判，保障法院将有限的司法资源尽量投入到那些重大、复杂、疑难和有争议的刑事案件之中”❷。认罪认罚后，不仅侦办案件的难度大大降低，而且诉讼环节和诉讼期限大幅缩减，尤其是对认罪认罚案件大量适用刑事速裁程序，更是将效率提升到最大值。可见，认罪认罚案件本身就具备提升诉讼效率的功能，因而，对认罪认罚的行为人从简、从快追诉是认罪认罚的后果，而不是前因。问题的关键是，对认罪认罚者从宽处罚，给予其更多的实体优待，其正当依据是什么。

（三）认罪认罚从宽的正当性根据

认罪认罚的本质是被追诉人的主体性选择，在法规范层面，则表现为一种权利，被追诉人有选择认罪认罚的自由，其既可以认罪认罚，也可以不认罪认罚，既可以选择只认罪不认罚，也可以选择只认罚不认罪，总之，在自由选择的层面任何人都无法干预。但制度设计也可以选择符合一定条件的认罪认罚，赋予其一定的法律后果，即惩罚从宽。但是为什么说选择了认罪认罚就可以从宽处理呢，或者说，对认罪认罚的行为人从宽处理的正当性根据是什么？从哪些视角或路径出发，可以探寻到这些正当性因素？是从经验的层面还是从主体的层面？学术界围绕着认罪认罚从宽的正当性问题，有着广泛而深入的讨论，具体可以概括为两种学说观点，即诉讼效率提升从宽说和预防程度减降从宽说。

第一，诉讼效率提升从宽说。该说的主要观点是，认罪认罚从宽处理是基

---

❶ 魏晓娜：《完善认罪认罚从宽制度：中国语境下的关键词展开》，载《法学研究》2016年第4期。

❷ 陈瑞华：《认罪认罚从宽制度的若干争议问题》，载《中国法学》2017年第1期。

于诉讼程序从宽，而不是或主要不是基于刑法实体从宽，大部分刑事诉讼法学者一般主张该种观点，具体又可分为司法资源节约说和权利放弃对价说两种。

司法资源节约说认为，认罪认罚从宽是在刑法修正案的罪名不断增加，定罪门槛降低，刑事案件量持续增加，案多人少矛盾日益突出等刑法执行新形势下，为破解“案多人少”的困局，节约司法成本，提升刑事司法效率，实现司法资源的优化配置，而实施的对认罪认罚的被追诉人从宽处理的制度，其内在逻辑是提高司法效率，节约司法资源，公正为本，效率优先。[1] 认罪认罚从宽滥觞于“坦白从宽、抗拒从严”和“宽严相济”的刑事政策，是在新的历史条件下对其中宽缓一面的发展。[2] 的确，认罪认罚从宽司法改革的一种重要价值和功能就是提高办理刑事案件的效率，比如全国人大常委会《授权决定》在此项司法改革目的中就规定，“为进一步落实宽严相济刑事政策……提高办理刑事案件的质量与效率……开展刑事案件认罪认罚从宽制度试点工作。”在具体实施过程中，也在极力追求诉讼效率，比如，2017 年周强院长在“部分地区开展刑事案件认罪认罚从宽制度试点工作的中期报告”中讲到，认罪认罚从宽制度经过一年多的试点，司法资源得到合理配置，刑事诉讼效率明显提升，对认罪认罚案件，检察机关审查起诉平均用时 26 日，人民法院 15 日内审结的占 83.5%，当庭宣判率为 79.8% 等。可以看出，无论是立法政策还是司法实践，都在极力地追求认罪认罚从宽的诉讼效率。

权利放弃对价说由我国青年学者赵恒提出，他认为：“由于被追诉人在明知且自愿的前提下主动放弃全部或者部分诉讼权利，国家可以采取省略乃至简化诉讼环节的方式，从而少受或者免受复杂且高成本烦琐程序带来的部分压力，国家可以据此对被追诉人从宽处罚，被追诉人还可因此少遭讼累，取得彼此互赢的结果。”[3] 从被追诉人认罪认罚与司法机关从宽处理的外观看，的确展现出了一种“对价关系”，对提高诉讼效率裨益良多。

司法资源节约说和权利放弃对价说都将从宽处理的根据定位于提高诉讼效

[1] 持此观点的学者有陈卫东和魏晓娜等人，参见陈卫东：《认罪认罚从宽制度研究》，载《中国法学》2016 年第 2 期；魏晓娜：《完善认罪认罚从宽制度：中国语境下的关键词展开》，载《法学研究》2016 年第 4 期。

[2] 熊秋红：《认罪认罚从宽的理论审视与制度完善》，载《法学》2016 年第 10 期。

[3] 赵恒：《论从宽的正当性基础》，载《政治与法律》2017 年第 11 期。

率，只是两者的论证路径不同，前者的路径是对认罪认罚者从宽处理能够节约司法资源，进而提升了司法效率。后者的思路是被追诉人的认罪认罚与司法机关的从宽处理构成“对价关系”，这种“对价关系”结构方便追诉，司法效率自然得以提升。

认罪认罚之效率从宽说将认罪认罚从宽处理的正当性定位在诉讼效率的价值追求上，暗合了认罪认罚从宽制度司法改革的初衷。然而，效率从宽说的观点和理论根据依然值得反思：首先，为了实现公权力的追诉效率目标，对被追诉者从宽惩罚，实际上将被追诉者当作一种工具或手段，这种路径同为了实现对一般人进行以儆效尤的警示而惩罚或加重惩罚犯罪者的情况，在本质上并无差异。质疑的关键是，人是否可以被仅仅当作一种工具或手段来实现其他目标？这一问题不解决，想当然地认为，为了促进一种善而从宽或加重对行为人的惩罚，并没有太多的说服力。其次，权利放弃对价从宽的前提是，被追诉人选择了认罪认罚就意味着其放弃或部分放弃了诉讼权利，并且将程序本身视作一种惩罚。且不论放弃诉讼权利与从简追诉是否具有对价性，上述两个前提本身就无定论，因为认罪认罚案件在一审后依然可以上诉。另外，惩罚的实质是对错误或犯罪的报应，追诉过程本身使被追诉人负担的痛苦并非基于这种报应，只是为了寻求最终判罚而经历的时空定量。退一步讲，即使程序本身是一种罚，为什么被追诉者在负担犯罪应有报应之外，还要承受额外的程序痛苦。况且，放弃诉讼权利与简化追诉程序之间并不能成立“对价关系”，对价是英美契约法上的术语，是指契约当事人各方为迫使对方实现其行为或履行其诺言而作出许诺的行为或牺牲，或指为购买或换取对方许诺而支付之代价[1]。可以看出，对价标的归当事人所有，可以由当事人自由处分，对被追诉人来讲，诉讼权利是其基本的程序权利，其可以实际地不行使，追诉部门不能基于被追诉人的认罪认罚甚或放弃承诺而加以拒绝，对追诉部门来讲，虽然法律赋予其从宽处理认罪认罚者的司法权，但这种权力并不能被用作对价标的，否则就会恶化为利益交换，而赤裸裸的利益交换正是我们具有中国特色社会主义的认罪认罚从宽制度所竭力避免的。

---

❶ 魏振瀛、徐学鹿主编：《北京大学法学百科全书：民法学、商法学》，北京大学出版社 2004 年版，第 195 页。

第二，预防程度减降从宽说。预防程度减降从宽说认为，犯罪嫌疑人、被告人选择认罪认罚，其预防必要性的程度预示减降，基于刑罚预防目的而可以对其进行从宽处理，诉讼效率的功能只是减轻刑罚的附属效果。“不能将认罪认罚从宽制度的要旨简单地等同于对认罪认罚的嫌疑人、被告人的从快、从简处理，而应当思考的是如何加强对被追诉人的权利供给，尤其是实体权利供给。程序的效率化并不是认罪认罚从宽制度的基本内核，而只是这一制度的附随效果，至多是一个从属性目标。”❶ 认罪认罚从宽制度改革的主要目标，并非对认罪认罚的案件从快、从简处理，而是有效解决处罚优待这一实体权利的供给不足，以及保障认罪认罚的自愿性、符合性和充分性等程序性权利。周光权教授也认为，“2018 年最新修订的《刑事诉讼法》增设了认罪认罚从宽制度，其基本价值追求是给予被告人更多实体上的优待，提高刑事司法效率仅是伴随效果或次要目标。设立认罪认罚从宽制度的初衷，不排除有案件分流、节约司法资源方面的考虑，但这只是一方面，另一方面特别重要的考虑是要实体性地给予被告人一些优待，使其能享受到一些实体上的利益——即从宽处罚，使案件处理结论获得被告人的实际认同，减少社会对立面。被追诉人认罪认罚的情节属于预防刑的范畴，其对最终刑期的影响是有限的，立法上不能夸大这种影响。”❷ 另外，除了实体权利保障视角外，还有学者从人身危险性的视角来探讨认罪认罚从宽的正当根据。比如，刘伟丽认为，被追诉人选择认罪、认罚意味着他的人身危险性大幅度降低，理应获得从宽处罚。❸

认罪认罚之预防程度减降从宽说将从宽处理理解为基于实体从宽，有利于实现刑罚均衡、人权保障和司法公正，但仍存在疑问。首先，认罪认罚与预防程度减降相等同的对应关系，其证明方法并非定性研究，而需要大量的实证依据，而论者对此鲜有关注，多是想当然地直接设定立论依据。其实，刑罚的预防功能本身就收效甚微，无论是特殊预防还是一般预防，都没有从实证层面对

---

❶ 左卫民：《认罪认罚何以从宽：误区与正解——反思效率优先的改革主张》，载《法学研究》2017 年第 3 期。

❷ 周光权：《论刑法与认罪认罚从宽制度的衔接》，载《清华法学》2019 年第 3 期。

❸ 刘伟丽：《认罪认罚从宽制度的刑法学思考》，载胡卫列等主编：《认罪认罚从宽制度的理论与实践——第十三届国家高级检察官论坛文集》，中国检察出版社 2017 年版，第 485 页。

刑罚有效性加以证明，积极的特殊预防在科学实证中甚至还得出了否定结论。[1] 而认罪认罚所关涉最多的就是特殊预防，尤其是积极的特殊预防。其次，既然对认罪认罚者从宽处理是实现刑罚预防功能的应然结果，为什么直到当前才将认罪认罚从宽规定为正式法律制度，只是基于此就可以窥知，认罪认罚从宽必然存在除单纯刑罚预防功能以外的其他独立价值。再次，将认罪认罚从宽的正当性定位于预防程度减降，如何进一步处理认罪认罚从宽与刑法中规定的坦白、自首从宽之间的关系，至少在如实供述自己的罪行，承认指控犯罪事实等诸多层面，两者都存在重合，显然，单从刑罚预防功能视角无法将它们区分开来。最后，按照预防程度减降从宽说的逻辑，从宽处理的幅度必然要根据认罪认罚者的实体权利缺位和人身危险性来确定，在同时具有自首、坦白等量刑情节的情况下，刑罚的量定不免存在重复评价犯后态度的可能。

无论是司法资源节约说还是预防程度减降说，从宽处理认罪认罚者的正当性渊源都是来自行动者的外在目的，人永远不能被仅仅当作一种手段或工具来实现其他目的，否则就侵损了人的尊严，贬低了作为道德体的人的主体性，关于认罪认罚从宽的主体性理论依据，将在下一章节具体讨论，此处只讨论“从宽处理”在认罪认罚从宽制度中的实质定位。

二、认罪认罚从宽的具体刑罚分配

（一）认罪认罚从宽之刑罚分配

从对认罪认罚的行为人从宽量处以刑罚来看，认罪认罚从宽属于刑罚分配问题。刑罚分配是将刑罚的创制、刑罚的裁量和刑罚的执行按照一定的规则分派给犯罪者，鉴于认罪认罚从宽的论题，这里仅梳理从宽处罚的理论学说，以此来反观认罪认罚从宽的原理。

从宽处罚的“主体该当性说”。刑罚分配的基本遵循是刑罚的发动依据，即报应主义刑罚论，它以行为本身的性质、侵害法益的严重程度以及主体的内

[1] 刘军：《罪刑均衡的理论基础与动态实现》，法律出版社 2018 年版，第 57 页。

部素质和外部环境为考察依据，以此决定是否发动刑罚。此种考察角度以意志自由和主体性理论为哲学前提，刑罚的发动和分配被限定为行为人基于自由意志所为之行为，拒斥主体行为以外的其他因素，如犯罪预防目的、社会效果和政治效果。此种探讨行为特征的路径与人之主体性相合，又称为主体行为之该当刑罚。[1] 主体行为该当性减少或减轻，行为人之刑罚分量理应减轻，符合自然正义和民众的正义直觉。“只要已被定罪的罪犯处于这样的情形或精神状态，即他受到了非常的或特别大的诱惑，或其控制行为的能力被认为因其自身行为之外的原因而受到了损害或削弱，那么，对于他来说，较之处于正常状态的普通人，要他遵守所违背的法律是一个十分困难的问题，因而，这便成为适用轻刑的一种充足理由。”[2]

从宽处罚的“额外该当性说”。刑罚的正当性源自正义之该当，即报应之该当、主体性之该当。然而，“额外该当性说”认为，单纯的主体行为该当性并不能充分地说明刑罚的正当性。申言之，主体行为该当性是发动刑罚的唯一根据和分配刑罚的部分依据，刑罚分配或刑罚实际施行的过程中，仅有主体行为该当性是不够的，因为，惩罚终极要义指向没有犯罪甚至充满善意的社会，并非为了惩罚而惩罚，其本身并非目的。另外，主体性不仅要求自己以主体自持，而且要求视他人为主体，人终究生活在动态的和经验的社会之中，行动虽是遵从自由意志所发布的绝对命令所为，但也无不受到感官、刺激、偏好等经验因素的影响，因而刑罚的分配无法摆脱经验和结果的影响，此即为刑罚的“额外该定性”[3] 或“理性选择之该当性”[4]。减少犯罪的目的是刑罚分配之额外该当性的重要因素，因此，如果有利于减少犯罪，刑罚的实际施加便可以适当减轻，比如行为人在犯罪后积极避免损害进一步蔓延，或者积极投案自首、坦白事实等。

主体行为该当性减少表明行为人的责任减轻，额外该当性减少表明犯罪预防必要性降低，除了因罪责和预防必要性减降而获得宽罚依据外，从宽处罚还存在其他方面的考虑。

---

[1] 刘军：《罪刑均衡的理论基础与动态实现》，法律出版社 2018 年版，第 82 页。

[2] ［美］H. C. A. 哈特：《惩罚与责任》，王勇、张志铭、方蕾译，华夏出版社 1989 年版，第 15 页。

[3] ［美］道格拉斯·胡萨克：《刑法哲学》，姜敏译，中国法制出版社 2015 年版，第 603 页。

[4] 刘军：《论罪刑之该当性》，载《法学论坛》2011 年第 1 期。

从宽处罚的“讼累补偿说”和“立功奖励说”。“讼累补偿说”认为，对行为人宽罚并非其罪责或预防必要性减少，而是因追究程序错误所作的补偿，国家据此可以减轻良心上的不安。[1] 耶赛克和魏根特列举了四种情形：（1）由于国家机关的原因造成诉讼延误，行为人之无阻碍诉讼的权利受到侵害，法院应额外地作有利于行为人的考虑；（2）行为人因警察密探诱导而实施犯罪，罪责得以减轻；（3）行为人在诉讼中得到其他不公正对待，例如对他的许诺未得以遵守；（4）行为人作了伪誓，或未告知行为人其拒绝作证权或拒绝宣誓权。[2]“立功奖励说”认为，因行为人提供的情报使行为人自己的或其他人的犯罪行为得以迅速破获，作为一种奖励而对行为人进行从宽处罚，此时的宽罚事由也与行为的罪责和再社会化可能性无甚关联。[3]

以上关于从宽量处刑罚的理论基本上涵盖了当前所有宽罚的依据，但是，“主体行为该当性减轻说”在确立宽罚依据时，考察的是行为人的责任大小，并不关注行为后的认罪态度问题；“讼累补偿说”旨在通过宽罚弥补给行为人带来讼累的国家追诉行为之过错，而认罪认罚从宽制度中，国家追诉机关在追诉时并不存在过错行为；立功奖励说，顾名思义，是将宽罚视作一种奖品，以奖励那些提供犯罪情报的行为人，行为人认罪认罚时，也可能为侦查机关提供其他犯罪情报，但其已经超出了认罪认罚的范畴；基于“额外该当性减少”而从宽的理论与前文提到的“预防程度减降从宽说”基本相同，关注的都是行为人的犯罪危险性大小以及刑罚预防功能的发挥。的确，如果适用更为严厉的刑罚对于保障或维护某种较高水准的守法或其他有价值的结果，并不比轻刑更有意义时，应适用轻刑。[4] 犯罪后态度，反映了犯罪人人身危险性的大小和改造的难易程度，从有利于刑罚目的的实现出发，它应在量刑时予以考虑。[5]

---

[1] ［德］汉斯·海因里希·耶赛克、［德］托马斯·魏根特：《德国刑法教科书》，徐久生译，中国法制出版社 2017 年版，第 1203 页。

[2] ［德］汉斯·海因里希·耶赛克、［德］托马斯·魏根特：《德国刑法教科书》，徐久生译，中国法制出版社 2017 年版，第 1201－1203 页。

[3] ［德］汉斯·海因里希·耶赛克、［德］托马斯·魏根特：《德国刑法教科书》，徐久生译，中国法制出版社 2017 年版，第 1203－1204 页。

[4] ［美］H. C. A. 哈特：《惩罚与责任》，王勇、张志铭、方蕾译，华夏出版社 1989 年版，第 14 页。

[5] 高铭暄、马克昌主编：《刑法学》（第七版），北京大学出版社、高等教育出版社 2016 年版，第 255 页。

而认罪认罚就是犯罪后的一种态度。然而，正如前文提到的，刑罚预防功能的效果并未得到实证层面的证实，认罪认罚并不能直接等同预防必要性降低。另外，认罪认罚从宽作为一项整体制度，不能简单地理解为实现刑罚目的的制度，因为它不只是认罪，还有认罚，认罪本身就可以获得从宽处罚的效果，为何要在认罪后面附加认罚？因而额外该当性也不能充分说明从宽处罚的正当性根据。

综览以上四种从宽处罚理论，都无法充分说明对认罪认罚者从宽处罚的正当根据，国外学者对此也有相似的观点，“辩诉交易产生的量刑不是基于威慑、报应、剥夺犯罪能力、矫正等传统刑法学考量因素”❶。反思其缘由，可能还是研究视角的局限性，对认罪认罚从宽正当性的研究路径依然局限在经验、效果和收益等功利目的中，世俗和经验就像一个幽灵，始终引诱着研究人员的眼光和心性。因而，探寻认罪认罚从宽的本质，还得跳出功利的框架，向主体的人本身进发。

（二）认罪认罚从宽之刑罚该当

认罪认罚从宽制度实施的目的是在保证司法公正的基础上，最大限度地提升诉讼效率，减少开支，促进司法资源的合理配置，实现“帕累托最优”。然而，被追诉人选择了认罪认罚，为什么就可以获得实体上的从宽量刑？

一种观点认为，对承认有罪的人从宽量刑，是对其的有罪答辩节省了时间和花费的回报。美国律师协会 1968 年《关于答辩的标准》认为，当有好的不要公开审判的理由时，有罪答辩使公开审判不再必要，并避免了其他案件的延误，基于此，“标准”暗示了回报有罪答辩是正当的❷，因为有罪答辩节省了时间和花费。另一种观点认为，对认罪的人从宽量刑是对其承认责任的回报。❸ 这种观点将犯罪后态度与责任该当的刑罚联系在一起，但为什么只对放

---

❶ ［美］斯蒂芬诺斯·毕贝斯：《庭审之外的辩诉交易》，杨先德、廖钰译，中国法制出版社 2018 年版，第 5 页。

❷ ［美］艾伦·豪切斯泰勒·斯黛丽、南希·弗兰克：《美国刑事法院诉讼程序》，陈卫东、徐美君译，中国人民大学出版社 2002 年版，第 434 页。

❸ ［美］艾伦·豪切斯泰勒·斯黛丽、南希·弗兰克：《美国刑事法院诉讼程序》，陈卫东、徐美君译，中国人民大学出版社 2002 年版，第 435 页。

弃审判的被告人提供有罪答辩的机会，通过正式审判后真心悔过，承认罪责的人为什么就得不到这种量刑的减让，承认责任回报说并不能给出合理的解释。虽然学界从实体刑法的角度进行了较多的讨论，但依然没能触及认罪认罚从宽处罚的实体。

我们认为，对认罪认罚者从宽处理的举动，不是单纯为了提升诉讼效率，也不是单纯为了实现刑罚预防功能，更不是“和稀泥”式地将两者融合，而是认罪认罚的秉性该当的结果，易言之，认罪认罚的本质是被追诉人按照自由意志力发布绝对命令所作的自由选择，作为一种主体性的选择，其本身就能使人不断完善，不断增强其内在的道德自律，更能增强其自我守法的自觉，正是基于认罪认罚这些主体性禀赋才获得了从宽处理的正当性。

犯罪是一种恶，是人的意志自由所为的向恶选择，是对法的否定，刑罚对犯罪的回应本质上是对犯罪之恶的否定，正如黑格尔所说，刑罚是对法之否定的否定[1]，只是刑罚的否定功能并非通过否定与犯罪相关的一切因素来实现，而仅仅通过否定犯罪者主体行为和理性选择来实现，它不直接否定犯罪者向恶选择的思想，虽然也附带否定犯罪行为可能造成的其他危害，但并不以此为主要手段，而是以否定犯罪者主体行为本身为主要手段。因而，刑罚的量定或责任的承担都是以犯罪者主体行为性质、危害后果、内部因素和外部环境等为基本的标准[2]，通过主体行为本身属性所作的危险性之合理推断对刑罚的量定和责任的确定仅仅起辅助和调控作用。

对认罪认罚的选择，无论犯罪者出于何种动机，都应当肯认其作为道德向善选择的性质，易言之，“认罪”是行为人犯后对之前所犯罪行的一种自认，是一种诚实态度的表达，体现了理性人真实和坦诚的品格，“认罚”则是对所犯罪行的一种责任承担态度，体现的是勇敢和担当的品质，“其实可以观察到，在迄今尚未充分经验到仁爱、正义以及其他各种社会性的德性所带来的好处的一切未开化的民族中，勇敢是最卓越的优秀品质，最为诗人们所讴歌、最受父母和导师们所推崇、最被全体公众所钦敬。”[3] 当然，认罪

---

[1] ［德］黑格尔：《法哲学原理》，范扬、张企泰译，商务印书馆 1961 年版，第 115 页。

[2] 刘军：《论罪刑之该当性》，载《法学论坛》2011 年第 1 期。

[3] ［英］休谟：《道德原则研究》，曾晓平译，商务印书馆 2001 年版，第 107 页。

也存在得不到从宽处罚的可能，但认罪认罚背后所体现的这些道德品质必须得到承认。实际上，选择认罪认罚也是对个体向善品质的追寻和历练，认罪认罚从宽不仅具有诉讼制度上的功能，更具有人性的关怀，它为人性历练和主体意识提供了舞台，被告人通过认罪使其认识能力和行为能力都得以提升。认罪认罚向善的内在品质同时也对外在环境产生了利好后果，最显著和直接的便是节约了司法资源，提升了诉讼效率，使有限的司法资源可以优化配置。不仅如此，认罪认罚对修复被害人的损害起到很好的抚慰作用，对社会公众也有示范效果。

正如对作为一种恶的犯罪都要进行否定一样，对作为一种善的认罪认罚也要进行肯定。“我们之所以需要法院和法官，一个重要原因就是希望法官明辨是非，确立人民行为的对和错，使正当的行为受到鼓励和肯定，使有过错的行为人提高警惕或承担相应的法律责任。”[1] 否定犯罪是让犯罪者承担不利的责任和后果，反之，肯定认罪认罚就是要让认罪认罚的主体得到有利的回报，确定犯罪者责任的量需要通过对犯罪行为所造成的危害后果进行考量，类似地，确定认罪认罚者应得的回报或奖励也需要对认罪认罚所带来的利好效果进行考量，对向善选择给予应有的回报，才符合正义的要求。认罪认罚产生的最直接和最主要的利好后果便是诉讼效率的提高，只有从这个意义上，才能说认罪认罚从宽的重要理由是诉讼效率的提升。

（三）认罪认罚从宽之标准与幅度

《指导意见》第 9 条规定了确定从宽幅度的原则。办理认罪认罚案件，应当区别认罪认罚的不同诉讼阶段、对查明案件事实的价值和意义、是否确有悔罪表现以及罪行严重程度等，综合考量确定从宽的限度和幅度。在刑罚评价上，主动认罪优于被动认罪，早认罪优于晚认罪，彻底认罪优于不彻底认罪，稳定认罪优于不稳定认罪。认罪认罚的从宽幅度一般应当大于仅有坦白或者虽认罪但不认罚的从宽幅度。对犯罪嫌疑人、被告人具有自首、坦白情节，同时认罪认罚的，应当在法定刑幅度内给予相对更大的从宽幅度。认罪认罚与自首、坦白不作重复评价。对罪行较轻、人身危险性较小的，特别是初犯、偶

[1] 李龙主编：《西方法学经典命题》，江西人民出版社 2006 年版，第 348 页。

犯，从宽幅度可以大一些；对罪行较重、人身危险性较大的，以及累犯、再犯，从宽幅度应当从严把握。但《指导意见》并未对认罪认罚的从宽幅度与自首的从宽幅度谁大谁小作出规定，这也给司法实践造成困扰。

从《指导意见》关于认罪认罚从宽标准确定的原则也可以看出，认罪认罚对诉讼效率的贡献率起着举足轻重的作用，一般来讲，认罪认罚对诉讼效率贡献大的，从宽幅度也大，反之，则从宽幅度小。"通常情况下，量刑折扣是分等级的，它基于认罪的时间和其免予取证证明的难度的不同，而具有不同的折扣量。"❶ 围绕诉讼效率的内容，结合《指导意见》的规定，我们认为可以从以下几个标准或层面来确定从宽处罚的幅度。

第一，时间标准。在刑事案件的侦办过程中，时间对公安司法机关无疑是最宝贵的，尤其是在一些毒品案件、贪污贿赂案件、网络犯罪案件和共同犯罪案件等线索少且稍纵即逝的情况下，犯罪嫌疑人、被告人能够早一点认罪认罚，公安司法机关就能快速破案，反之，如果等到同伙或其他线索消失之后，犯罪嫌疑人、被告人又认罪认罚的，对于侦破案件的作用就会大打折扣，也正因此，尤其是在上述案件类型中，公安司法机关都期待犯罪嫌疑人、被告人能早一点认罪认罚。另外，时间也是犯罪嫌疑人、被告人最为关注的，早认罪认罚，对其适用的强制措施就可能轻缓，本来拘捕一个月的，由于早认罪认罚就可能缩短至十天甚至变更为非羁押性措施。早认罪认罚也有利于被追诉人迅速摆脱讼累泥潭，为其家人朋友等密切社会关系人省去很多麻烦。有的学者还以时间为标准，划分不同的量刑减让等级，如赵恒提出的"结合诉讼程序的不同类型，采取'40%—20%—10%'的方案"❷。即在侦查时期、审查起诉时期和审判时期认罪认罚的，分别给予'40%—20%—10%'量刑减让。

第二，成本标准。根据诉讼效率和诉讼经济的原则，一般来讲，认罪认罚节约的司法成本越多，从宽的幅度就越大。"及早作出有罪答辩决定所带来的资源节约是巨大的。立案效率提高很多。……所有这一切，尤其是审判数量的

---

❶ Fiona Leverick, Tensions and Balances, Costs and Rewards: The Sentence Discount in Scotland, *The Edinburgh Law Review*, Vol. 8 (2004), pp. 360 - 388.

❷ 赵恒：《论量刑从宽——围绕认罪认罚从宽制度的分析》，载《中国刑事法杂志》2018年第4期。

减少，会节省大量的资金。”[1] 成本标准一般都是可以在经济上进行量化的，这样就为从宽比例的具体确定提供客观的依据，比如由于犯罪嫌疑人、被告人的认罪认罚，为公安机关节约2万元的案件调查费用，而如果不认罪认罚，公安机关可能将支付8万元破案成本，从宽幅度就可以大一些。

第三，修复标准。修复标准是恢复性司法在认罪认罚案件中的具体应用，它主要考察认罪认罚对社会关系，尤其是与被害方的关系的修复情况。被害人是犯罪行为最直接的受害者，能否取得被害人谅解成为修复被犯罪者破坏的社会关系的关键。依据法规范的相关规定和司法实践中的惯常做法，判断犯罪者的认罪认罚是否修复了被破坏的社会关系，主要参考犯罪者是否退赃退赔、是否赔偿或补偿被害人损失、是否与被害人达成和解以及是否取得被害人谅解等。

第四，公众的正义直觉标准。这一标准并非确定从宽幅度的积极标准，而是规制从宽幅度无限制地扩大的正义底线。正义的直觉是人们对正义的一种感知，它受到不同人口学因素——收入、教育、种族、政治倾向、婚姻状况、宗教、性别等的巨大影响。[2] 罗宾逊研究的是跨文化区的正义直觉，我们这里主张的公众的正义直觉标准仅包括我国的公众，因为不同文化区的民众对正义的感知差距还是比较大的，尤其是在刑事案件中，比如2019年几乎在同一个时间维度上，发生在美国的章莹颖案和发生在我国的张扣扣案，章莹颖案中的被告人克里斯滕森最终未被判处死刑明显违背了我国公众的正义直觉，但在美国，它却并未引起太大不适。对认罪认罚的犯罪者从宽量刑的幅度不能违背公众的正义直觉，虽然它有点抽象，甚至不可名状，但当刑事案件的判罚明显违背正义直觉时，公众自然就会感知到它。“在决定合适的刑罚时，功利性价值和接受认罪可能带来的后果应该被考虑进去，但是不能突破保护公共利益的需要，并且如果认罪非但不能缩短诉讼，反而延长审判期限的话，则不能给予量

---

[1] ［英］麦高伟、路加·马什：《英国的刑事法官：正当性、法院与国家诱导的认罪答辩》，付欣译，商务印书馆2018年版，第335页。

[2] ［美］保罗·罗宾逊：《正义的直觉》，谢杰、金翼翔、祖琼译，上海人民出版社2018年版，第2页。

刑优惠。”❶

上述四项标准的运用并非是单独进行的，而是在一个认罪认罚案件中要综合考察各项标准，最终确定合理的从宽幅度。“法官有权根据认罪案件的具体情况来确定优惠的量刑幅度，这些情况包括，认罪的阶段，认罪可能节省的公共开支和耗费的时间，避免取证难度的程度，要求证人作证或作出说明所带来的额外困扰，还有在认罪协商中的承诺情况。”❷ 以此再重新审视《指导意见》中的规定，根据从宽幅度的时间标准，结合另外三项标准，我们认为认罪认罚的从宽幅度一般应该小于自首的从宽幅度。

认罪认罚本质上是被追诉人基于自由意志力所颁布之绝对命令的自由选择，而从宽处理也是这一主体性选择所该当的结果，是被追诉人选择认罪认罚该当的奖励，“过错的人承受惩罚，向善的人得到奖励”“拿走应当拿走的”“给予应该给予的”这就是正义的要求。然而，对行动的审视又离不开外在因素，所以，在确定从宽处理的程度中，要充分考量以上四个标准，否则就可能造成效率和正义的失衡。

三、认罪认罚从宽与自首坦白从宽的关系

基于诉讼程序法意义的从宽与基于刑事实体法意义的从宽存在认识论和价值论上的差异，这里选取实体从宽中典型的从宽制度——自首坦白从宽为分析样本，全方位比较程序法上的认罪认罚从宽与实体法上的自首坦白从宽之间的差异，以此说明，认罪认罚从宽实际上并非基于实体的从宽，而是基于诉讼程序的从宽。

---

❶ Robert Shiels, High Court of Justiciary – Sentence Discount: Early Guilty Plea, *Journal of Criminal Law*, Vol. 71, Part 2 (2006), pp. 142 – 146.

❷ Robert Shiels, High Court of Justiciary – Sentence Discount: Early Guilty Plea, *Journal of Criminal Law*, Vol. 71, Part 2 (2006), pp. 142 – 146.

（一）认罪认罚从宽与自首从宽的关系

1. 二者之间的联系

（1）从法律后果上来看，两者都含有从宽处罚，认罪认罚从宽处理中不仅包括程序上的从宽处理，也包括实体上的从宽处罚，对犯罪嫌疑人、被告人实体上的从宽处罚，一般包括从轻、减轻或免除处罚，而自首的法律后果也是可以从宽处罚，根据《刑法》第67条的规定可知，自首制度中的从宽处理只包括从轻、减轻或免除处罚。

（2）在从宽处罚的适用上，两者都是“可以”从宽，根据《刑事诉讼法》第15条的规定可知，对“认罪认罚”的犯罪嫌疑人、被告人可以依法从宽处理，根据《刑法》第67条的规定可知，对自首的犯罪分子，可以从轻或减轻处罚，其中犯罪较轻的，可以免除处罚。需要强调的是，对其中“可以”的理解，相关司法解释的规定也非常相似，2010年12月22日发布的《最高人民法院关于处理自首和立功若干具体问题的意见》第8条第2款规定，“具有自首或立功情节的，一般应当依法从轻、减轻处罚；犯罪情节较轻的，可以免除处罚。”第3款规定：“虽然具有自首或立功情节，但犯罪情节特别恶劣、犯罪后果特别严重、被告人主观恶性深、人身危险性大，或者在犯罪前即为规避法律、逃避处罚而准备自首、立功的，可以不从宽处罚。”2019年10月24日“两高三部”《指导意见》第8条第1款规定：“‘可以从宽’，是指一般应当体现法律规定和政策精神，予以从宽处理。但可以从宽不是一律从宽，对犯罪性质和危害后果特别严重、犯罪手段特别残忍、社会影响特别恶劣的犯罪嫌疑人、被告人，认罪认罚不足以从轻处罚的，依法不予从宽处罚。”另外，对于是否从宽以及从宽处罚的幅度如何确定，自首和认罪认罚案件中的考量因素也比较相似。

（3）成立条件上存在重合部分，自首是指犯罪以后自动投案，如实供述自己的罪行，认罪是自愿如实供述自己的罪行，承认指控的犯罪事实，两者在如实供述自己的罪行层面上完全相同。

（4）从二者的功能上看，都有利于节约司法资源、提高诉讼效率。自首和认罪认罚不仅可以为发现或侦破案件提供重要的线索，而且在自首和认罪认罚中形成的犯罪嫌疑人供述可以当作证据使用，降低了追诉部门的办案难度，提高了刑事诉讼的效率，同时也节约了司法资源，有利于司法资源的合理配置。

2. 二者之间的区别

（1）二者的法律属性不同，自首是刑事实体法——刑法中规定的制度，而认罪认罚从宽制度是刑事诉讼法中规定的制度，因而，其制度适用依据和法律效果也不同。认罪认罚从宽制度的法律依据是刑事诉讼法，产生的自然是诉讼法上的效果，如法院一般应当根据检察机关对认罪认罚的犯罪嫌疑人的指控建议裁判。而自首制度的依据是刑法，产生的是刑事实体法上的效果，如罪责的减轻。

（2）认罪认罚不仅包括自愿如实供述自己的罪行，也包括愿意接受处罚，而自首对是否愿意接受处罚未作进一步要求，自首的成立条件中，除了如实供述所犯罪行外，更为重要的是“自动投案”，而认罪认罚的成立并不要求犯罪嫌疑人、被告人“自动投案”，即使犯罪嫌疑人被抓捕归案后，甚至是在之后的审查起诉和审判阶段才选择认罪认罚，依然适用从宽制度。

（3）二者的适用阶段不同，作为一项具体的制度，自首有其严格的适用阶段，即只能是在犯罪事实或犯罪分子未被办案机关掌握，或虽被掌握，但犯罪分子尚未受到调查谈话、讯问，或未被采取调查措施或者强制措施时，才可能成立自首，一般是在侦查阶段，当然，向谁自首并不影响自首的适用阶段，如在审查起诉阶段，犯罪嫌疑人、被告人又如实供述了尚未被办案机关掌握的犯罪事实的，对该项事实可能成立自首，但依然需要进一步的侦查。而认罪认罚从宽不仅是一项具体的法律制度，也是刑事诉讼的一项基本原则[1]，因而，它适用于刑事诉讼的全过程和各阶段，无论是在审查起诉阶段，还是在侦查、审判环节，只要犯罪嫌疑人、被告人认罪认罚，都可以适用从宽制度，只是从宽的程度不同。

（4）认罪认罚和自首的对象不同，认罪认罚的对象是公安司法等办案机

---

[1] 熊秋红：《比较法视野下的认罪认罚从宽制度——兼论刑事诉讼“第四范式”》，载《比较法研究》2019 年第 5 期。

关，即公安机关、检察机关和法院，而自首的对象不仅包括公安司法机关，也包括办案机关以外的其他主体，根据2009年最高人民法院、最高人民检察院《关于办理职务犯罪案件认定自首、立功等量刑情节若干问题的意见》第1条第2款的规定，“犯罪分子向所在单位等办案机关以外的单位、组织或者有关负责人员投案的，应当视为自动投案”。

（5）制度改革的理路不同。自首是在“坦白从宽、抗拒从严”司法习惯的文化氛围中孕育出来的制度，其对犯罪者关于所犯罪行的前提假设是“拒罪斥罚”，至少行为人犯罪后的惯常表现就是逃避处罚。而认罪认罚从宽制度是在司法效率和人权保障理念深度发展并日趋深入人心的背景下实行的，犯罪者不再被广泛地假设为“拒罪斥罚”的恶人，而是也可能会主动“认罪认罚”的善人，至少实践证明，大部分犯罪者犯罪后都希望通过认罪认罚尽早摆脱诉讼泥潭。当然，这样的转变很大程度上也是法治尤其是司法更加公正和规范的后果，司法公信力提高，冤假错案减少，更多的犯罪者选择“认罪认罚”所带来的利益减损[1]远大于“拒罪斥罚”所带来的诉讼麻烦。

（6）法律后果上，虽然认罪认罚和自首的法律后果中都包括从轻、减轻或免除处罚，但认罪认罚的法律后果和适用范围更为广泛，其从宽处罚的内容不仅包括刑罚，也包括非刑罚处罚方式，如酌定不起诉，而且，认罪认罚不仅适用于最终的裁判后果，也是侦查起诉阶段采取刑事强制措施的法定参考因素，而自首在这两个方面并无明确规定。《关于处理自首和立功若干具体问题的意见》（2010年）第2条，对《关于处理自首和立功具体应用法律若干问题的解释》（1998年）第1条第2项规定的“如实供述自己的罪行”作出了进一步的细化规定，判断“如实供述自己的罪行”的基本表征是是否足以影响定罪量刑，供述的内容如果影响定罪量刑，则不能认定为如实供述自己的罪行，反之，则应当认定为如实供述自己的罪行。

（二）认罪认罚从宽与坦白从宽的关系

《刑法》第67条第3款规定，“认罪嫌疑人虽不具有前两款规定的自首情

---

[1] 魏晓娜认为，认罪认罚后的从宽处理在本质上并非给予犯罪嫌疑人、被告人更多的优待，而是程序性减损。该观点源自2019年第二届全国刑事法博士生论坛第五单元中魏晓娜教授的评议发言。

节，但是如实供述自己罪行的，可以从轻处罚；因其如实供述自己罪行，避免特别严重后果发生的，可以减轻处罚。”一般认为，《刑法》第67条第3款规定的是“坦白从宽”制度。最高人民法院、最高人民检察院于2009年3月12日发布的《关于办理职务犯罪案件认定自首、立功等量刑情节若干问题的意见》第3条对坦白从宽作了进一步细化规定：“犯罪分子依法不成立自首，但如实交代犯罪事实，有下列情形之一的，可以酌情从轻处罚：（1）办案机关掌握部分犯罪事实，犯罪分子交代了同种其他犯罪事实的；（2）办案机关掌握的证据不充分，犯罪分子如实交代有助于收集定案证据的。犯罪分子如实交代犯罪事实，有下列情形之一的，一般应当从轻处罚：①办案机关仅掌握小部分犯罪事实，犯罪分子交代了大部分未掌握的同种犯罪事实；②如实交代对于定案证据的收集有重要作用的。”

1. 二者之间的联系

认罪认罚与坦白在如实供述自己罪行方面法律条文的表述相同。对其中的“如实供述”的具体认定，1998年5月9日施行的最高人民法院《关于处理自首和立功具体应用法律若干问题的解释》第1条第2项规定：“如实供述自己的罪行，是指犯罪嫌疑人自动投案后，如实交代自己的主要犯罪事实。”最高人民法院2010年12月22日发布的《关于处理自首和立功若干问题的意见》第2条对如实供述自己的罪行又进行了进一步的细化规定，上述《解释》第1条第2项规定，“如实供述自己的罪行，除供述自己的主要犯罪事实外，还应包括姓名、年龄、职业、住址、前科等情况。犯罪嫌疑人供述的身份等情况与真实情况虽有差别，但不影响定罪量刑的，应认定为如实供述自己的罪行。犯罪嫌疑人自动投案后隐瞒自己的真实身份等情况，影响定罪量刑的，不能认定为如实供述自己的罪行”。同时第3款规定，“犯罪嫌疑人自动投案时虽然没有交代自己的主要犯罪事实，但在司法机关掌握其主要犯罪事实之前主动交代的，应认定为如实供述自己的罪行”。可见，刑法坦白从宽制度中的如实供述自己的罪行，是指如实交代自己的主要犯罪事实。类似地，认罪认罚从宽制度中的“如实供述自己的罪行”，根据《指导意见》第6条的规定，也基本上可以理解为如实交代自己的主要犯罪事实。

2. 二者之间的差异

（1）认罪认罚和坦白中虽然都有“如实供述自己的罪行”，但在认定“如实供述自己的罪行”时，关于自首、立功的司法解释和关于认罪认罚从宽的《指导意见》中的表述并不完全一致。《指导意见》第6条的条文表述是“犯罪嫌疑人、被告人自愿如实供述自己的罪行，对指控的犯罪事实没有异议。承认指控的主要犯罪事实，仅对个别事实情节提出异议，或者虽然对行为性质提出辩解但表示接受司法机关认定意见的，不影响‘认罪’的认定”。很明显，《指导意见》对如实交代自己的罪行与承认的犯罪事实作了进一步区分，犯罪嫌疑人承认的主要犯罪事实并非犯罪嫌疑人如实供述的所有事实，而是追诉部门指控的犯罪事实，在犯罪事实前增加了“追诉部门指控”，追诉部门追诉的犯罪事实与犯罪嫌疑人如实交代的犯罪事实相比，虽无实质区别，但是却体现了更多的诉讼法色彩。

（2）从成立条件上看，认罪认罚的成立条件不仅要求如实供述自己的罪行，对指控的犯罪事实没有异议，而且要求愿意接受处罚。而坦白中并没有“愿意接受处罚”的要求。

（3）法律属性不同。“认罪认罚从宽”规定于刑事诉讼法，而坦白从宽规定在刑法中，因而，认罪认罚从宽是一项诉讼法制度，而坦白从宽则是一项实体法制度。

然而，认罪认罚后的从宽处理，也包含实体法上的从宽处罚，这就引发一个疑问，作为规定程序的刑事诉讼法，能否直接规定刑事实体法——量刑的内容？《刑法》第61条规定了量刑根据，即“对犯罪分子决定刑罚的时候，应当根据犯罪的事实、犯罪的性质、情节和对社会的危害程度，依照本法的有关规定判处”。该条文中“本法”自然是指刑法，但它是否意味着规定对犯罪分子量刑的权力被刑法所垄断，单从文义上并不能得出这样的结论，因为《刑法》第61条中并不包含犯罪后态度问题。然而，无论是刑法立法中还是学术观点上，认罪后态度均是量刑的重要事实根据，比如刑法中的自首、坦白、立功和认罪从宽处罚制度，“犯罪后的态度，反映犯罪人人身危险性的大小和改造的难易程度，因此，从有利于刑罚目的的实现出发，这一事实情况应在量刑时予以考虑”❶。张明楷教授也认为“犯罪后的态度是影响预防刑的重要情节”❷。既然从文义上并不能得出刑法垄断了量刑规定权，那刑事诉讼法如果规定了实体方面的内容，是否违反宪法或与刑法造成法律冲突，如果经过规范性分析后得出了否定结论，那刑事诉讼法中规定实体方面的内容就完全没有问题。首先，必须明确，《立法法》第 8 条规定，犯罪与刑罚只能制定法律。其次，《刑法》第 3 条规定了罪刑法定原则，即“法律明文规定为犯罪行为的，依照法律定罪处刑；法律没有明文规定为犯罪行为的，不得定罪处刑”。罪刑法定原则坚持法律主义，即规定犯罪及其后果的法律只能是立法机关制定的法律，故行政法规等其他位阶的法规范无权规定犯罪与刑罚。❸ 第 5 条规定了罪责相适应原则，即“刑罚的轻重，应当与犯罪分子所犯罪行和承担的刑事责任相适应”。2016 年全国人大常委会《关于授权最高人民法院、最高人民检察院在部分地区开展刑事案件认罪认罚从宽制度试点工作的决定》中规定，认罪认罚从宽的试点工作应当遵循刑法、刑事诉讼法的基本原则。全国人大常委会同时授权最高人民法院、最高人民检察院在遵循刑法、刑事诉讼法基本原则的基础上，制定试点办法。以此观之，刑事诉讼法作为法律位阶层次的法律规范，规定刑罚实体内容并不存在权限上的疑问，只要遵循刑法和刑事诉讼法的基本原则，刑事诉讼法立法就可以规定相关实体的内容。

从经验总结层面上看，认罪认罚从宽制度是在已有的坦白从宽、自首从宽、认罪从宽的基础上，对司法实际中存在的解决刑事案件新做法的经验总结与概念提炼，是司法实践智慧的结晶。它滥觞于“坦白从宽、抗拒从严”和“宽严相济”的刑事政策，是在新的历史条件下对其中宽缓一面的发展。❹ 然而，认罪认罚从宽同已有的自首、坦白从宽具有实质上的差异，因为，它不仅包括传统的认罪从宽，还附加了认罚，构成认罪认罚整体意义上的从宽，它更加侧重强调程序方面的价值。

---

❶ 高铭暄、马克昌主编：《刑法学》（第七版），北京大学出版社、高等教育出版社 2016 年版，第 255 页。

❷ 张明楷：《论犯罪后的态度对量刑的影响》，载《法学杂志》2015 年第 2 期。

❸ 张明楷：《刑法学》（第五版），法律出版社 2016 年版，第 48－49 页。

❹ 熊秋红：《认罪认罚从宽的理论审视与制度完善》，载《法学》2016 年第 10 期。

第三章　认罪认罚从宽制度具体运行

一、认罪认罚从宽的历史脉络与时代背景

（一）认罪认罚从宽的历史脉络

认罪认罚从宽司法制度改革是宽严相济刑事政策在新时代新环境下的具体展开。在我国，宽严相济的治理理念具有深厚的历史底蕴，早在春秋时期，郑国思想家子产就率先提出刑罚务严的观点，“夫火烈，民望而畏之，故鲜死焉；水懦弱，民狎而玩之，则多死焉，故宽难”[1]。可以看出，子产将从严施刑比喻为“烈火”，使人心生惧怕而不敢触法，同时，将从宽行罚明喻为“弱水”，民人态度嬉戏而多试探，故违法者较多，因而从宽执刑难以实现有效治理。孔子正式提出“宽猛相济”的行刑理论，他认为“善哉！政宽则民慢，慢则纠之以猛，猛则民残，残则施之以宽，政是以和”[2]。另外，《礼记·杂记》中也记载，子曰：“张而不弛，文、武弗能也。弛而不张，文、武弗为也。一张一弛，文、武之道也。”孔子的宽猛相济理论对后世司法制度影响巨大，在诉讼理论层面，“宽猛相济”的司法理念逐渐演化为历史“正态”[3]。然而，在历代的司法实践中，“宽猛相济”的理念却偏化为“时严时宽，逐渐趋严”的样态，尤其是自宋以后，执法从严的主线越发明显。明末清初，王夫之对孔子的宽猛相济理论发起了挑战，他认为，“猛”并非“严”，而是严的

---

[1] 《左传·昭公二十年》。
[2] 《左传·昭公二十年》。
[3] 李交发：《中国诉讼法史》，湘潭大学出版社2016年版，第271页。

极端，"宽猛相济"并非宽严结合，而是在"极严"和"极宽"两端之间的相互转换，否极泰来，泰极否至，因而，宽猛行刑之法不可能实现"政是以和"。王夫之认为，正确的思路应该是"宽以养民，严以治吏"，不走极端。刑罚经历了严而宽、宽而严的循环往复，到了清代，统治者和思想家才悟出了比较肯定的道理，认为"从来帝王于用刑之际，法虽一定，而心本宽仁"[1]。"以宽仁之心行严格之法，以严峻之举体宽仁之心，无论宽严，'失出失入'皆失平。"[2] 执法求平才是宽严之用的正理，正如清雍正帝所言："酌情准法，务协乎天理之至公，方能无枉无纵，各得其平……朕毫不存从宽从严之成见。朕御临万机，乾坤独揽，宽严之用，务在得中。"

纵览整个传统社会，对宽严之法的理论研究不断丰富、渐趋一致，但其法制的封建本性决定了，无论是刑罚的创制、刑罚的裁量还是刑罚的执行，都充斥着维护君权和专制统治的色彩。比如传统社会"公开处决的目的是以儆效尤，不仅要使民众意识到最轻微的犯罪都可能受到惩罚，而且要用权力向罪人发泄怒火的场面唤起恐怖感"[3]，以此来维护专制统治。因而，无论施刑以严，还是行罚以宽，均非源自对行为人的考虑，并不具备人权保障的现代法治因素。但是，传统司法中的一些理念和做法，值得现代司法创新性继承，实际上，我国当下"宽严相济刑事政策"与"宽猛相济"的传统司法理念在历史渊源和文理渊源上一脉相承。[4] 并且，这一刑事政策在不断地具体化和法律化。

刑罚适用宽严相济的政策渊源是我党在国内革命期间提出的"镇压与宽大相结合"的政治斗争策略，这种策略要求，对于政治上的反动派，比如罪大恶极的土豪劣绅、反动的地主富农和汉奸等采用镇压手段，而对于其中的动摇分子和胁从分子，则宽大处理。1934 年《中华苏维埃共和国惩治反革命条例》中规定，对于一切图谋推翻或破坏苏维埃政府及工农民主革命的反革命分子，区分不同情况进行处罚。对于那些严重危害人民的重大反革命分子、首要分子和再犯分子要严惩，甚至判处死刑；而对那些被他人胁迫以及自首、坦

[1] 《大清会典事例》卷 846。

[2] 李交发：《中国诉讼法史》，湘潭大学出版社 2016 年版，第 286 页。

[3] ［法］福柯：《规与惩罚》，刘北成、杨远婴译，生活·读书·新知三联书店 2012 年版，第 63 页。

[4] 黄春燕：《宽严相济刑事政策古今考辨》，载《南京社会科学》2018 年第 2 期。

白和立功的分子，则规定减轻或免除其处罚。“镇压与宽大相结合”的斗争策略具有鲜明的政治色彩和历史烙印，是我党为争取民主革命胜利，团结一切可以团结的力量的具体实现路径，新中国成立后，其内涵被重新表述为“坦白从宽、抗拒从严”。革命任务完成，“镇压与宽大相结合”的斗争策略在中共八大上被创新性地发展为“惩办与宽大相结合”的刑事政策，将“镇压”改成了“惩办”，其原因在于，对于人民内部的普通犯罪分子不能像对待反革命分子那样采取“镇压”方式，而只能是“惩办”。“文化大革命”结束后，“惩办与宽大相结合”的政策也在1979年《刑法》中得以规定，从宽处遇自首、立功者也得到法律的肯认，并且最高人民法院、最高人民检察院和公安部还专门出台了单行解释，即1984年《关于当前处理自首和有关问题具体应用法律的解答》。吊诡的是，宽罚认罪虽然有了法律依据，在司法实践中却并未得到实际实施，这主要发生于1979—1987年的严打时期，这一时期，对认罪的案件——即使是轻罪案件，不但不从宽处理，而且要从重从快处理，认罪宽大处理演变为宣示性口号。[1]

认罪从宽真正得以执行是在1996年修改《刑事诉讼法》以后，20世纪最后两个十年里，刑事案件数量逐年增加，司法机关的追诉机制负重前行，难以及时有效办结案件，1996年《刑事诉讼法》增设审理刑事案件的“简易程序”，结合后来的刑事诉讼法司法解释（1998年）、《适用普通程序审理被告人认罪案件的若干意见》（2003年）以及《关于适用简易程序审理公诉案件的若干意见》（2003年）可知，对被告人认罪的案件，可以简化定罪审理程序，自此，认罪案件与不认罪案件在刑事追诉程序上以法规范的形式作了差别对待。但需注意的是，认罪虽然可以从宽处理，但是仅限于或主要是审判环节的简化，即由过去的定罪量刑审判环节“双重”式转化为量刑“单一”式，而对于实体上是否可以从宽处罚，并未涉及。对认罪者实体层面的宽罚正式开始于2006年党的十六届六中全会提出的宽严相济刑事司法政策以及随后最高人民检察院出台的《关于贯彻宽严相济刑事政策的意见》和《关于依法快速办理轻微刑事案件的意见》，根据这两个意见，检察机关在提起公诉时，对认

[1] 贺小军：《改革开放以来我国被追诉人认罪案件处理之图景》，载《中国刑事法杂志》2020年第2期。

罪的被告人可以向法院提出从宽处理、适用缓刑等量刑建议。2008 年最高人民检察院又颁布《认罪轻案办理程序实施方案》和《认罪轻案办理程序实施细则》，对认罪案件从宽处理的追诉过程进行全面规范化和制度化。

对认罪被告人进行实体层面从宽处罚的标志性事件是最高人民法院出台《人民法院第三个五年改革纲要（2009—2013)》，纲要中明确指出，要建立和完善依法从宽处理的审判制度与工作机制，探索建立被告人附条件的认罪从轻处罚制度。随后，最高人民法院相继出台了两份指导性改革文件，即《人民法院量刑指导意见（试行)》和《关于规范量刑程序若干问题的意见（试行)》，其中明确规定，对于犯罪事实和罪名无异议的认罪被告人，审判可以只围绕量刑等问题进行。2011 年《刑法修正案（八)》规定，对如实供述自己罪行的行为人可以从轻或减轻处罚，即坦白从宽制度。2014 年党的十八届四中全会明确提出要完善刑事司法中的认罪认罚从宽制度，在认罪从宽的基础上附增“认罚”，认罪认罚从宽制度自此以完整的面貌呈现出来。

回览认罪认罚从宽司法制度的整个历史脉络，它不仅具有深厚的传统法律文化底蕴，而且具有激烈革命文化的政策渊源，更具有新时代司法改革的鲜明特色，大历史以观之，它跨越千年而来，经历了长期的历史沉淀、动荡的红色浸染和新中国、新时期、新时代的不断洗礼，认罪认罚从宽制度的成功构建对于刑事司法制度的完善意义重大。但同时也应清醒地认识到，认罪认罚从宽司法改革的原始驱动力并不是、至少主要不是个体权利保障的需要，而是权力运行成本不堪重负的倒逼，因而，在之后的制度运行过程中，权利保障的短板可能需要长期地进行补镶。

（二）认罪认罚从宽的时代背景

刑法罪名增多，追诉困难加大。刑法典自 1997 年大修后，至今已先后颁布了 11 个修正案，总体趋势是罪名持续增多，刑法干预社会生活的范围不断扩张，重罪数量占比呈下降趋势，轻罪占比上升。[1] 风险社会的到来使刑法介入社会生活时间提前，刑罚处罚早期化，法定犯、危险犯等犯罪类型增多，司法证明难度加大。对犯罪的快速有效打击倒逼司法追诉效率的提

[1] 魏晓娜：《完善认罪认罚从宽制度：中国语境下的关键词展开》，载《法学研究》2016 年第 4 期。

升，而以无罪推定和被追诉人“拒罪斥罚”为前提的刑事诉讼，司法资源耗费量大，效率低下，逐渐难以支撑。刑事实体法的变更牵引着刑事程序法的联动，而认罪认罚案件本身所具有的事实清晰、法律适用简单等特点，恰好迎合了这种联动。

人权保障的法治理念不断深入人心。人权在当今世界主流话语体系中至关重要，已成为中西方最引人注目的政治、法律话语之一，也已发展为世界性语言和时代性话题。[1] 1991 年《中国的人权状况》白皮书中写道“中国重视在司法活动中保护人权”，人权的司法保障首次出现于政治话语中。2004 年《宪法》增设人权保障条款，明确规定“国家尊重和保障人权”。2012 年“尊重和保障人权”被写入修改的刑事诉讼法中，我国越来越重视对人权的法律保障。从 2004 年《宪法》增设“人权保障”条款以来，法律对人权的保障主要通过限制权力运行方式来进行，如刑法中的罪刑法定原则，将定罪量刑权保留到法律中，司法官员不能再任施刑罚；1996《刑事诉讼法》进一步完善强制措施的适用制度，禁止刑讯逼供；2012 年《刑事诉讼法》规定非法证据排除规则、完善死刑复核程序、禁止被追诉人自证其罪、建立羁押必要性审查制度、明确监视居住的适用时间与条件、细化逮捕条件；2018 年《刑事诉讼法》更加重视对权力的制约。不仅如此，国家同时也注重从正面保障认罪嫌疑人、被告人及其他诉讼参与人的各项合法权益，如 1996《刑事诉讼法》规定的法律援助制度；2012《刑事诉讼法》明确犯罪嫌疑人、被告人的辩护权和获得帮助的权利、规定犯罪嫌疑人拥有对与本案无关的问题拒绝回答的权利、建立完善司法救助制度。2018 年《刑事诉讼法》确认的认罪认罚从宽制度更是直接从当事人的视角保障其诉讼主体地位。实际上，新中国成立 70 多年来，中国刑事司法始终坚持维护国家安全与社会稳定的大局，并从偏重社会整体利益保护逐步转向兼顾保障人权，公平正义逐渐成为刑事司法的根本价值导向，刑事司法规范化举措日趋丰富，未来的中国也应进一步强化人权保障的现代刑法司法理念，积极探索刑罚轻缓化路径。[2]

在认罪认罚从宽司法改革中，虽然人权保障不是主要的驱动力，但是对认

---

[1] 张文显：《二十世纪西方法哲学思潮研究》，法律出版社 2006 年版，第 428 页。

[2] 赵秉志、张伟珂：《新中国刑法司法 70 年：回顾与前瞻》，载《法律适用》2019 年第 19 期。

罪认罚者从宽处理本身内含着个体的权利需要，比如对认罪认罚案件从简从快追诉，就内含着国家追诉活动应尽量使被告人免受或少受讼累负担的责任。反言之，如果人权观念没有一定程度的发展，认罪认罚从宽改革可能未必形成如此之“快”“大”“广”“深”局面，即使出现，也只是权力运行机制本身调整的结果，绝不会是个体权利保障的需要。

刑事司法领域“认罪案件轻快办理”的国际化趋势。20 世纪 70 年代前后，美国刑事诉讼中的“辩诉交易”制度一经施行，便迅速得到世界其他国家纷纷效仿，认罪案件从轻从速处理，很大程度上解决了世界各国尤其是刑事案件量较多国家的司法效率低下、司法资源浪费和人权保障不到位等问题。公正审判国际组织的研究报告指出：1990 年，世界上“放弃审判制度”[1] 的国家仅有 19 个，到 2015 年已经达到 66 个，只有比利时、希腊、葡萄牙、瑞典、日本、韩国、泰国和越南等国还没有“放弃审判制度”。在英美法系国家，一般采用“辩诉交易”“认罪协商”等追诉模式，大陆法系国家多运用“刑事协商”和“庭前认罪”等诉讼模式，总之，传统刑事诉讼中的对抗式日渐式微，通过合作式或协商式办理的刑事案件无论在数量上还是质量上都日益勃兴。在我国，司法是全面依法治国战略部署中重要的一环，晚近以来，我国刑事犯罪高发，司法机关办案压力增大，阻碍了依法治国方略的推进。“全面推进依法治国是解放和增强社会活力、促进社会公平正义、维护社会和谐稳定、确保国家长治久安的根本要求。”[2] 因而，在刑事诉讼中，我们也应当紧随世界潮流，对那些被告人自愿认罪、自愿接受处罚、积极退赃退赔的刑事案件，从轻从快办理，构建中国特色的认罪认罚从宽司法制度，以节约司法资源，提高司法效率，这不仅是国内司法实际的需要，也有利于与国际接轨。

---

[1] 熊秋红教授将美国的“辩诉交易”、英国的“认罪协商”、德国的“刑事协商”、法国的“庭前认罪”等刑事诉讼制度统一表述为“放弃审判制度”，具体可见熊秋红：《比较法视野下的认罪认罚从宽制度——兼论刑事诉讼“第四范式”》，载《比较法研究》2019 年第 5 期。

[2] 习近平于 2014 年 8 月 19 日在“中共中央召开的关于征求对中共中央关于全面推进依法治国若干重大问题的决定的意见党外人士座谈会”上的讲话。

二、认罪认罚从宽制度运行的诉讼模式

（一）认罪认罚从宽的主体性协商模式

认罪认罚从宽司法改革的成功构建，打破了传统的刑事案件追诉模式。对认罪案件在追诉程序上作特别处理的做法，开始于1998年最高人民法院《关于执行〈中华人民共和国刑事诉讼法〉若干问题的解释》，“公诉案件的被告人对于起诉指控的犯罪事实予以否认的，不应当适用简易程序”。根据《关于修改刑事诉讼法的决定释义》，适用简易程序审理的公诉案件应当是被告人认罪的案件。[1] 认罪认罚从宽制度改革以前，所有刑事案件都采用一种职权主义下对抗性的诉讼模式，假定犯罪嫌疑人、被告人无罪，然后通过侦查寻找其可能犯罪的各种证据，经过检察机关的公诉，由审判机关根据证据材料不断推翻之前的无罪推定，甚至排除合理怀疑，这一过程实际上是以犯罪嫌疑人、被告人无罪为假定前提的证伪程序，证伪的过程中，展现出的主要特征就是“对抗性”，它贯穿侦查、审查起诉和审判的全过程，尤其在被追诉人同公诉机关之间对抗性最为强烈。而对认罪认罚案件的处理，无罪的假定被认罪认罚的事实所替代，追诉机关不必再对犯罪嫌疑人、被告人的无罪假定证伪，对抗性也随之消解，只需确定定罪量刑，因而，认罪认罚案件的刑事诉讼必然不同于之前的追诉模式。犯罪嫌疑人、被告人选择认罪认罚，使其与追诉机关尤其是公诉机关的对立关系崩塌，追诉活动的焦点由“确证有罪”转向“控辩协商”，因而，一种被追诉人与追诉机关通过协商形式确定罪质和刑量的合作型司法格局正在形成。合作性司法，就是控辩双方为最大限度地获取共同的诉讼利益而放弃对抗的诉讼模式。[2] 合作性司法理念被提出后，尤其是在认罪认罚从宽制度经过立法确认以及转向具体实施层面后，学界关于合作性司法的具体诉讼模

---

[1] 郎胜、滕炜：《关于修改刑事诉讼法的决定释义》，中国法制出版社1996年版，第224页。

[2] 陈瑞华：《司法过程中的对抗与合作——一种新的刑事诉讼模式理论》，载《法学研究》2007年第3期。

式开展了各种探索。

"交涉性辩护"与"确认式庭审"。犯罪嫌疑人、被告人认罪认罚，使对抗性司法丧失了基础，李奋飞教授将控辩双方在法庭上"唇枪舌剑""你来我往"的平等交锋概括为"对抗性辩护"，将辩方与控方在审前程序中尤其是审查起诉环节的沟通、协商和对话概括为"交涉性辩护"。[1] 交涉性辩护是在认罪认罚从宽的制度语境中对被追诉人辩护样态的描述，实际上是协商性司法或合作性司法模式下具体的辩护形态，它主要发生在审前程序中，尤其是审查起诉阶段，辩护的对象也主要是公诉部门，尤其是承办案件的检察官，其基本方式是与控诉方通过沟通、协商、对话，签订认罪认罚具结书，力图让控诉方作出不起诉决定，或者向法院提出较为轻缓的量刑建议。与之相勾连，认罪认罚案件的庭审模式则是一种"确认式庭审"，它同"实质化庭审"相对立。[2] 对认罪认罚案件的审理，不再通过控辩双方的举证、质证和辩论来实现对案件事实的确证，而是或者说基本上是通过审查认罪认罚的自愿性，认罪认罚具结书内容的真实性、合法性以及定罪量刑建议的合法性、适当性来实现对案件事实和法律适用的确认，快速完成司法裁判活动，它具有审判形式的简约性、裁判生成的即时性以及程序周期的精练性等特点，庭审的主要任务就是对认罪认罚具结书和公诉机关的定罪量刑建议进行确认。

"协同型司法"。张建伟认为，刑事诉讼类型主要包括两种，即对抗型司法和非对抗型司法，非对抗型司法又包括压制型司法和协同型司法，我国的认罪认罚从宽制度和美国的辩诉交易制度都属于非对抗中的协同型司法制度。[3] 协同型司法的运行方式是犯罪嫌疑人、被告人与公诉机关就认罪认罚、定罪量刑、程序选用等内容开展合作、形成合意，以此推动认罪认罚从宽制度的实施。影响认罪认罚从宽制度以协同型司法方式运行的因素很多，比如追诉机关追求司法效率的动机，犯罪嫌疑人、被告人意欲得到更快的追诉、更轻的处

---

[1] 李奋飞：《论"交涉性辩护"——以认罪认罚从宽作为切入镜像》，载《法学论坛》2019 年第 4 期。

[2] 李奋飞：《论"确认式庭审"——以认罪认罚从宽制度的入法为契机》，载《国家检察官学院学报》2020 年第 3 期。

[3] 张建伟：《协同型司法：认罪认罚从宽制度的诉讼类型分析》，载《环球法律评论》2020 年第 2 期。

罚，法院和检察院政治与业绩的考量等。

“协同型司法”与“合作性司法”无论是外观上，还是运行模式上，都非常相似，只不过二者的生成逻辑不同，“合作性司法”来自对我国司法实践的经验总结和域外辩诉交易制度的理性借鉴，其所谓的合作更强调是权力机关愿意与被追诉人合作，被追诉人的合作更多的只是一种配合。而“协同型司法”是相对于非对抗性司法中压制型司法而言的，它摒弃司法机关对犯罪者纠举问罪的镇压性和强制性，更加突出被追诉人的自愿性和自由性。

“同意式”。孔令勇在讨论界定和保障被告人认罪认罚自愿性时，对刑事诉讼中被告人的同意行为进行抽象，认为有必要在我国刑事诉讼中构建“被告人同意理论”。原因在于，被告人同意可以为某些特殊诉讼行为或者诉讼决定提供合理性基础，阻却程序性制裁的展开，进而节约司法资源，提高诉讼效率。[1]“同意理论”主张，被告人对指控事实、罪名和侦查行为的同意，是开展认罪认罚从宽制度的前提，也正是基于被告人的同意，对其从宽处理的诉讼决定才具备了合理性基础。

以上各种具体的诉讼模式，都具有协商、承诺、履行等特征，可以基本上概括为刑事诉讼的“契约模型”，有的是“前契约型”，比如“交涉性辩护”。称之为“前契约型”是因为，交涉是形成契约的必经阶段或前置程序，订立契约的双方只有通过先期的接触和交涉才可能达成一致意见；有的是“弱契约型”，比如“协同型司法”和“同意式”。称之为“弱契约型”是因为，真正的契约是在双方平等基础上通过要约与承诺订立的，每一方都要为自己的承诺承担责任，不能任意反悔，否则将负担约定的不利益，而“协同型司法”和“同意式”诉讼中，立约双方并无真正的平等关系，并且在认罪认罚案件的后续处理中，被追诉人享有反悔或撤回权，作为契约另一方的追诉机关并不能据此加重处罚。与契约式诉讼相对立，合作性司法模式中还存在两种诉讼样态，即“听取意见式”诉讼和“家长式”诉讼。

“听取意见式”。闫召华认为，我国的认罪认罚从宽制度的运行模式本质上是听取意见模式，即由被追诉人通过认罪认罚来争取从宽处理，专门机关则

---

[1] 孔令勇：《被告人认罪认罚自愿性的界定及保障——基于“被告人同意理论”的分析》，载《法商研究》2019 年第 3 期。

在吸收被追诉人等合理意见的前提下依法确定认罪认罚利益。[1] 听取意见模式具有三个方面的主要特征，一是它是一种专门机关主导下的决定机制，听取意见的过程虽然也会产生控辩双方的动态交互，但不会发展为实质性的协商；二是它的观念基础是"职权信赖"，听取意见模式得以运作的前提是被追诉人信赖专门机关的职权，正是基于对专门机关作出公正裁决的合理期待，被追诉人才选择了认罪认罚，而相应的从宽，也是一种"职权式从宽"，以保障被追诉人对职权的信赖利益；三是听取意见模式的独特价值在于刑事司法权行使的民主性和公正性。

"家长模式"。高童非提出，认罪认罚从宽的制度运行模式并非"契约模式"，而是"家长模式"。[2] 刑事诉讼中的家长模式是法律家长主义在刑事诉讼法中的具体应用，它比拟家长对孩子怀着仁爱之心的教育式惩罚特点，认为刑事追诉活动也是国家追诉机关心怀仁慈和宽容对认罪认罚者从宽处理，其核心是"处罚你，是为了你好！"在这种模式下，认罪认罚必须是认罪忏悔和悔罪，从宽是作为一种鼓励或奖励对忏悔的增益作用给予的量刑减让。

以上五种诉讼模式，既是对我国认罪认罚从宽制度运行实际的经验观察，也是对认罪认罚案件刑事诉讼理想模型的理性构建，不仅体现了学者们关注实证的态度，也展现了他们注重科学理性的价值情怀。实际上，无论哪种诉讼模式，都在一定侧面客观勾勒出了认罪认罚从宽制度的运行线条，问题的关键不在于纠结到底应该采用何种诉讼模式，而是在认罪认罚从宽制度的运行中应当平衡何种关系、彰显和弘扬何种价值，如果说诉讼模式是认罪认罚从宽制度运行的躯体，那价值就是它的灵魂，脱离了价值，认罪认罚从宽制度的运行就是行尸走肉。必须承认，认罪认罚从宽司法改革的驱动力并非为认罪认罚者供给更多的权利或裁减诉讼负担，而是由于刑事案件不断增多，司法权力运行机制难以应付，国家急于破解权力运行困境的倒逼。其中难以排除的隐忧是，国家为了使权力运行机制改革能够顺利推进，才对配合的认罪认罚者从宽处理，果真如此的话，将我国认罪认罚从宽制度的运行样态描述和构建成何种诉讼模

---

[1] 闫召华：《听取意见式司法的理性建构——以认罪认罚从宽制度为中心》，载《法制与社会发展》2019 年第 4 期。

[2] 高童非：《契约模式抑或家长模式？——认罪认罚何以从宽的再反思》，载《中国刑事法杂志》2020 年第 2 期。

式，都没能跳出权力的“圈套”。在人权理念已然成为全球普适性价值的当今社会，任何社会政策和法律制度的设计运行都不可能无视人权保障，甚至应该将人权保障当作改革的主要驱动力。因而，关于认罪认罚从宽制度运行的诉讼模式，我们采取对运行样态最直观的描述，即协商性诉讼，更为重要的是，在协商性诉讼的制度构建过程中，格外重视对个体权利的保障，尤其注重对当事人的主体性的尊重和保障，可以称为“认罪认罚从宽的主体性协商”模式，该问题我们将设专门章节进行详细探讨，在此不再赘言。

（二）认罪认罚从宽制度运行中的自愿性

认罪认罚，更准确地说应该是“自愿认罪认罚”，是认罪认罚从宽制度得以运行的前提，正因自愿认罪认罚替代了无罪推定，才带来了刑事诉讼运作形式的巨大变革。什么是认罪认罚的自愿性以及如何判定犯罪嫌疑人、被告人认罪认罚是否自愿需要深入研究，从法规范上来看，刑事诉讼法关于认罪认罚从宽制度的规定中，共出现四处“自愿”，第一处是第 15 条规定的犯罪嫌疑人、被告人“自愿”如实供述自己的罪行，承认指控的犯罪事实；第二处、第三处是第 162 条和第 174 条规定的犯罪嫌疑人“自愿”认罪的；第四处是第 190 条规定的法院应当审查认罪认罚的“自愿性”。前三处“自愿”的条文属于行为假定，第四处“自愿性”是法院审查的内容，但都未对自愿的含义作出解释。《指导意见》中出现 24 处“自愿”，对把握法律意义上的自愿具有重要意义。条文中与自愿有关的规定有“自愿认罪认罚”（9 处）、“自愿如实供述自己的罪行”（1 处）、“自愿签署具结书”（1 处）、“自愿达成和解”（1 处）、单独出现“自愿认罪”（4 处）、“自愿性、合法性审查”（1 处）、“保障犯罪嫌疑人的知情权和认罪认罚的真实性及自愿性”（1 处）、“审判阶段认罪认罚自愿性、合法性审查”（1 处）、“庭审中应当对认罪认罚的自愿性、具结书内容的真实性和合法性进行审查核实”（1 处）、“审判人员……对被告人认罪认罚的自愿性、真实性等进行发问”（1 处）、“人民法院适用速裁程序审理案件……审判人员应当当庭核实具结书签署的自愿性、真实性、合法性”（1 处）、“适用简易程序审理认罪认罚案件……审判人员当庭核实具结书签署的自愿性、真实性、合法性”（1 处）、“适用普通程序办理认罪认罚案件……合议庭当庭核实具结书签署的自愿性、真实性、合法性”（1 处）。

有关自愿性含义的条文集中在第28条和第39条[1]，分别是审查起诉阶段检察院对认罪认罚自愿性的审查和审判阶段对认罪认罚自愿性的审查。根据这两个条文的规定，可以基本探知《指导意见》至少在三种意义上表达了对认罪认罚自愿性的理解：(1) 认罪认罚不能受到暴力、威胁、引诱，不违背意愿；(2) 自愿是内含明知性的自愿，要求犯罪嫌疑人、被告人认罪认罚时具备正常的认知能力和精神状态，理解认罪认罚的性质和可能导致的法律后果；(3) 真诚，要求犯罪嫌疑人、被告人真诚悔罪，向被害人赔礼道歉。

从学术研究来看，对刑事诉讼法中认罪认罚的自愿性存在不同的解读，孔令勇认为，“所谓自愿的认罪认罚决定，是被告人基于案件事实，在未受到暴力、威胁、引诱、欺骗等身体强制或精神强制的前提下，通过理性的权衡与选择，加上有效的律师帮助，所作出的同意指控罪名与量刑意见的决定”[2]。

拜荣静等人认为，“认罪认罚自愿性的判定可以从主观和客观两方面进行，主观方面包括被追诉人的法律认知与心理认知的判定，分别对应学界常用的明知性与自愿性概念，客观方面即为案件事实基础的判定，这样会更具系统性。”[3]

---

[1] “两高三部”《指导意见》第28条规定：“自愿性、合法性审查。对侦查阶段认罪认罚的案件，人民检察院应当重点审查以下内容：（一）犯罪嫌疑人是否自愿认罪认罚，有无因受到暴力、威胁、引诱而违背意愿认罪认罚；（二）犯罪嫌疑人认罪认罚时的认知能力和精神状态是否正常；（三）犯罪嫌疑人是否理解认罪认罚的性质和可能导致的法律后果；（四）侦查机关是否告知犯罪嫌疑人享有的诉讼权利，如实供述自己罪行可以从宽处理和认罪认罚的法律规定，并听取意见；（五）起诉意见书中是否写明犯罪嫌疑人认罪认罚情况；（六）犯罪嫌疑人是否真诚悔罪，是否向被害人赔礼道歉。”

《指导意见》第39条规定：“审判阶段认罪认罚自愿性、合法性审查。办理认罪认罚案件，人民法院应当告知被告人享有的诉讼权利和认罪认罚的法律规定，听取被告人及其辩护人或者值班律师的意见。庭审中应当对认罪认罚的自愿性、具结书内容的真实性和合法性进行审查核实，重点核实以下内容：（一）被告人是否自愿认罪认罚，有无因受到暴力、威胁、引诱而违背意愿认罪认罚；（二）被告人认罪认罚时的认知能力和精神状态是否正常；（三）被告人是否理解认罪认罚的性质和可能导致的法律后果；（四）人民检察院、公安机关是否履行告知义务并听取意见；（五）值班律师或者辩护人是否与人民检察院进行沟通，提供了有效法律帮助或者辩护，并在场见证认罪认罚具结书的签署。庭审中审判人员可以根据具体案情，围绕定罪量刑的关键事实，对被告人认罪认罚的自愿性、真实性等进行发问，确认被告人是否实施犯罪，是否真诚悔罪。”

[2] 孔令勇：《被告人认罪认罚自愿性的界定及保障——基于“被告人同意理论”的分析》，载《法商研究》2019年第3期。

[3] 拜荣静、罗景文：《认罪、认罚自愿性的有效审查机制》，载《苏州大学学报（哲学社会科学版）》2020年第2期。

杨帆认为，我国认罪认罚从宽制度中的自愿并非绝对的自愿，它既要排除显性的非自愿，也力图排除隐性的非自愿，在判断是否自愿认罪认罚时，应当具体审查犯罪嫌疑人、被告人的认知因素和意志因素，侧重对自愿的客观判断。❶

闫召华等学者认为，认罪认罚自愿性由被追诉人明知认罪认罚从宽的构成事实要素和实现其认识内容的意志要素构成，被追诉人正是建立在明知的基础之上，通过自由意志实现认罪认罚的行为外化，从而作出自愿的认罪认罚。在判定认罪认罚自愿性时，应区分认罪自愿性和认罚自愿性，因为两者在认知内容上存在不同。❷

关于认罪认罚的自愿性，以上学者虽然在行文表述上迥然不同，但细细察之却发现，其包含的具体内容实则大同小异，无外乎免受外在强制、明知的自愿、良好精神状态下的自愿、相对的自愿这些要素。闫召华提出“认罪认罚自愿性应区分认罪的自愿和认罚的自愿”这一观点，颇为新颖，但循其逻辑，最终论证却滑向了认罪认罚的成立条件，脱离了自愿性本体。可以说，当下学术研究对认罪认罚自愿性的揭示对于认罪认罚从宽的制度运行已然够用，尤其是在认定和保障自愿性上，认罪认罚从宽制度担纲者都能有一个明晰的判断标准。

认罪的自愿性，并非社会学意义上的“自由、自愿”，而仅仅是对强迫认罪的否定，因而保障认罪自愿性并非保障发自内心的绝对自愿，也不是对所有外界压力和强迫的否定。❸ 从经验层面看，的确没有绝对的自愿，我们的行动无论怎样自由，总会受到外界不同因素的干扰，正如我们要求法官审判案件要绝对中立客观，但具体到每一个案件的审理中，法官对事实的心证、法律的适用以至裁判的作出，无不受到个人的教育经历、社会舆论、政治立场等外在因素的影响。因而绝对的中立并不存在，绝对的自愿也不存在。

然而，对自愿性的认知，不能满足于单纯经验层面的论证，真正的自愿，或者说本体意义上的自愿虽然在经验社会中无从举证，但并不意味着它

❶ 杨帆：《认罪自愿性的边界与保障》，载《法学杂志》2019 年第 10 期。

❷ 闫召华、李艳飞：《认罪认罚自愿性研究》，载《河南财经政法大学学报》2018 年第 2 期。

❸ 陈瑞华：《刑事证据法学》，北京大学出版社 2012 年版，第 238 页。

不存在，必须从自愿主体之行动的内在规定性中去寻找。的确，人类的行动无不受到利弊的权衡、身体精神的强迫、了解明知等感觉要素的影响，但如果行动的作出仅仅来自感官因素的刺激，其必将变得低级，作为具有高贵人格的理性人，其美的展示有时需要这些“庸脂俗粉”，但却不会由“庸脂俗粉”所决定，否则，作为主体的人就会沦为任由外在“使唤”的客体。基于这种思想，回到概念本身重新探索，认罪认罚从宽制度中的自愿性含义便有了新的面貌。

《布莱克法律词典》将自愿性（voluntary）解释为，“故意地去做；不受干涉和外界因素的强迫；不作价值性考虑或没有法律义务，无偿的（gratuitous）；仅做名义上的考虑”[1]。自愿承认犯罪和供述犯罪细节（voluntary confession）中的自愿是指，承认犯罪和供述犯罪细节是当事人自由决定的，没有任何承诺的、可期待的利好相引诱，也没有任何惩罚相威胁。[2]《现代汉语词典》中，“自愿”有“自己愿意”“自主”“自觉”等含义，即“我自己愿意”，而不是“使我自己愿意”。可以看出，“自愿”的本义除不受外界因素的强迫外，还不受利弊、价值衡量的影响，也与结果的利好和可能威胁无关，甚至可以说，它是纯粹自主的行动，是仅仅以“我自己愿意”为名义的，不是外在感官因素的主导下“使我自己愿意”的行动。因而，对自愿性的判断，首先应剔除一切外在的干扰因素，以一个发现者的眼光，客观地去追溯自愿行动的原始内核。唯有如此，才能摆脱纷繁撩眼的“花花世界”，回归真正的自由、本真的自愿。因而，自愿性并非简单的不受外在强迫，也并非简单的基于明知、利弊权衡、功利目的等感觉因素的自由选择，而是主体根据自由意志发布的绝对命令中的义务所为之行动，认罪认罚自愿性实质上并非目的性的，而是义务性的。当然，这种视角的考察，需要对行动者主体视角本身进行论证，这一工作将在后面专章讨论，这里只是指出现有研究中的不足，并初步揭露探寻真正自愿性的路径。

---

[1] Bryan A. Garner, *Black's Law Dictionary*, Nine Edition, West Publishing Co. 2009, pp. 1710 – 1711.

[2] Bryan A. Garner, *Black's Law Dictionary*, Nine Edition, West Publishing Co. 2009, p. 339.

三、认罪认罚从宽制度运行的检察主导与审判中心

认罪认罚从宽制度构建完备以后，需要制度担纲者在司法实践中具体地推行适用，刑事诉讼法及相关司法解释等法规范为“公检法”三机关在认罪认罚从宽制度运行中各自的角色作了详细的规定，基本形成了以检察主导、以审判为中心的制度实施结构——“主导—中心”结构，在这个结构中，“公检法”三机关分工负责、互相配合、互相制约，共同推动认罪认罚从宽制度精准实施。

（一）认罪认罚从宽制度中的检察主导

刑事追诉活动由检察主导发端于法、德、日等大陆法系国家的刑事司法制度，是刑事诉讼理论研究和检察制度中的惯常论点。[1] 检察官在刑事诉讼中的主导地位在一些大陆法系国家的确立经历了一系列诉讼制度改革和相互借鉴，如19世纪前期的法国，法官集公诉权和审判权于一身，为了防止纠问式诉讼模式下法官自诉自审、专权擅断，法国通过立法对公诉权和审判权进行肢解，法官独行审判，将公诉权分置给检察官。德国的刑事诉讼中，“在许多方面，公诉检察官是德国刑事诉讼程序的主要人物。德国刑事诉讼法赋予其从开始侦查的最初阶段到执行刑罚的最后阶段的主导地位”[2]。如德国检察官的刑事处罚令制度，使得检察官不仅主导刑事案件的追诉过程，还实质性地影响着对犯罪嫌疑人、被告人的实体判罚。

我国的刑事诉讼中，检察是否处于主导地位，对此学界存在不同的观点。概言之，制度设计层面，刑事诉讼由检察主导；司法实践层面，检察未实际主导刑事案件的追诉活动。本书对检察在刑事诉讼中是否居于主导地位不作深入探讨，仅讨论在认罪认罚案件的刑事诉讼中检察的地位和作用。

---

[1] 万毅：《论检察官在刑事程序中的主导地位及其限度》，载《中国刑事法杂志》2019年第6期。

[2] ［德］托马斯·魏根特：《德国刑事诉讼程序》，岳礼玲、温小洁译，中国政法大学出版社2004年版，第38页。

认罪认罚从宽制度的适用，将加强公诉在刑事诉讼中的主导地位[1]，这一论断目前在刑事诉讼法学研究领域，基本上为大多数学者和检务工作者所认可，可谓是通说。不过，在主导的主体表述上存在差别，有的学者指称“检察官主导”[2]，有的学者指称“检察机关主导”[3]，虽然指称不同，但在行文中，都是在探讨认罪认罚从宽制度由谁来主导推动的问题，学者们并未纠结于到底是“检察官主导”还是“检察机关主导”。在刑事追诉程序的“公检法”三方担纲主体语境中，用“检察官主导”还是“检察机关主导”的确不会产生理解上的歧义，都可以将公安机关和审判机关排除。但是在具体办理认罪认罚刑事案件的语境中，“检察机关主导”和“检察官主导”的区分意义便凸显出来了，尤其是2020年4月3日最高人民检察院通过《人民检察院办理认罪认罚案件监督管理办法》后，对检察机关办理认罪认罚案件作了精细的内部分工，办案检察官与部门负责人、分管副检察长、检察长以及检察官联席会议等机构之间也存在主导性关系，若对“检察官主导”和“检察机关主导”不作区分，概然性地统一使用两种概念必将使人产生疑惑。为消除理解上可能的疑惑，本书以检务事项为标准，统一使用“检察主导”：一方面，“检察”可以包摄与检务相关的一切主体身份，比如检察官、检察机关、助理检察官；另一方面，“检察”与“侦查”和“审判”也能形象地对应起来，并且，以“事”为核心的称谓概括比以“人”为中心的身份指称更具有灵活性。

检察主导认罪认罚案件的刑事诉讼，其核心的问题是如何理解和发挥这里的“主导”。“主导”主要有两个层面的含义：一是“决定并且引导事物向某方向发展”；二是“起主导作用的事物”[4]。其关键词为“主要”“引导”“统领”和“推动”。在刑事诉讼语境中，“检察主导”是指，在对刑事案件的追

---

[1] 孙谦：《检察机关贯彻修改后刑事诉讼法的若干问题》，载《国家检察官学院学报》2018年第6期。

[2] 比如万毅、贾宇等学者。具体可参见万毅：《论检察官在刑事程序中的主导地位及其限度》，载《中国刑事法杂志》2019年第6期；贾宇：《认罪认罚从宽制度与检察官在刑事诉讼中的主导地位》，载《法学评论》2020年第3期。

[3] 比如孙谦、张建伟、韩旭等学者。具体可参见孙谦：《检察机关贯彻修改后刑事诉讼法的若干问题》，载《国家检察官学院学报》2018年第6期；张建伟：《检察机关主导作用论》，载《中国刑事法杂志》2019年第6期；韩旭：《认罪认罚从宽制度实施检察机关应注意避免的几种倾向》，载《法治研究》2020年第3期。

[4] 中国社会科学院语言研究所词典编辑室编：《现代汉语词典》，商务印书馆2012年版，第1699页。

诉过程中，检察活动发挥主要作用，推动、引导和统领刑事诉讼的运行。认罪认罚从宽制度运行中的检察主导，是指检察活动在认罪认罚从宽的制度运行中发挥主要作用，推动、引领和统领认罪认罚从宽制度的运行。

无论是学界还是舆论界，对刑事追诉活动中“公检法”三机关的功能角色，一直存在一种讽喻，即公安机关“做饭”、检察机关“端饭”、审判机关“吃饭”[1]，将检察机关讽喻为餐厅的“端菜员”。虽然这只是一种讽喻，但却反映了一定的实际情况，一直以来，检察机关在刑事诉讼中被动地收送案件、起诉建议对法院没有约束力，如果法院要求补充侦查，还得自行补侦或送还公安机关补侦。认罪认罚从宽制度的实行，将消弭这种讽喻，检察活动由被动转向主动、由附和转向引导、由随从转向统领，主导刑事诉讼的新格局正在形成。刑事诉讼法明确“公检法”三机关的关系是“分工负责、互相配合、互相制约”，在诉讼活动的分管领域、配合其他两机关行使职权和制约侦查权、审判权行使等方面，都体现了检察机关的主导性。

分管领域的主导性。在整个司法权力运行过程中，检察机关独享检察权，分管刑事诉讼活动中的检察事项。《刑事诉讼法》第 3 条规定：“检察、批准逮捕、检察机关直接受理的案件的侦查、提起公诉，由人民检察院负责。”另外，《刑事诉讼法》第 170 条和第 175 条还分别规定了检察机关对监察机关和公安机关移送案件的自行补充侦查权。第 170 条规定，检察院对监察机关移送起诉的案件，认为需要补充核实的，必要时可以自行补充侦查。第 175 条规定，检察院审查案件，对于需要补充侦查的，可以退回公安机关补充侦查，也可以自行侦查。而公安机关分管对刑事案件的侦查、拘留、执行逮捕和预审，法院分管审判。在认罪认罚案件的追诉过程中，检察机关承担着认罪认罚案件的定性、主要的协商工作，“协商主要发生在审前阶段，认罪认罚是否被采纳，决定权在检察机关，检察机关主导认罪认罚的协商程序”[2]。另外还有确定不起诉或起诉的罪名与刑罚量、拟定审判的程序、框定审判的范围等职责。在分管领域的事项上，检察机关承担的职责最多，分管领域的环节上，检察机

[1] 钟简参：《从“做饭、端饭与吃饭”说起——从餐厅主导看检察作用》，载《法制日报》2019 年 10 月 9 日，第 5 版。

[2] 曹东：《论检察机关在认罪认罚从宽制度中的主导作用》，载《中国刑事法杂志》2019 年第 3 期。

关处于承上启下的位置，审查公安机关移送的认罪认罚案件，对符合条件的向法院提起公诉，是刑事诉讼中最重要的一环。可以看出，检察机关在整个刑事诉讼任务中居于主导性地位。

主导性配合。“公检法”三机关在完成刑事追诉任务时要互相配合，“配合”是指“各方面分工合作来完成共同的任务”，比如公安机关侦查完毕的案件移送到检察机关，检察机关审查后予以接收并提起公诉，法院受理后审判，最终对该刑事案件定罪判罚，这一刑事追诉过程就是由“公检法”三机关分工合作共同完成的。在共同开展追诉活动的过程中，检察机关显然处于主导地位，发挥着主导性作用，这种配合可以称为“主导性配合”，与之相对的是“附随性配合”。在对认罪认罚案件进行刑事追诉的活动中，公安机关为了有效开展侦查工作，向检察机关申请逮捕令，对是否批准逮捕，检察机关有权自主决定，可以批准，若经过审查后，检察机关认为犯罪嫌疑人虽然犯有罪行，但如实供述自己的罪行，承认指控的犯罪事实，并且积极退还赃物，赔偿损失，不逮捕也不会再度危害社会的，也可以不批准公安机关的逮捕申请。无论是否批捕，对公安机关的逮捕工作来讲，检察机关都在行使一种主导性配合职责。检察机关对公安机关应当立案侦查而未予立案的情况，要求公安机关说明不立案的理由，公安机关有配合检察机关工作的职责，此即“附随性配合”。认罪认罚从宽制度运行中体现检察主导的规定有很多，主要表现为实体层面的主导性和程序方面的主导性。

《刑事诉讼法》第201条规定，对于认罪认罚案件，人民法院依法作出判决时，除法定五种情形外❶，一般应当采纳人民检察院指控的罪名和量刑建议。“法院一般应当采纳指控的罪名和量刑建议”在公诉与审判、检察院与法院之间互相配合的关系中明确并强调了检察公诉对案件实体内容的主导作用。但也有学者认为这样的规定触动了人民法院依法独立行使职权的原则。❷ 从外观上看，要求法院一般应当采纳指控的罪名和量刑建议，的确存在干扰独立审

❶ 根据《刑事诉讼法》第201条的规定，法院可以不采纳检察机关指控的罪名和量刑建议的情况是：“（一）被告人的行为不构成犯罪或者不应当追究其刑事责任的；（二）被告人违背意愿认罪认罚的；（三）被告人否认指控的犯罪事实的；（四）起诉指控的罪名与审理认定的罪名不一致的；（五）其他可能影响公正审判的情形。”

❷ 魏晓娜：《结构视角下的认罪认罚从宽制度》，载《法学家》2019年第2期。

判的嫌疑，可是，从除外情形和追诉活动本质上看，它并未影响法院独立行使职权，而只是在认罪认罚案件中“法检”互相配合的新形式。让法官独立行使职权是为了保证审判的客观性、中立性和公正性，可以说，审判的独立是保障案件公正裁决的重要机制，但不能机械地拘泥于独立，更何况真正的审判独立并不存在，保证公正审判才是核心。另外，刑事诉讼法虽然规定了法院作出判决时一般应当采纳指控罪名和量刑建议，但同时也将影响公正审判而可以不采纳的典型情况列举出来，所以这是在保证审判公正的前提下，对审判效率的进一步提升，是检察机关公诉主导内容由程序向实体的进一步延伸。正如有的学者提出，“过去，检察机关的量刑建议是一种程序性的建议权，是否采纳决定权在于法院。但是在认罪认罚从宽制度下，量刑建议权不同以往仅是建议权，而是检察机关基于被告人认罪认罚，代表国家公权力作出的具有司法公信力的允诺，应当得到审判权的尊重”[1]。当然，贾宇认为“法院一般应当采纳指控的罪名和量刑建议”是对体现司法公信力的允诺的一种“尊重”，我们认为，这不只是对允诺的尊重，更准确地说，应该是法院、审判权对检察院、公诉权的一种“附随性配合”，反过来就是检察院、公诉对法院和审判的主导性支配。

在认罪认罚案件的追诉程序上，检察机关也起着主导性支配作用。首先，检察机关负责对案件属性进行界定，成立认罪认罚的，通过认罪认罚从宽协商机制解决，不成立认罪认罚的，通过普通的对抗式诉讼完成，无论哪种情况，上游的侦查机关和下游的审判机关都要附随性配合。其次，检察机关负责审前分拣案件，决定案件的流向。检察机关对自侦案件和其他侦查机关呈报案件进行分拣、过滤，将不符合批捕、起诉条件的案件筛选出来，退回侦查部门或其他侦查机关，实现对被诉案件流向的堵截。对符合批捕、起诉和认罪认罚从宽条件的，按照不同的追诉模式依法提起公诉，实现对待决案件的分流。同时检察机关还有权根据案件的情况，作出不起诉决定，截断案件追诉流程。检察机关在这一环节中，对案件发挥着截流、分流和断流的作用。最后，检察机关有权提出审判程序的建议，引导审判过程推进。刑事诉讼法规定，检察院在提起公诉时，可以建议法院适用简易程序（《刑事诉讼法》第214条），也可以建

[1] 贾宇：《认罪认罚从宽制度与检察官在刑事诉讼中的主导地位》，载《法学评论》2020年第3期。

议人民法院适用速裁程序（《刑事诉讼法》第 222 条），虽然法律关于法院对检察院提出的审判程序建议如何配合未作要求，但在司法实践中，检察机关所提的速裁程序建议，法院一般都予以采纳❶，客观上也形成了检察机关建议主导审判程序的局面。

主导性制约。“权力制约的原理中外共通，通过权力的互相制衡能够有效抵御权力过度扩张所产生的腐败、寻租等弊端。”❷ 三机关互相制约在“分工负责、互相配合、互相制约”三种关系中居于核心位置。“公检法”三机关互相制约是指“每一机关都对其他机关形成一定制约，同时它也成为其他机关制约的对象”❸。可见，互相制约是一种双向的权力制衡关系。韩大元等学者认为：“双向亦非三机关以数学上排列组合的方式建立直接制约关系，而应强调制约的递进性，即检察院主导制约公安机关，法院主导制约检察院，法院主导三者的制约关系。”❹ 在非认罪认罚刑事案件的追诉过程中，下游机关往往掌握“驳斥”上游机关移送的声请的权力，比如，检察机关握有批准逮捕权，公安机关只有申得检察机关签发的逮捕令方能实施逮捕行动。再如，法院对公诉建议采纳与否享有自由裁量权，可以采纳，也可以否决。因而，在互相制约的关系上，形成了下游机关主导制约上游机关、审判机关主导整个制约关系的结构特征。

但对认罪认罚案件的刑事追诉，“公检法”之间的制约关系发生了结构性变动，不仅出现了上游机关主导制约下游机关的情况，而且审判机关主导制约关系的整体格局渐愈式微，由检察机关主导制约关系的新秩序正在甚至已经成形。首先，量刑建议更加精准，《刑事诉讼法》第 176 条规定，犯罪嫌疑人认罪认罚的，人民检察院应当就主刑、附加刑、是否适用缓刑等提出量刑建议，并随案移送认罪认罚具结书等材料。其次，检察机关的公诉建议主导制约法院审判的程序和结果，《刑事诉讼法》第 201 条规定的法院“一般应当采纳检察院指控的罪名和量刑建议”条款，不仅体现了审判机关对检察机关的配合，

---

❶ 曹东：《论检察机关在认罪认罚从宽制度中的主导作用》，载《中国刑事法杂志》2019 年第 3 期。

❷ 陈辉、汪进元：《论“监、检、审”三机关间的分工、配合与制约关系》，载《南京社会科学》2018 年第 5 期。

❸ 沈德咏主编：《中国特色社会主义司法制度论纲》，人民法院出版社 2009 年版，第 228 页。

❹ 韩大元、于文豪：《法院、检察院和公安机关的宪法关系》，载《法学研究》2011 年第 3 期。

同时也体现了检察权对审判权的制衡和约束，在非认罪认罚案件的追诉中，法院享有很大的自由裁量权来决定是否采纳公诉意见中的定罪量刑建议，但有了《刑事诉讼法》第201条后，法院只有在法定五种除外情形中才有拒绝采纳起诉建议的权力。并且，法院经审理认为量刑建议明显不当，或者被告人、辩护人对量刑建议提出异议的，检察院可以调整量刑建议，这些都体现了检察权在定罪量刑中对审判权的主导性制约功能。当然，法院享有最终的裁决权，即若检察院不调整量刑建议或者调整量刑建议后仍然明显不当的，法院应当依法作出判决，这也是法院对检察院的制约，只不过是一种兜底式、补充式的制约，而检察院对法院的制约则是主导性的。

另外，检察机关专司法律监督之职，不像互相制约的双向权力制衡，这里的监督是检察机关对公安机关和审判机关单向行使权力，更加凸显了检察机关在认罪认罚案件处理中的主导性地位。《刑事诉讼法》第8条规定："人民检察院依法对刑事诉讼实行法律监督。"检察院的法律监督贯穿刑事诉讼始终，从立案、侦查、起诉、审判到执行，都离不开检察院的监督。[1] 比如检察机关对认罪认罚案件中的犯罪嫌疑人、被告人具有羁押必要性审查职责，认罪认罚从宽制度实施后，犯罪嫌疑人、被告人的认罪认罚情况已成为批捕或决定逮捕时的法定考虑因素，检察院进行羁押必要性审查时，认为已被羁押的犯罪嫌疑人、被告人认罪认罚，不再具备社会危害性和再犯危险性的，应当建议释放或者变更强制措施，有关机关应当在法定期限内将处理结果通知检察院。再如，对于认罪认罚案件的审判结果，如果不符合检察机关的定罪量刑建议，检察机关可以依法向上一级法院提起抗诉[2]，以此监督审判活动。

近年来，为加强检察机关法律监督的有效性，最高人民检察院发布了一些指导性案例，探索出了不同的具体监督机制。比如最高人民检察院发布的第19批指导性案例中的第70号案例，确立了检察机关对法院减刑裁定的"继续监督机制"，即人民法院对宣告缓刑罪犯裁定减刑适用法律错误的，检察院应当依法提出纠正意见，法院裁定维持原减刑裁定的，检察院应当继续予以监督。第70号案例中的12名缓刑罪犯由于在考验期内认罪服法，认真参加各类

[1] 张建伟：《检察机关主导作用论》，载《中国刑事法杂志》2019年第6期。
[2] 董斌：《认罪认罚案件能否上诉、抗诉》，载《人民检察》2019年第10期。

矫治活动，多次受到表扬，悔改表现良好，法院根据司法部门的申请，对12名缓刑犯裁定适用减刑。检察机关认为，法院的减刑裁定违反了《最高人民法院关于办理减刑、假释案件具体应用法律若干问题的规定》（法释〔2012〕2号）第13条“判处拘役或者三年以下有期徒刑并宣告缓刑的罪犯，一般不适用减刑。前款规定的罪犯在缓刑考验期限内有重大立功表现的，可以参照刑法第七十八条的规定，予以减刑，同时应当依法缩减其缓刑考验期限”的规定，据此，向法院发出了《纠正不当减刑裁定意见书》，法院重新审查后作出维持原裁定的刑事裁定，检察机关再次审查后，向法院发出了《纠正违法通知书》，法院最终接受了检察机关的检察建议，撤销了对12名罪犯的原减刑裁定、原再审减刑裁定。该案例的指导意义在于，为检察机关有效行使法律监督权设置了新的规则，即检察机关对法院未按检察纠正意见依法纠正违法裁判的，应当继续向法院提出纠正意见，对法院仍不采纳纠正意见的，检察机关应当提请上级人民检察机关继续监督，该种监督权实施方式可以称为检察机关的“继续监督机制”。检察机关依法有效行使法律监督权，有利于促进认罪认罚从宽制度依法有效运行，保障司法公正。

检察主导已不再是认罪认罚从宽制度对检察机关有无足够吸引力的问题，而是检察机关应该积极推行适用，并且还要主导这种推行适用。

（二）认罪认罚从宽制度中的审判中心

党的十八届四中全会通过的《关于全面推进依法治国若干重大问题的决定》中提出要严格司法，推进以审判为中心的诉讼制度改革，确保侦查、审查起诉的案件事实证据经得起法律的检验，保证庭审在查明事实、认定证据、保护诉权、公正裁决中发挥决定性作用。刑事诉讼司法改革坚持以审判为中心，认罪认罚从宽制度作为刑事司法改革的一项重要内容，也应以审判为中心展开。以审判为中心实施认罪认罚从宽制度的核心问题是如何理解和把握检察主导和审判中心之间的关系，审判中心在认罪认罚从宽的语境中有无新的含义。

以审判为中心的诉讼制度改革旨在解决在“以侦查为中心”[1]的诉讼秩序下容易造成司法不公的问题。关于如何理解“以审判为中心”，学界存在较大争议，但至少在“庭审实质化”的层面学界观点达成了一致。我们无意陷入审判中心的争论，只探讨认罪认罚从宽制度的实施是否以及如何坚持审判中心的问题。

有学者认为，“以审判为中心”司法改革同认罪认罚从宽和刑事速裁程序改革是一种相当自我矛盾的现象，因为，一方面要求庭审实质化，另一方面又要求简化庭审过程。[2]有的学者认为，认罪认罚从宽制度和以审判为中心的制度相互支撑，以审判为中心的制度因其基本载体是直接言词、控辩对抗而主要适用于非认罪认罚案件，认罪认罚从宽制度因其基本特征是控辩合作、简化程序而主要适用于认罪认罚案件，随着认罪认罚从宽制度的全面实施，未来将有80%的刑事案件通过认罪认罚从宽制度来完成追诉，其他20%的刑事案件通过审判中心制度进行，因而形成刑事司法资源配置的“二八规则”。[3]也有学者认为，认罪认罚从宽制度是“以审判为中心的诉讼制度”的配套措施。[4]还有的学者认为，认罪认罚从宽制度同审判中心制度虽不矛盾，但也不是审判中心制度的配套措施，而是审判中心制度的种概念，因为获得公正审判是被追诉人的一项诉讼权利，被追诉人可以放弃，即不要求对其案件进行庭审实质化审判，而是选择认罪认罚，使案件从快、从简、从宽处理。[5]

我们认为，《中共中央关于全面依法治国若干重大问题的决定》不可能同时规定两个相互矛盾的制度改革措施，审判中心制度改革本质上是对既有的以侦查为中心畸形、扭曲的诉讼样态的纠偏，其目的不是重置刑事案件决定权，而是通过刑事案件裁决权的正位来破解畸形、扭曲之诉讼样态下所导致司法不公的困境，实现司法公正才是改革的最终目的，因而，无论是认罪认罚案件，

---

[1] 以侦查为中心的诉讼是指审判活动严重依赖侦查结论的现实诉讼模态，它是由于司法权力配置不合理，审判权受到诸多限制而逐渐形成的一种客观事实。具体可参见王志远：《以审判为中心的诉讼模式核心要义：评价中心主义》，载《法律科学（西北政法大学学报）》2020 年第 4 期。

[2] 张建伟：《审判中心主义的实质内涵与实现途径》，载《中外法学》2015 年第 4 期。

[3] 陈卫东：《认罪认罚从宽制度的理论问题再探讨》，载《环球法律评论》2020 年第 2 期。

[4] 沈德咏：《论以审判为中心的诉讼制度改革》，载《中国法学》2015 年第 3 期。

[5] 顾永忠：《一场未完成的讨论：关于“以审判为中心”的几个问题》，载《法治研究》2020 年第 1 期。

还是非认罪认罚案件，都应以公正司法为基本遵循，都应坚持审判中心的诉讼制度。所谓刑事司法资源配置的“二八规则”也经不起推敲，认罪认罚从宽制度的初衷和要义是在保证司法公正的前提下提高诉讼效率，本质上并非与审判中心主义相矛盾，审判中心主义，尤其是其项下的庭审实质化，虽然惯常性地表现为对案件事实证据的实质性审查、控辩对抗、程序正当等，但其所意欲实现的是庭审在查明事实、认定证据、保护诉权、公正裁决中发挥决定性作用，决定性作用的实现并非只有在实质性审查、控辩对抗、正当程序的载体中才能完成，在简化了的程序、控辩合作中也可能实现。如果认为审判中心制度仅适用于非认罪认罚案件，那对于认罪认罚案件的公正性要求必定有所弱化甚至大打折扣，这与认罪认罚从宽制度改革的宗旨不符。将认罪认罚从宽制度视为审判中心制度的配套措施和种概念也不准确，“配套措施”是为实现一项制度而实行的各种具体的保障性举措，比如为了准确实施认罪认罚从宽制度，需要完善认罪认罚从宽协商机制、完善值班律师制度、完善量刑建议尤其是量刑精准化制度等，这些具体的措施都是精准实施认罪认罚从宽制度、保障公正司法、提升司法效率的具体实现路径，客观上是对认罪认罚案件简化追诉程序。而审判中心制度是为了破解“侦查中心主义”主导下易导致司法不公的难题，通过庭审实质化，将案件事实证据和法律适用的终决权复归审判活动。[1] 实际上，审判中心主义是一项刑事诉讼原则，无论何种案件，都应当以审判为中心进行追诉，都应当让审判发挥决定性和终局性作用。另外，将认罪认罚看作对实质化庭审权利的放弃也不妥当，正如第二章所论，认罪认罚本质上是被追诉人基于自由意志力而为的主体性选择，而从宽是基于这种主体性选择所该当的结果，选择认罪认罚并不意味着对审判的彻底放弃，只是暂时不行使，被追诉人享有对认罪认罚的反悔和撤回权就是明证。因而，基本上可以说，作为一项刑事诉讼主义，所有刑事案件的追诉活动和制度都应当坚持和遵循以审判为中心，对认罪认罚案件的处理更应当遵守。

认罪认罚从宽制度运行坚持以审判为中心，最关键的问题是如何把握和处

---

[1] 顾永忠教授认为，“以审判为中心”中的审判是指审判活动，而非审判机关、法官、审判环节、审判阶段等。具体可参见顾永忠：《一场未完成的讨论：关于“以审判为中心”的几个问题》，载《法治研究》2020 年第 1 期。

理检察主导与审判中心的关系。关于此问题，朱孝清教授作过总括性评断，认罪认罚从宽制度运行中的检察主导和审判中心目标一致、互相作用、互相制约、相辅相成。[1]

检察主导和审判中心究竟属于何种关系，首先应探明“主导”和“中心”的含义，关于“主导”的含义前文已经说明，在此仅探讨“中心”的含义。汉语词典里“中心”一般有以下几种意思：（1）跟周围的距离相等的位置；（2）事物的主要部分；（3）在某一方面占重要地位的城市或地区；（4）设备、技术力量等比较完备的机构和单位。[2] 第三种是地理学方面的含义，不属于我们讨论的范畴，第一种含义虽然也采用了地理学意义上的表述，但“跟周围的距离相等的位置”内含了向某一位置进发、靠拢的目的性意思，符合“中心”的意指。综合“中心”的第一种、第二种和第四种含义，以审判为中心可以理解为“审判是目的”“审判是刑事诉讼的主要部分”“审判在刑事诉讼中占据主导或关键地位”。首先，可以看出“中心”与“主导”意思相近，但在审判中心和检察主导的具体语境中，所主导的对象是不同的，检察主导是对刑事诉讼的方向的把握，而审判中心里的主导内涵是对刑事诉讼结果的控制。另外，《黑格尔词典》中对“中心”作了如下解释，“每个处于机械性关系中的客体既具有受外在的东西支配的非独立性，又具有自己的内在本性或者说独立性。就此而言，每个客体就是一个包含否定于其自身的统一性，亦即否定的自身统一性——一个指向并联系着外在事物的中心性、主体性，也可以说是一个以别的事物为外围的中心。当然，这种外围的事物自身又同样是一个中心，它又与别的中心相联系，以别的中心为自己的外围。中心性的观点，表明一事物与别的事物不单纯处于形式的机械性关系之中，表明事物的内在本性——独立性——对周围的事物不是漠不相关的，而是对它们表示了一种倾向性的，如引力、意欲就是如此。”这里“中心”的概念是与“外围”相对应的，具有独立性和主体性的本质，同时对外围事物产生引力，将外围事物抽引到自己身上或使其围绕自身进行运动。

---

[1] 朱孝清：《认罪认罚从宽制度中的“主导”与“中心”》，载《检察日报》2019年5月13日，第3版。

[2] 中国社会科学院语言研究所词典编辑室编：《现代汉语词典》，商务印书馆2012年版，第1686页。

以此观之，相对于作为中心的审判，之前的一切诉讼准备活动便只是“外围”，外围工作的开展要围绕审判进行，外围工作的目的是走向审判，接受审判的最终检查。因而，审前的调查取证、提请公诉、认罪认罚从宽协商、认罪认罚具结书的签订都应按照审判可能接受的标准进行。而检察主导只是在审前各项诉讼工作的开展和目的追求中，由检察把握这一标准，由检察统领诉讼活动局面，防止诉讼走偏，并引导其向审判靠拢。

即使《刑事诉讼法》第 201 条规定法院“一般应当采纳检察院指控的罪名和量刑建议”这一对审判中心地位冲击最大的条款（以下简称“201 条款”），也并未脱离“中心”一词的内涵和意指范围，“201 条款”虽然充分彰显检察在认罪认罚案件实体结果上的主导性，但这种主导只是方向性的引导，其目的依然是要求聚拢于审判，审判在“201 条款”的作用下，虽然不对案件事实和法律适用作实质性审查，但依然由其决定着案件的处理结果，未经审判，任何人不能被确定为有罪。

审判中心和检察主导在认罪认罚案件的处理中呈现为三组对应关系，即主体与客体、目的与手段、决定与引导。作为主体的审判中心，其内在的“引力波”作用于作为客体的检察主导，使检察主导的追诉过程和公诉建议按照自己设定的规则进行，同时作为客体的检察主导对审判中心也具有反作用，由其统领的追诉过程对审判活动形成制约；在审判中心和检察主导的关系中，审判中心是目的，检察主导是手段，审判是刑事追诉活动的目标，之前的侦查和审查起诉都是为实现案件的审判而采取的手段和方法，也称为审判前的准备，检察主导就是在刑事诉讼的手段、方法选取和运用上，在审前准备的活动中，发挥着主持、引领和统率的作用，以防止追诉路径偏离审判的目标，时刻把握审判的方向，尤其是认罪认罚从宽协商的形式和结果要符合审判要求，否则可能被审判所否弃；最后，审判中心就是由审判决定最终的案件处理结果，检察主导只是将案件处理结果拟定出来，由审判来最终裁决。“所谓检察官主导刑事诉讼程序，是一种总体性和概然性描述，并不意味着检察官在每一个诉讼阶段和程序中都占据绝对的支配性地位。……是突出检察官对案件走向的一种实质性影响和作用，而不是强调每一个诉讼阶段和程序，都由检察官支配、都由

检察官说了算。”❶

在认罪认罚从宽制度运行中，检察主导和审判中心侧重发挥不同的功能，检察主导担负着分拣案件类型、合理配置司法资源、提升司法效率的重要功能，而审判中心则承担严守正义底线、保证司法公正的主要职能。在保证司法公正的基础上，最大限度提升司法效率正是认罪认罚从宽司法改革的初衷和制度设计的意义所在。❷因而，在实施认罪认罚从宽制度时，检察机关应当明晰自己的职责，充分发挥自身的主导作用，实现认罪认罚案件刑事诉讼的快速推进，审判机关也应清楚自身的任务，发挥好中心作用，促进认罪认罚案件得以公正裁决，努力让人民群众在每一个司法案件中感受到公平正义。

至此，认罪认罚从宽制度的运行结构基本上可以勾勒出来，认罪认罚从宽的制度改革具有深厚的历史底蕴和鲜明的时代背景，它以自愿认罪认罚为前提，以认罪认罚从宽的主体性协商为诉讼模式，由检察主导运行，坚持以审判为中心。在认罪认罚从宽制度的运行过程中，自愿认罪认罚是制度运行的引擎，主体性协商是制度运行的路径，检察主导是制度运行的风门，审判中心是制度运行的安全气囊，它们有次序、成体系地结合在一起，共同使认罪认罚从宽制度这一个大机器运行起来。

然而，也应清醒地认识到，认罪认罚从宽的制度运行，无论是司法实际情况，还是理论研究情况，都显示出对象世界主导的特征。人权保障的时代背景，只是一种“背景”，并非“主角”；合作性司法的诉讼模式此起彼伏，却只有干瘪的躯壳；有扭曲的侦查中心，有合理的检察主导，也有公正的审判中心，“权力角逐”可谓风生水起，却看不到个体的权利保障；即使在判定认罪认罚自愿性这一最应体现人之主体性的行动，依然沉溺在经验江海的洪流之中。可见，对认罪认罚从宽制度的完善和规范化，仅仅停留在具体制度的新花样上是不可行的，最根本的还是要树立强大的主体性理论的支撑，在主体性理论的指导下，探索制度完善的路径，方能促进制度规范地、长远地运行。

---

❶ 万毅：《论检察官在刑事程序中的主导地位及其限度》，载《中国刑事法杂志》2019 年第 6 期。

❷ 刘军、潘丙永：《认罪认罚从宽主体性协商的制度构建》，载《山东大学学报（哲学社会科学版）》2020 年第 2 期。

第四章 域外相关制度模式比较分析

一、英美法系的辩诉交易制度模式

（一）美国的辩诉交易制度模式

1. 美国辩诉交易制度确立

通过“放弃审判”[1] 的方式处理刑事案件的做法发源于美国，译者将美国的“plea bargaining”翻译为“辩诉交易”，即通过检察官和被告方之间的协商，确定刑事案件的指控内容和“裁判结果”，以此实现刑事案件的快速办理。最初，普通法历史上并不鼓励辩诉交易[2]，但早在1486年，司法实践中就已经出现对认罪的被追诉人从宽处罚的现象，到1804年，认罪协商开始在美国的司法实务中出现，1865年南北战争后，美国上诉法院在“斯旺诉州政府”（Swang v. State）案中首次对辩诉交易的做法作出回应，根据州宪法，所有案件中的被告人都有接受迅速审判的权利，并且这项权利不能被阻止，19世纪末20世纪初，辩诉交易已经发展为解决刑事案件的主要途径。[3]

19世纪末20世纪初，美国资本主义经济蓬勃发展，人口在全国范围内的

---

[1] 熊秋红教授将“辩诉交易”“认罪协商”“刑事协商”等不通过正式审判方式来完成刑事追诉活动的制度称为“放弃审判”。参见熊秋红：《比较法视野下的认罪认罚从宽制度——兼论刑事诉讼“第四范式”》，载《比较法研究》2019年第5期。

[2] See Albert W. Alschuler, The Prosecutor's Rolein Plea Bargaining, *University of Chicago Review*, Vol. 36, Issue 1 (Fall 1968), pp. 50 – 112.

[3] See Albert W. Alschuler, Plea Bargaining and its History, *Law & Social Review*, Vol. 13, Issue 2 (Winter 1979), pp. 211 – 246.

流动性增长，城市化迅猛发展，同时刑事案件也大量增多，案情渐趋复杂，人权保障观念逐渐深入，司法证明难度越发突出，为了应对这种司法趋势，一些大城市的检察官开始采用与被告方交易和协商的方式结案，只要被告方作有罪答辩，检控方可以减少对被告方的指控，或许诺降低对其判处的刑罚幅度。由于这种刑事案件的处理方式迅速而灵活，因而得到美国各州的广泛采用。根据一些学者的调研统计，1917 年，在弗吉尼亚州，相比通过正式审判获罪的人数，通过认罪获得缓刑的被告人人数多出 2.3 倍，到 1927 年，这个比例提升到了 6.3 倍，在佐治亚州，通过审判获罪入狱的被告人仅占所有被告人的 38%。[1] 1970 年，美国联邦法院在布雷迪诉联邦政府（Brady v. US）案件的判决中正式确立了辩诉交易的合法性，1971 年，在森特贝勒诉纽约州政府（Santobello v. New York）案的判决中，联邦最高法院再一次强调了辩诉交易的合理性："如果每一项刑事指控均要求经受完整的司法审判，那么州政府和联邦政府需要将其法官的数量和法庭设施增加许多倍。辩诉交易是美国刑事司法制度的基本组成部分，如果运用得当，它应当受到鼓励。"[2] 1974 年修订的《联邦刑事诉讼规则》明确将辩诉交易作为一项诉讼制度确定下来，使辩诉交易进一步制度化和法典化。到 2002 年，在联邦刑事案件中，只有不到 5% 的被告人选择正式审判应诉，95.4% 的人都选择了有罪答辩，辩诉交易已成为常态，而审判成为异常态。[3]

2. 认罪的类型与辩诉交易的内容

辩诉交易的核心与前提是被告人"认罪"，当然，在作出认罪选择时，被告人需要考虑检控方开出的各项条件，还需要考察涉案法院对待认罪案件的裁判特点，但无论是检控方还是涉案法院，甚至警方侦查，其在辩诉交易中的地位和作用都是围绕被告人认罪展开的，因而，被告人"认罪"无疑是辩诉交易的核心和前提。正因此，也有学者将美国的辩诉交易制度翻译为认罪协商制

---

[1] See Albert W. Alschuler, Plea Bargaining and its History, *Law & Social Review*, Vol. 13, Issue 2 (Winter 1979), pp. 211 – 246.

[2] Santobello v. New York, 404. US. 25, 260 (1971).

[3] See Jennifer L. Mnookin, Uncertain Bargains: The Rise of Plea Bargaining in America, *Stanford Law Review*, Vol. 57, Issue 5 (April 2005), pp. 1721 – 1744.

度："所谓认罪协商者，简而言之，乃被告与检察官就被告之罪与刑协商，协商合意后将协商内容呈报法官，由法官参考协商内容作出判决及科刑，通常法官所作之判决与当事人协商之内容不会有太大的出入。"❶ 但从认罪程序的内容和实质来看，更符合交易的特征，因为，被告人想从司法机关处获得一定的利好，司法机关也想通过被告人的认罪而快速审结案件。

根据被告方选择认罪的目的，可以将辩诉交易分为以下两种类型❷：

（1）基于获得特定指控的认罪。基于获得特定指控的认罪，是指被告人为了获得检控方对特定犯罪事实、犯罪类型和罪名的指控而向检控方认罪。具体又分为基于获得特定犯罪事实指控的认罪、基于获得特定犯罪类型指控的认罪和基于获得特定罪名指控的认罪。基于获得特定犯罪事实指控的认罪，通常发生在被告人存在多个犯罪事实，但其中有的犯罪事实无法被司法证明，比如警方的取证程序不合法导致取得的证据不能作为法定证据应用于法庭，此时，被告人选择认罪，检控方可以对其中无法被司法证明的犯罪事实部分不予指控，而仅就犯罪者其他犯罪事实指控。基于获得特定犯罪类型指控的认罪，从检控方的视角看，也可以称为选择指控，比如犯罪者实施了杀人、强盗、欺诈三项犯罪，但指控得到法院认可的难度较大，如果被告人选择对其中的强盗罪认罪，检控方则可以请求法院将其余两项犯罪驳回。❸ 基于获得特定罪名指控的认罪，如犯罪者实施了一级谋杀罪，如果犯罪者认罪，检控方可以以二级谋杀罪或三级谋杀罪甚至普通的谋杀罪提起诉讼。再如，犯罪者犯入室盗窃，如果其认罪，检控方可以以普通的盗窃罪起诉，而对入室盗窃的行为不再指控。

（2）基于获得预期刑罚的认罪。对刑事案件，检控方在向法院提起公诉时享有对被告人提出量刑建议的自由裁量权，虽然检控方的量刑建议并不一定为法院所认可，但对大多数案件来说，法院最终裁判的刑罚与检控方的建议刑罚出入不大。因而，检控方的量刑建议对审前的被告人来讲至关重要，被告人

---

❶ 王兆鹏：《美国刑事诉讼法》，北京大学出版社 2014 年版，第 675 页。

❷ 有学者将美国的协商制度分为三类，"刑期协商""轻罪协商"和"罪数协商"。参见王兆鹏：《美国刑事诉讼法》，北京大学出版社 2014 年版，第 676 页。根据美国刑事诉讼法的规定，被告人意欲获得轻罪和指控罪数，实际上都是对特定指控的追求，因而，笔者根据交易"标的"的性质，将辩诉交易下的认罪分为两类：基于获得特定指控的认罪和基于获得预期刑罚的认罪。

❸ 王兆鹏：《美国刑事诉讼法》，北京大学出版社 2014 年版，第 676 页。Federal Rules of Criminal Procedure 11(e)(1).

都会产生合理期待，对那些选择认罪的被告人，其认罪主要动机便表现在对较为轻缓刑罚的期待。这里的预期刑罚期待，既包括刑罚的从轻量刑，比如认罪后可以对被告人判处比基准刑期减一等的刑期，或者不向法院建议最高刑，也包括刑罚执行的轻缓化，比如认罪后可以不立即执行所判刑罚，而是缓期执行，也可以是具备一定条件后予以假释。

3. 辩诉交易的参与主体

美国辩诉交易的参与主体主要包括检控方和被告方，对于法官能否参与到认罪协商中，美国联邦和各州并没有统一规定，在理论研究和司法实务中也存在较大争议。根据联邦的刑事诉讼规则，法院不得参与被告人与检察官之间的认罪协商[1]，大多数州也都禁止法官积极地参加到认罪答辩协商中。原因主要包括两个方面：一方面，在审理案件过程中，法官居于中立、超然的地位，不偏不倚、居中裁判是法官的基本立场，而认罪协商旨在通过协商使被告人认罪，并拟定好指控内容，其本身具有鲜明的倾向性，是相互妥协的产物，如果允许法官参与认罪协商，便会使法官在庭审前形成对案件的成见，势必产生偏向于让被告认罪的立场，因此是对法官中立地位的破坏，无法保证法官公正裁判。[2] 另一方面，辩诉交易虽然是在双方自愿的基础上进行的，协商后无法达成协议的回复到原状，但法官对可能判处刑罚的许诺比检控方的许诺更具有明确性和可期待性，对被告人认罪与否影响巨大，如果允许法官参与协商，一旦协商不成，被告放弃认罪，很可能招致从重判罚的后果，有的学者将其称为“司法报复”[3]，此时，被告人选择认罪，就存在一种隐性的外在强制，这种强制并非物理性和现实性的，而是对未来很可能发生不利后果的规避性强制，当然也不符合认罪自愿性原则。因而，无论是联邦法院，还是大多数州的法院都禁止法官参与辩诉交易。

但仍有个别州的司法允许法官参与辩诉交易，比如，伊利诺伊州和北卡罗

---

[1] Federal Rules of Criminal Procedure 11(e)(1).

[2] ［美］伟恩·R. 拉费弗、杰罗德·H. 伊斯雷尔、南西·J. 金：《刑事诉讼法》，卞建林、沙丽金译，中国政法大学出版社 2003 年版，第 1079－1080 页。

[3] ［美］艾伦·豪切斯泰勒·斯黛丽、南希·弗兰克：《美国刑事法院诉讼程序》，陈卫东、徐美君译，中国人民大学出版社 2002 年版，第 423 页。

来纳州。在伊利诺伊州的司法中，对参加辩诉交易协商的主体没有特别的限制，实际上，在重罪案件中，法官参与认罪协商的比例还是比较大的。❶ 在宾夕法尼亚州，判例法也明确支持法官参与认罪协商，只是相比伊利诺伊州，宾夕法尼亚州参与认罪协商的法官中，重罪法官很少，轻罪法官相对较多。❷ 支持法官参与辩诉交易协商的观点认为，定罪量刑是法官独有的权力，而非检察官的权力，检察官与被告通过协商达成的协议具有不确定性，因为尚需法官确认，而若法官直接参与协商，对认罪的被告人作出的量刑许诺具有明确性，有利于被告作出自愿明知的认罪选择，另外，让法官参与辩诉交易协商也有利于监督检察官，防止其滥用量刑建议权，更好地维护公平正义和提高司法效率。❸

4. 辩诉交易的效力与约束力

被告人无论基于何种目的选择了认罪，其与检控方达成的交易，并不能直接获得法律效力，即仅有被告人与检控方的协议不具有法律执行力，要想获得最终的法律效力，还需要法院认可，虽然法院一般都会根据检控方的指控建议裁判案件，但法院有权接受或拒绝辩诉交易的内容。❹ 法院在认可或拒绝辩诉交易时，有义务对被告人的认罪和检控方的许诺内容进行审查。对被告人的认罪而言，法院需要审查下列事项：第一，认罪的自愿性，审查被告选择认罪是否出于自愿，根据美国刑事诉讼法规则，被告认罪必须是基于意志自由而为的理性选择，在欺诈、胁迫甚至刑讯逼供的前提下选择的认罪，不能认定为认罪的成立❺；第二，认罪的明知性，根据美国联邦刑事诉讼法规则，被告人认罪应当是在了解掌握有关认罪的司法程序、法律效果的基础上的理性选择，这就要求法院在审理认罪案件时，必须明确告知被告人所拥有的权利，并在确保被告人知悉相关法律规定的前提下，尤其是选择认罪就等于声明放弃了陪审团审

---

❶ See John Paul Ryan, James J. Alfini, Trial Judges' Participation in Plea Bargaining: An Empirical Perspective, *Law & Society Review*, Vol. 13, Issue 2 (1979), pp. 479 – 508.

❷ See John Paul Ryan, James J. Alfini, Trial Judges' Participation in Plea Bargaining: An Empirical Perspective, *Law & Society Review*, Vol. 13, Issue 2 (1979), pp. 479 – 508.

❸ 王兆鹏：《美国刑事诉讼法》，北京大学出版社 2014 年版，第 679 页。

❹ Federal Rules of Criminal Procedure 11(e).

❺ Federal Rules of Criminal Procedure 11(d).

判，确认被告是否选择认罪；第三，对实体真实的形式审查，面对认罪案件，法院无义务根据辩诉交易的内容裁判案件，虽然有被告人的认罪，但最终的裁判还需要有基本事实的支撑。❶ 法院对事实的审查一般通过讯问被告人，询问检察官，或者审阅检察官的报告等方式来实现。

对检控方的指控许诺的审查，主要审查检控方是否滥用指控的自由裁量权以及是否超越自身权限作出指控许诺，如作出指控许诺时是否顾及公共利益，刑法的吓阻目的是否能达到等❷。再如，美国司法实践中出现过检察官超越自身权限对认罪的被告人作出指控许诺，鲍尔诉联邦政府（Bauer v. United States）案中，检察官为了让被告人鲍尔指认一个贩卖可卡因的国际犯罪团伙，许诺不将其引渡到瑞士，而美国上诉法院则认为，相关的国家部门不能基于检察官对被告人的承诺而保留引渡，可以看出，检控方无权保留对被告人的引渡，这样的指控承诺便是一种“无法实现的辩诉交易”❸，检控方的指控许诺显然超越了自身的权限，法院对超越自身权限作出的指控许诺或量刑许诺不予支持。

虽然未经法院认可的辩诉交易协议不具有最终的法律效力，但对控辩双方来讲是具有约束力的，一旦辩诉交易协议达成，控辩双方应该根据协议内容诚实履行各自的承诺。“人们公认，不守信用，例如违背承诺——不论是明确表达的承诺还是暗示默认的承诺，又如自己的行为引起了别人的期望——至少自己知道并且愿意引起这样的期望——却又让这种期望落空，等等，都是非正义的。”❹ 1971 年美国最高法院在“森特贝勒诉纽约州政府”案的裁定中明确，检控方一旦与被告人达成认罪协议，就必须信守承诺，不得任意反悔。该案中，被告人对检察官指控的赌博罪选择了有罪答辩，该检察官许诺向法院提出不再量刑的建议，但在辩诉交易提交法官审查前，该案件由另外一名检察官接手，后接手的检察官不愿受前任检察官的限制，向法院提出了适用赌博罪法定最高刑的建议，法院也根据量刑建议对被告人处以

❶ Federal Rules of Criminal Procedure 11(f).

❷ 王兆鹏：《美国刑事诉讼法》，北京大学出版社 2014 年版，第 677 页。

❸ See Stuart L. Gasner, Special Performance of Unfulfillable Plea Bargains, *University of Michigan Journal of Law Reform*, Vol. 14, Issue 1 (1980), p. 105.

❹ ［英］约翰·穆勒：《功利主义》，徐大建译，商务印书馆 2014 年版，第 55 页。

法定最高刑，被告人不服，将该案上诉到最高法院，最高法院最终作出了对被告人有利的判决。最高法院认为，检控方在辩诉交易中应当信守承诺，不得随意变更，包括不因办案检察官更换而改变已经达成的指控协议。对于检控方不履行辩诉交易协议的情况该如何处理？美国联邦法院认为，法院应当给予被告人救济，其方式可以是应被告人请求而强制执行双方之前达成的协议，也可以接受被告人撤回认罪。[1] 同样的，在辩诉交易中，被告人也应遵循自己的认罪承诺，如果被告人无理由地违反与检控方达成的认罪协议，检控方则不必再继续履行该项协议，已经履行的，可以请求法院回复原状。[2] 例如，在一项辩诉交易中，被告人承诺在对另一名罪犯的审判中为检控方作证，检控方以较轻的罪名对被告人提起诉讼，但被告人在庭审时又拒绝出庭作证，最高法院认为，由于被告人毁约在先，检控方不再受辩诉交易的约束，可以对被告人提出新的控诉。[3]

值得注意的是，辩诉交易虽然对控辩双方都具有约束力，但是被告人并没有权利要求检控方必须对自己的认罪进行从宽指控，如果检控方拒绝认罪被告人的协商请求，被告人不得以此抗辩，向法院主张获得较轻的刑罚。在很多认罪的刑事案件中，被告方与检控方并非都会进行明示的认罪协商，而是以“默示答辩交易”的形式进行，默示答辩交易是指“检察官和被告方不对以有罪答辩作交换的让步作专门讨论，代之在这些被告人愿意答辩有罪的案件中让步作为常规事项被给予”[4]。默示答辩交易一般在初级法院和轻罪诉讼中较为常见，它省去了认罪案件中的协商环节，只有被告人的认罪，检控方并不对认罪的被告人作出明示的指控许诺和量刑许诺，是对有罪答辩程序更进一步的简化。被告人认罪，是基于检察机关和法院对特定认罪案件惯常性地从轻处理的认知，亦即在一些轻罪案件和初级法院受理的简单刑事案件中，只要被告人认罪，都会获得从轻处罚，正是对这一司法经验的考察，激励着被告人去认罪并且不要求与检控方明示协商。然而，默示答辩交易因缺乏检控方的明示许诺，

---

[1] Santobello v. New York, 404 U. S. 257 (1971).

[2] 王兆鹏：《美国刑事诉讼法》，北京大学出版社 2014 年版，第 678 页。

[3] 马跃：《美国刑事司法制度》，中国政法大学出版社 2004 年版，第 249 页。

[4] ［美］艾伦·豪切斯泰勒·斯黛丽、南希·弗兰克：《美国刑事法院诉讼程序》，陈卫东、徐美君译，中国人民大学出版社 2002 年版，第 420 页。

被告人便无法通过辩诉交易协议来维护自己的权利，如果检控方没有实际降低指控罪行或向法院建议较轻刑罚的，被告人也不能主张检控方违反约定，法院只能根据检控方的指控裁判案件。

5. 认罪的撤销

被告人选择认罪后，还能否撤回已经作出的认罪选择？对联邦法院来讲，被告人只要在法院宣判刑罚前提出任何正当的理由，法院应准许被告人撤回认罪。❶ 而有些州，即使在法院宣告裁判结果后，仍然允许被告人撤回认罪，但条件较为严格，通常是认罪明显不符合正义要求。❷ 根据《美国量刑指南》，辩诉交易中若含有无约束力建议的，法院必须告知被告人，拒绝接受量刑建议并不意味着授权被告人撤回答辩。

6. 辩诉交易协商的制度保障

公开制度。辩诉交易虽然有利于提高诉讼效率，缓解有限的司法资源和庞大案件量之间的紧张关系，但是，辩诉交易本身却藏着暗箱操作的危险，检察官在辩诉交易实践中具有绝对的优势地位，被告虽被法律赋予了很多权利，但在具体的实务中，检察官居于主导地位。根据《美国量刑指南》，若控辩双方已达成了诉辩交易，法院应在有记录的情况下要求在公开审讯中公开协议或在不公开的审讯中表明正当理由，诉辩交易必须充分公开。❸

有效辩护权。1970 年美国联邦最高法院确立了辩诉交易的合法性，几乎同时，开始对辩诉交易中的有效辩护进行反复确认，被告人在刑事诉讼的任何关键阶段都享有有效辩护权，而辩诉交易是美国刑事司法的重要形式。美国刑事诉讼中的有效辩护来源于《美国宪法第六修正案》（1791 年）规定："在一切刑事诉讼中，被告有权……获得律师帮助为其辩护。" 在美国，有效辩护权

---

❶ Federal Rules of Criminal Procedure 32(d).

❷ Wayne R. Lafave & Jerold H. Israel, *Criminal Procedure*, West Publishing 1992, pp. 941 – 942.

❸ 美国量刑委员会编：《美国量刑指南：美国法官的刑事审判手册》，逄锦温等译，法律出版社 2006 年版，第 401 页。

是指被告人享有宪法赋予实际意义的辩护权和积极、有效的辩护行为。[1] 其对应的是无效辩护，即律师辩护存在瑕疵或缺陷，并且该辩护瑕疵或缺陷使被告人遭到不利的后果和影响。[2] 在辩诉交易中，被告的律师有义务为其提供合理的辩护意见，如果因为律师的疏忽或错误，给被告提供了错误的法律信息，进而使被告基于该错误的法律信息选择了认罪，被告可以主张自己的有效辩护权受到侵犯，法院审查确认后，被告可以撤回认罪。有效辩护在辩诉交易中具有重要的价值和功能。首先，被告人的有效辩护权是程序公正的重要体现。“法律正当程序，是指法律在司法适用过程中所表现出来的公正、公平的各种方法：为司法提供公平公正的平台、现场调查和拘捕恰当适用、法律救济及时有效不拖延等”[3]，其中的法律救济及时有效不拖延，便包括有效辩护，可见，对被告进行有效辩护，是保证程序公正的要求。其次，实现平等协商交易。在辩诉交易中，检察官具有显著的优势地位，无论是对法律信息的掌握，还是诉讼经验和技术，都比被告人要高得多，这就造成了平等交易制度中的实际不平等，有效辩护为被告选择认罪提供切实有效的辩护意见，包括涉案司法区的法律信息、裁判惯例、可能遇到的诉讼风险以及认罪后的各种法律后果等，有利于提高被告在辩诉交易中的法律知识水平和应诉技巧，提高了被告人的地位，又称为“平等武装”。最后，有效辩护更是对被告人人权的保障。[4] 无罪推定是刑事诉讼的前提，作为一个具有认识能力和选择能力的理性人，其有权自主放弃无罪推定的前提，自愿选择有罪答辩，这本身就是基本人权和人格尊严积极一面的表现。然而，基于对法律无知的认罪选择和基于充分把握了各种法律规定和司法经验后的认罪选择对于人权的实现具有天壤之别，有效辩护就是为了保障认罪选择的明知性和充分的自愿性而设置的，有利于提高被告人实现其主体地位。

不认罪不加刑原则。虽然美国的辩诉交易前提是被告人自愿而明知地认罪，但在具体的司法实践中存在着“报复性司法”的现象，“报复性起诉，是

---

[1] ［美］卡罗尔·S. 斯泰克：《刑事程序故事》，吴宏耀译，中国人民大学出版社 2012 年版，第 115 页。

[2] 陈瑞华：《刑事辩护的理念》，北京大学出版社 2017 年版，第 101 页。

[3] ［英］丹宁勋爵：《法律的正当程序》，李克强等译，法律出版社 2015 年版，第 2 页。

[4] 桂梦美、张蕾：《有效辩护理念的本体展开》，载《浙江工商大学学报》2018 年第 3 期。

指刑事追诉者为了报复被告人的某一合法行为、正义行为，而对该被告人的非法行为进行的恶意起诉或者加重起诉”[1]。简单地说，“报复性司法”就是对不认罪的被告人加重指控或加重判罚，对这一司法现象，美国学者和联邦最高法院都坚决抵制。“要求审判是法律赋予被告人的权利，被告人不应因行使自己的法定权利而受到更严厉的惩罚。”[2] 美国联邦最高法院认为，因行使自己的法定权利而加重对被告人的刑罚违反了宪法正当程序条款。然而，在具体的司法实践中，两个同样的案件，对认罪的从轻处罚和对不认罪的从重处罚，很难证明从重处罚是因为被告人行使了自己要求审判的权利。比如，甲和乙分别用欺骗的方式强奸了被害人 A 和 B，案发后，甲作有罪答辩，被指控二级强奸罪，建议 3 年监禁刑，而乙选择了通过审判方式解决，同样被指控二级强奸罪，却建议 15 年监禁刑。从结果上看，选择有罪答辩的指控刑罚量明显低于选择审判的刑罚量，但如何证明 15 年监禁指控是因为乙选择了审判呢？检察官完全可以辩护说，他并没有因为乙选择审判而加重对被告人的指控，只是为了激励认罪，对与检察官合作的甲施予了更多的量刑优惠，而对乙是依法进行的指控。

对选择行使审判权利的被告人不能加重处罚的观点，无论是在理论上还是最高法院的司法判例中，都得到高度一致的肯定，但是现实中选择审判的被告人相比选择有罪答辩的被告人的确遭受了更多的刑罚，并且无法证明是因为被告人行使了选择审判的权利。实际上，检察官对合作的被告人处以较轻刑罚，而对不合作的被告人处以较重刑罚的做法并不违反宪法。一方面肯定不能因被告人选择审判而加重处罚，另一方面又无法避免选择审判的被告人遭受更加严重的刑罚的现实，这种吊诡现象加剧了美国检察官滥用指控的自由裁量权。学者们认为，法院和立法机构应该采取一定的措施削减检察官的权力，比如立法机构应适当降低刑罚的严厉程度，法院应加强对检察官的监督，防止其滥用权力。[3]

---

[1] 赵旭光：《环境犯罪选择性追诉及其抗辩》，载《首都师范大学学报（社会科学版）》2017 年第 1 期。

[2] 马跃：《美国刑事司法制度》，中国政法大学出版社 2004 年版，第 298 页。

[3] 马跃：《美国刑事司法制度》，中国政法大学出版社 2004 年版，第 299 页。

（二）英国的认罪协商模式

1. 英国认罪协商确立

普通法早期，犯罪者通过认罪（忏悔或自白）进行赎罪，这种做法在1164年英国国王亨利二世颁布的《克拉伦敦宪法》（The Constitution of Clarendon）已得到认可。然而，忏悔罪行的做法在中世纪极其罕见，后来西方的“辩诉交易可以追溯到17世纪英国减轻过度严厉惩罚的思想”❶。根据国外一些学者的研究，1663—1715年的刑事案件中有6%的被告认罪，到1772—1802年这一比例降到2%左右，这一现象跟当时英国普遍适用死刑有关。正式的辩诉交易开始于19世纪中期或早期❷，18世纪晚期以来，英国刑事司法体系发展出一些新的特征，奠定了认罪协商制度的基础❸：第一，辩护律师作用和地位的提升，随着自诉式刑事诉讼在运行中出现很多问题，比如自诉人常常会受到被告人的报复、诉讼成本的增加降低了自诉人的起诉积极性、类似案件的裁判结果差距较大等，这些问题催促着刑事诉讼的专业化要求，律师开始代表诉辩双方出现在刑事诉讼中。❹ 第二，刑事诉讼过程复杂化，尤其是18世纪30年代左右引入了传闻证据规则后，证明的难度加大，诉讼程序推进困难，效率不高。第三，19世纪后，英国刑事案件数量呈现不断上升的趋势，司法机关的办案压力增大，有限的司法资源和迅速办案的需要之间矛盾凸显。1855年英国出台《简易审理法》，允许在特定的刑事案件中，可以不经过陪审团而直接对被告人进行定罪量刑，通过正式审判办理的案件量锐减。

基于上述司法背景，认罪协商的做法在20世纪以后继续发酵并演化成为一种司法实践中不成文的惯常规则，英国内政部在1977年的调查数据显示，20世纪70年代，刑事法院审理的刑事案件中，有2/3的被告人认罪，在治安

---

❶ Albert W. Alschuler, Plea Bargaining and its History, *Law & Social Review*, Vol. 13, Issue 2 (Winter 1979), pp. 211 - 246.

❷ See Mark H. Haller, Plea Bargaining: The Nineteenth Century Context, *Law & Society Review*, Vol. 13, Issue 2 (Winter 1979), pp. 273 - 280.

❸ 裴炜：《英国认罪协商制度及对我国的启示》，载《比较法研究》2017年第6期。

❹ See J. M. Beattie, Scales of Justice: Defense Counsel and the English Criminal Trial in the Eighteenth and Nineteenth Centuries, *Law and History Review*, Vol. 9, Issue 2 (1991), pp. 221 - 268.

法院中，这一比例高达90%。[1] 这一时期，英国也通过多项司法判例肯认认罪协商的做法，如1970年的弗兰克·雷金纳德·特纳案（简称特纳案），被告人的认罪是受到该案一审法官诱导性的建议，辩护律师在与法官私下沟通之后，向被告暗示，如果被告人认罪，就可以得到被罚款或其他非监禁刑的后果，如果不认罪而走审判程序则很可能遭受监禁刑的刑罚后果，在此建议下，被告人选择了认罪答辩。特纳案引发了“三项自由”的讨论，一是律师有提供法律建议的“完全自由”，二是被告人享有作出认罪答辩的“完全自由”，三是律师与法官之间有进行接触的“自由”。[2] 特纳案对以后的司法造成五大后果：第一，法院在一种无原则的而且至关重要的不可预知的基础上，力求量刑折扣的合法化；第二，辩护律师为了努力解决量刑的不确定性，或者为了帮助当事人争取到最大限度的量刑折扣，不可避免地受到私下拜会法官以寻求指导意见的诱惑；第三，至少有一些法官会允许自己有参与此类量刑折扣讨论的时间，而且有些法官的确可能会主动发起此类讨论；第四，所有被告人都有可能处于此类压力之下，使认罪不再被认为是其自由选择的结果；第五，或许预见性较少的是，出庭律师公会虽然作出了让步的态度，其自私自利的依据是，这会防止辩护律师说服被指控犯罪的某个人去违心地接受认罪答辩建议的可能性。[3] 特纳案暴露了司法实践中长期存在的暗箱操作，为了遏制不利后果的发生，庭审法官不得在审前暗示其可能判处的刑罚，除非该刑罚与被告人认罪无关，然而，“特纳规则”并不全然禁止辩护律师与法官私下接触，在确实必要的情况下，辩护律师和法官可以私下接触，而对于何为“确实必要”，“特纳规则”则没有进一步明确，实践中取决于法官的自由裁量权。

20世纪90年代以后，认罪协商在英国立法中逐渐得到明确认可，并进一步为认罪协商制定了详细的规则。1994年《刑事司法与公共秩序法》（Criminal Judicature and Public Oder Act）（以下简称CJPOA 1994）规定，法官在量刑时应考察被告人认罪的阶段和情境，然而，CJPOA 1994并未明示法官量刑时

---

[1] 裴炜：《英国认罪协商制度及对我国的启示》，载《比较法研究》2017年第6期。

[2] ［英］麦高伟、路加·马什：《英国的刑事法官：正当性、法院与国家诱导的认罪答辩》，付欣译，商务印书馆2018年版，第117页。

[3] ［英］麦高伟、路加·马什：《英国的刑事法官：正当性、法院与国家诱导的认罪答辩》，付欣译，商务印书馆2018年版，第121页。

必须对认罪的被告人从宽量刑，也未规定从宽量刑的幅度。即便如此，司法实践中早已形成一些特定的惯常做法，比如1993年的巴福瑞案（R v. Buffrey）中，对认罪的被告人给予不超过1/3的量刑折扣。2003年《刑事司法法》进一步明确法官应当对被告人的认罪加以考量，如果从宽量刑，应当在公开庭审中宣布量刑幅度。2004年英国量刑委员会（Sentencing Council）制定《认罪量刑减刑指南》，对被告人认罪的该如何减让刑罚作出了详细的规定，《认罪量刑减刑指南》在2007年和2017年又先后进行了两次修订，已经成为英国认罪协商司法实践中的主要规范。

2. 英国认罪协商的内容

英国认罪协商的内容包括事实协商、指控协商和量刑协商三个部分，被告人认罪的事实协商包括检察官参与的事实协商和法官参与的事实协商，检察官参与的事实协商是检察官就犯罪事实与被告人进行协商，被告人认罪，检察官可以以有利于被告的方式描述和起诉案件，其中包括对某些犯罪事实免予起诉。法官参与的事实协商是指如果对指控所依据的事实存在疑问，可以重新审查案件事实，并在量刑中加以考量。这种做法源自1983年牛顿案的司法判例，因而也称为“牛顿听审”（Newton Hearing）[1]。“牛顿听审”涉及对认罪的理解以及质疑检察官指控事实的准确性时法官该如何处理的问题。比如在2009年Goldsmith v. DPP案中，被告人被指控酒后驾驶，被告人表示作有罪答辩，对醉后驾车的事实供认不讳，但对检察官指控的酒驾时血液酒精含量为71微克/100毫升的事实提出质疑，认为自己虽然驾驶汽车时饮过酒，但在交通事故发生后又再次饮酒，而警察进行酒精检测的是事故后再次饮酒时的酒精含量，根据专家鉴定，被告人在驾驶汽车时的酒精含量不会超过57微克。根据英国的法律，如果酒精含量在59微克以下的，将在12—16个月判处刑罚，而如果酒精含量在60—89微克，则在17—22个月判处刑罚。在法庭上，被告人申请启动“牛顿听审”程序，法官最终根据案件事实而非指控的事实作出了判罚。[2]

---

[1] See Alisdair A. Gillespie, The Righttoa Newton Hearing, *Journal of Criminal Law*, Vol. 74, Issue 1 (2010), pp. 7 –9.

[2] See Alisdair A. Gillespie, The Righttoa Newton Hearing, *Journal of Criminal Law*, Vol. 74, Issue 1 (2010), pp. 7 –9.

可见，在英国，对被告人认罪的理解并非严格局限于检察官指控的事实，如果经过牛顿听审后认为指控事实与实质真实不符的，依然可以在实质真实的范围内接受被告人的认罪，并在量刑时予以充分考虑。

指控协商是检察官在对被告人进行审查起诉时，关于指控的犯罪事实和罪名、罪数等与被告人进行协商，如果被告人选择有罪答辩，检察官则可以降格指控。需要注意的是，在英国，对被告人作有罪答辩后的量刑权掌握在法官手中，检察官没有量刑建议权，也不存在控辩双方就量刑达成协议。❶

量刑是英国认罪协商的主要内容，被告人选择认罪一般主要是为了获得一定的量刑折扣，量刑协商既可能发生在指控阶段，也可能发生在审理阶段，但无论发生在哪一阶段，折扣的量刑并非完全依据司法机关的自由裁量，英国早在2004年就出台了规制量刑协商中量刑折扣问题的《认罪量刑减轻指南》❷，2007年和2017年又先后对《认罪量刑减轻指南》进行了修订，当前英国开展量刑协商活动所依据的是2017年《认罪量刑减轻指南》。《认罪量刑减轻指南》根据被告人选择认罪的时间和诉讼阶段区分了不同的量刑折扣等级，其基本的原则是，认罪越早，获得的量刑折扣越高，在被告人第一次被聆讯时，可以获得不超过最高刑1/3的量刑折扣；在第一次被聆讯之后选择认罪的，通常是在检察官审查起诉阶段，可以获得不超过最高刑1/4的量刑折扣；庭审第一天起往后认罪的，被告人可以获得不超过最高刑1/10的量刑折扣。《认罪量刑减轻指南》不仅适用于可能判处自由刑的案件，也适用于可能判处非自由刑的案件，即对认罪的被告人从自由刑减为社区刑，或者由社区刑变更为罚金刑。当然，《认罪量刑减轻指南》并非适用于所有的认罪案件，有些案件中，量刑标准存在专门的法律规定，此时的量刑折扣就不得违反法律的专门规定。比如，有些案件法律规定了最低刑或定期刑的，即使认罪也不得突破最低刑或绝对定期刑的限制，如对谋杀类案件，法律规定了强制性的终身监禁，被告人即使认罪也不能将其适用的刑罚折减为有期徒刑。再如对于作为累犯的被告

❶ 熊秋红：《比较法视野下的认罪认罚从宽制度——兼论刑事诉讼“第四范式”》，载《比较法研究》2019年第5期。

❷ 《认罪量刑减轻指南》由量刑指导委员会（Sentencing Guideline Council）于2004年制定，后来量刑指导委员会改组为量刑委员会（Sentencing Council），2007年版和2017年版的《认罪量刑减轻指南》即由后来的量刑委员会制定。

人，对其判处的刑罚不得低于正常刑罚的80%。从量刑协商的开展及规制可以看出，在英国，对认罪的被告人减轻处罚以及减轻的幅度并非完全自由，不同阶段的认罪获得的减轻幅度都存在法律规定的上限，法官只能在不超越减刑上限范围自由裁量，并且，对特定案件由法律专门规定的，法官必须严格按照法律的专门规定执行，我国学者熊秋红教授称其为“法定从宽”[1]。

二、大陆法系的控辩协商制度模式

（一）德国的刑事协商制度

1. 德国刑事协商制度确立的历程

德国刑事协商制度的确立并非源自理性主义的建构，而是形成于对司法经验的确认。20世纪70年代的德国，经济犯罪、毒品犯罪、环境犯罪和税收犯罪明显增多，这些案件普遍存在涉及面广、证明技术和法律适用困难等困境，同时，被赋予了更多权利的辩护律师给诉讼的推进也制造了不小的麻烦，“控、辩、审”三方之间的对抗越来越大，降低了司法效率。在这一背景下，辩护律师、检察官和法官开始放弃对抗，探寻案件的快速解决之道，于是以认罪兑换从宽判决的做法——德国刑事诉讼法中并未规定——开始得到办案机关的青睐。[2] 在随后的几十年里，刑事案件不断增多，职权式追诉模式越发显得笨重，尤其是在处理轻微刑事案件中耗费了大量的司法资源，也造成了司法拖延，协商解决刑事案件的做法越来越受到司法机关的欢迎。德国学者许乃曼教授在20世纪80年代对刑事协商的实证研究表明，20%—30%的刑事案件都是通过协商的方式进行的，特别是在经济犯罪、毒品犯罪、交通犯罪以及轻微刑事案件中，协商解决方式的运用尤为普遍，比如经济犯罪领域的案件，刑事协

---

[1] 熊秋红：《比较法视野下的认罪认罚从宽制度——兼论刑事诉讼“第四范式”》，载《比较法研究》2019年第5期。

[2] Christoph Safferling & Elisa Hoven Foreword, Plea Bargaining in Germany after the Decision of the Federal Constitutional Court, *German Law Journal*, Vol. 15, Issue 1 (2014), pp. 1-4.

商率高达 80%。[1] 与此同时，刑法理论也随之转变：一方面，刑法理论从单纯重视报应刑转向同时强调预防刑；另一方面，学者们也认识到，在刑事司法领域，除了正义，程序运行的时间和成本也被视为刑事司法体系的目标。[2]

基层法院的办案需要和理论研究的转型，促使协商式解决刑事案件在德国司法实践中勃兴起来。然而，德国法律中并未明确规定刑事协商制度，也正因此，很多学者将其称为“非正式协商”[3]，它自产生伊始，便面临着合法性的诘问，这种自发形成的“追诉模式”是否符合德国刑事法律，或者说是否违法？未经法院审理的协商定案是否取消了法院发现实体真实的义务？是否违反了无罪推定和禁止强迫自证其罪的原则？这些都需要在法律中予以明确。

为了回应现实和理论上的诉求，德国联邦宪法法院和联邦最高法院通过一系列判决肯认并逐步完善了刑事协商制度。1987 年，联邦宪法法院在上诉案件判决中首次肯定了刑事协商，法院在正式审判活动外对案件进行协商，只要遵守相应法律规范，是被允许的，并在判决中明确了四项协商原则：（1）所有各方都要参加协商，任何协商（包括协商内容）都必须在上审程序中公开宣布；（2）协商的结果应当是合法的和有正当根据的，不能越权许诺；（3）协商不具有法律效力，但除非出现违法情形，一般应予接受；（4）法院必须依据实体真实原则，严格审查认罪口供的真实性。[4] 1997 年，最高法院判例中为刑事协商确立了以下规则：第一，再次强调非正式协商不能超越现行法律框架；第二，协商可以在中间程序中进行，也可以在正式审判程序中进行，但都应在主审程序中公布结果，所有参与人，即使没有参与协商的其他共同被告人，都应当告知其协商的结果；第三，协商并不能排除法院发现实质真实的义务，不能对是否有罪进行协商；第四，被告人的认罪行为可以作为从轻处罚的情节，但是法官只能提出可能会判处的最高刑罚，不能提示将要判处的具体刑罚；第五，不得以威胁或不当许诺进行协商，确保被告人认罪的自愿性；第

[1] 黄河：《德国刑事诉讼中协商制度浅析》，载《环球法律评论》2010 年第 1 期。

[2] Regina E. Rauxloh, Formalization of Plea Bargaining in Germany: Will the New Legislation Be Able to Square the Circle, *Fordham International Law Journal*, Vol. 34, Issue 2 (January 2011), pp. 296 – 331.

[3] Regina E. Rauxloh, Formalization of Plea Bargaining in Germany: Will the New Legislation Be Able to Square the Circle, *Fordham International Law Journal*, Vol. 34, Issue 2 (January 2011), pp. 296 – 331.

[4] 李昌盛：《德国刑事协商制度研究》，载《现代法学》2011 年第 6 期。

六，协商不能包括要求被告人放弃上诉权。[1] 2005 年，最高法院判决再次确认 1997 年判决所定立的协商规则，但对放弃上诉问题进行了重新审视，2005 年判决承认控辩双方可以就被告人放弃上诉进行协商，但同时强调，法院本身不得参与放弃上诉权的协商，法院必须告知被告人放弃上诉权的意思表示不具有法律约束力，如果法院履行了如实充分告知义务后，被告人仍然选择放弃上诉，则协商结果有效，被告人不得上诉。[2] 2009 年，德国修改刑事诉讼法，将"刑事协商协议"正式规定在法律中，2013 年联邦宪法法院再次作出判决，确认了《德国刑事诉讼法》中协商条款的合宪性。

2. 德国刑事协商制度的主要内容

德国的刑事协商制度是指"被告人可以全部或部分地承认指控的犯罪事实，在同案犯的案件中作证，放弃申请证据调查，放弃上诉权，同意支付赔偿金等，而法院则对其判处相对较轻的刑罚或确定量刑的范围"[3]。德国法律中并未明确规定刑事协商的案件范围，从德国刑事司法实践上看，刑事协商主要应用于白领犯罪、经济犯罪、毒品犯罪、环境犯罪和税收犯罪领域，在可能判处罚金刑和非刑事处罚的轻微刑事案件中，刑事协商也经常发生，另外，在暴力犯罪及其他严重犯罪的案件中，虽然也存在协商解决的情况，但并不常见。[4] 根据德国刑事诉讼法的规定，刑事协商可能发生于起诉和审判阶段。在审查起诉阶段（主要规定于《德国刑事诉讼法》第 153a 条），经过有管辖权的法院认可，并经过被告人的同意，检察官对被告人作出附条件不起诉决定，被告人需要同意接受并实际履行的事项有：（1）执行特定的服务——修复因犯罪造成的损害；（2）支付给慈善机构或国库一笔款项；（3）进行慈善服务；（4）履行一定级别的维护义务；（5）赔偿被害人损失，并尽一切可能救济被害人；（6）参加一定的社会技能培训；（7）参加第 2b 条第 2 款第 2 项规

---

[1] 李昌盛：《德国刑事协商制度研究》，载《现代法学》2011 年第 6 期。

[2] 李昌盛：《德国刑事协商制度研究》，载《现代法学》2011 年第 6 期。

[3] 周维明：《德国刑事协商制度的最新发展与启示》，载《法律适用》2018 年第 13 期。

[4] ［德］约阿希姆·赫尔曼：《协商性司法——德国刑事程序中的辩诉交易?》，程雷译，载《中国刑事法杂志》2004 年第 2 期；印波：《以宪法之名回归法律文本：德国量刑协商及近期的联邦宪法判例始末》，载《法律科学》2017 年第 5 期。

定的课程，或者参加《道路交通法》第4a条规定的驾驶员能力培训。[1] 只有被告人承诺履行检察机关根据案件具体情况作出的上述一项或多项举措，检察机关才可能对被告人作出附条件不起诉的决定。根据《德国刑事诉讼法》第257c条的规定[2]，审判阶段，法院可以与被告人就诉讼程序的选用进行协商：（1）在适当的情况下，法院可以根据下列各款规定，就诉讼的进程和结果进行协商，但不能违背第244（2）条的规定。注意，第244（2）条规定，为查明事实真相，法院应该自行将取证范围扩大至与该决定有关的所有事实和证据，这是法院的主动调查义务。（2）协商的事项限于具有法律后果的行为，即判决的内容和可能结果以及其他构成侦查程序基础的相关的程序性措施和被告人的诉讼行为。认罪是协商的前提条件，但有罪判决本身和保安处分不可以协商。（3）法院应当告知协商的具体内容，包括所有的案件事实和量刑情节，同时告知量刑的上下限。虽然对认罪的被告人可以从宽量刑，但应严格遵循刑事诉讼法和刑法典的基本原则，德国联邦最高法院在2005年1月的判例中认为，法官许诺给被告人的量刑不得超过基准刑的1/2。[3] 应当赋予被告人发表意见的机会，如果被告人和检察官都同意法院的建议，则协议正式达成。（4）如果法律上和事实上具有重要意义的情况被忽视或者出现新情况，使得法院确信协议中所承诺的量刑范围与被告人的犯罪情节和责任不相适应时，则法院不再受之前协议的约束，如果被告进一步的诉讼行为与协定的内容[4]不一致时，法院同样不受协议的约束。此时，被告的认罪不能被继续使用，同时，法院应立即告知被告人不再依协商处理案件；针对协议失效后，被告人之前的认罪供述不能作为证据继续适用的问题，有德国学者认为，已经听闻过被告人供述的法官在之后的审判过程中已经形成了对被告人不利的心证，所以有必要赋予被告人申请原审法官回避的权利。[5]（5）法院应根据上述第4

---

[1] Strafprozeßordnung § 153a.

[2] The German Code of Criminal Procedure Section 257c.《德国刑事诉讼法典》英译版来自网址 http://www. gesetze – im – internet. de/englisch_stpo/englisch_stpo. html#p1827。

[3] 黄河：《德国刑事诉讼中协商制度浅析》，载《环球法律评论》2010年第1期。

[4] 英译本使用的 the court's prediction，即法院的预期，实际上就是法院根据之前协议内容所作的预期，故笔者将 the court's prediction 意译为协定的内容。The German Code of Criminal Procedure Section 257c.

[5] Thomas Weigend & Jenia Iontcheva Turner, The Constitutionality of Negotiated Criminal Judgments in Germany, *German Law Journal*, Vol. 15, No. 1, 2014.

款规定的预期结果告知被告人违约的前提和结果。从以上德国刑事诉讼法相关的规定可以看出，德国的刑事协商主要是在法官与被告人之间展开，被告人认罪的，法官可以从宽处罚，检察官也可以与被告人展开刑事协商，但仅限于职权范围内的附条件不起诉，对于量刑问题，只能由法官决定。

作为典型的职权主义诉讼模式的国家，德国在刑事案件审理中，对实体真实的要求非常严格，发现实体真实是办案法官的法定义务，即使在认罪的案件中，法官也必须履行该项义务。被告人自愿供述或承认其所犯罪行及其他犯罪细节是进行协商处理的前提条件，但被告人的认罪供述对判决结果并不具有决定性作用，法院需要结合其他证据对认罪供述进行核查，只有在有充分的证据证明案件事实时，才能够判定被告人有罪，可见被告人的“认罪”供述在案件的处理中仅起到辅助性作用，仅可作为一种证据使用，而不能作为定案的唯一根据。这一点与当事人主义模式的美国尤为不同，在美国的辩诉交易制度中，被告人选择有罪答辩后，法院只需要确定被告人作出有罪答辩是自愿和明知的，就可以直接定罪量刑，而不需要对案件事实再进行调查核实。

3. 德国刑事协商制度的特征

从德国刑事诉讼及相关的司法判例来看，德国的刑事协商相比其他国家，尤其是英美法系国家的“辩诉交易”制度，具有以下鲜明的特征：(1) 法官主导。德国的刑事协商主要是在法官主导下进行的，审查起诉阶段，检察官与被告人关于认罪与量刑建议的“商议”至多是一种“同意式”协商或“弱”协商，检察官履行完自己的权利告知义务后，被告人只需要表示同意与否，双方并无充分协商的空间，因为法律没有规定法官一般应当按照检察官的量刑建议裁判案件。(2) 坚持实体真实。法官在处理认罪案件时，并不完全根据呈报上来的认罪协议定罪量刑，而是坚持实体真实的原则，对案件事实进行审查，依靠证据而非协商内容裁判案件，并且，德国的司法中，虽然可以对认罪者从轻判罚，但不准检察官降格指控和选择指控。(3) 刑事协商受到法规范的严格规制，德国的法律对如何协商以及从轻判罚的幅度等问题有着明确的规定。

（二）法国的庭前认罪程序

1. 法国庭前认罪程序的确立

20 世纪 70 年代中后期，法国司法实践面临很多案件无法及时结案的问题，诉讼拖延致使法国司法效率低下，彼时，法国就已经开始探索新的刑事审判方式了。1990 年刑事司法和人权委员会提出了在刑事诉讼中引入“认罪简易程序”的建议，如果被告对犯罪事实及定性并无异议，可以简化庭审程序，庭审法官可以直接进行量刑宣判。被告认罪与否的供述应由法院在被告出庭的情况下予以确认。[1] 1999 年，法国建立了刑事调节制度。2004 年 3 月 9 日，《法国刑事诉讼法典》第 495－7 条至第 495－15 条正式确立了“庭前认罪出庭程序”。当下，法国 50% 的轻罪案件通过刑事和解方式解决，25% 的轻罪通过庭前认罪答辩程序及“简易程序”方式处理，另外 25% 的轻罪案件才通过正常的开庭审理方式解决。[2]

2. 法国庭前认罪制度的主要内容

根据法国刑事诉讼法典，[3] 庭前认罪协商程序仅适用于主刑为罚金刑或者 5 年以下监禁刑的犯罪，未成年人犯罪、虚假新闻犯罪、政治性犯罪、过失致人死亡罪不适用庭前认罪出庭程序，2004 年修法时，庭前认罪程序仅适用于主刑当处罚金刑或者不超过 5 年监禁刑的轻罪（《法国刑事诉讼法典》第 459－7 条）。2011 年，《法国刑事诉讼法典》进一步修改，所有的轻罪案件都可以适用庭前认罪程序。但是，未成年人、新闻犯罪、政治性犯罪以及过失致人死亡的犯罪（《法国刑事诉讼法典》第 495－16 条），以及其他专门法律单独规定适用追诉程序的案件，如与税收有关的犯罪等，不适用庭前认罪

[1] 吕天奇、贺英豪：《法国庭前认罪协商程序之借鉴》，载《国家检察官学院学报》2017 年第 1 期。

[2] 绿杰、傅侃、王杰：《法国庭前认罪程序对我国建立认罪认罚从宽制度的启示》，载《中国检察官》2017 年第 4 期。

[3] 本书所依据的《法国刑事诉讼法典》为法国官方公报（法国公布法规政策）的官方网站中的《刑事诉讼法典》英译版，参见 http：//www. legifrance. gouv. fr/，最后访问日期：2020 年 8 月 20 日。

程序。❶

法国的庭前认罪程序可以由检察官依职权启动，也可以是检察官应当事人的请求而启动。庭前认罪程序的推进一般有四个环节：第一，被告人认罪，在法国，庭前认罪程序中的“认罪”是指被告人对指控的犯罪事实没有异议，同时接受指控的罪名，如果只承认犯罪事实而拒绝接受指控的罪名，则不成立认罪。❷ 并且，启动庭前认罪程序还要求被告人接受检察官在量刑提议中提出的一个或数个主刑或附加刑❸，实际上，这一点对应了我国认罪认罚从宽制度中的“认罚”。第二，检察官提议“从宽量刑”，检察官可以提议一项或数项法律规定的主刑或附加刑，且所提议的监禁刑刑期不得超过1年或法定刑期的一半，量刑提议中可以包括是否适用缓刑或“半羁押”（《法国刑事诉讼法典》第712－6条）。如果相关法律规定可以适用缓刑，则检察官应当在提议从宽量刑时说明该刑罚是立即执行还是将其交由刑罚执行法官决定。另外，罚金的数额不得高于法律规定的数额，罚金也可以缓期缴纳。第三，检察官提出“从宽量刑”的提议后，被告人需要在10日内告知是否接受检察官的刑罚提议，但需要注意的是，检察官在接受被告人关于量刑提议的声明时，须有被告人的代理律师在场，被告人的律师可以是自己委托的，也可以是指定的，指定的律师费用由承认犯罪事实的人承担（获得司法援助的除外），被告人关于是否接受检察官的量刑提议问题，可以与自己的律师私下商议。第四，法庭审查。法庭在审查量刑提议时，需要公开开庭听取当事人的陈述，此时，检察官可以到场也可以不到场。法庭审查主要审查案件事实及拟定罪名，如果量刑提议得到法院的同意，则根据检察官的量刑提议裁定被告人的罪名和刑罚，但须公开开庭宣读。如果刑罚提议被当事人拒绝或被法院否定，检察官则应按照《法国刑事诉讼法典》第388条规定的程序向法院提起诉讼或者要求开始侦查。

3. 法国庭前认罪程序中的权利保障

庭前认罪程序虽然有效地解决了法国刑事司法中办案效率的问题，但却存

---

❶ 吕天奇、贺英豪：《法国庭前认罪协商程序之借鉴》，载《国家检察官学院学报》2017年第1期。

❷ 吕天奇、贺英豪：《法国庭前认罪协商程序之借鉴》，载《国家检察官学院学报》2017年第1期。

❸ 《法国刑事诉讼法典》第495－8条第1款。

在违背无罪推定刑事诉讼基本原则的危险，“刑事诉讼程序应当保护社会，也应当保障个人的自由、保障无罪推定与辩护权利；没有对个人自由、无罪推定与辩护权利的尊重，也就不可能有真正的刑事正义（刑事司法）”[1]。因而，在庭前认罪程序具体实施过程中，法国也设置一些配套措施以保护被告人的权利和自由。其中最为重要和有效的便是律师参与机制，《法国刑事诉讼法典》第495-8条第4款规定，对于被告人认罪案件，在庭前认罪程序的各个阶段和环节，都应当有律师的参与。易言之，律师应当在认罪程序的任何阶段现场为被告人提供法律帮助和咨询，被告人在对检察官提议的量刑建议作出是否接受的声明之前，被告人可以同律师进行充分的自由沟通和交流，听取律师的建议和指导，并且在表示是否接受检察官的量刑建议时，律师也必须在场。为了保证律师能够有效地发挥应有的功能，法国刑事诉讼法典赋予了律师广泛的权利，如查阅案件的权利、与被告人进行秘密交谈的权利等。另外，在法国的认罪案件中，如果被告人对法院的裁判不服，可以向上诉法院提起上诉。

三、域外相关制度模式的比较与启示

（一）域外相关制度模式的共同点

20世纪70年代，确立于美国的辩诉交易刑事诉讼模式，在随后的几十年中以不同的形式雨后春笋般地迅速扩展到了全球大部分国家，综观世界各国的刑事合作模式，虽然具体的样态和形式各不相同，但在实施背景上有着惊人的相似，它们都是在各国刑事案件增量与司法资源有限之间的矛盾不断凸显，既有司法能力难以应对大量刑事案件的背景下，或主动选择，或被动引进的。然而，刑事案件增量和有限司法资源之间的矛盾升级并非促使刑事合作模式被广泛采用的唯一条件，如果缺乏人权保障理念在现代法治中的深入贯彻，认罪协商模式也不会得到全球性的运用，因为，对抗制模式一直被认为是实现程序公

[1] ［法］贝尔纳·布洛克：《法国刑事诉讼法》，罗结珍译，中国政法大学出版社2009年版，第2页。

正的唯一途径[1]，而认罪协商模式的存在，彻底颠覆了这一“权威认识”，它的生成和广泛采纳至少证明了，程序公正不仅可以通过“对抗制”实现，而且可以通过“合作制”来实现[2]，因为“理论上的公正审判原则并不取决于具体的诉讼模式”[3]。无论是对抗制还是合作制，都是实现程序公正价值的一种形式，唯一不同的是，对抗制孵化于私权利同公权力对抗，公权力侵犯私权利的扩张本性中，而随着人权观念逐步深入人心，现代法律对私权利，尤其是被告人在诉讼中的人权保障渐趋完备，加之，经过一个世纪的平等武装的被告人，在诉讼中已经不再可能被公权力随意侵犯了。“刑事诉讼中的公正无疑已经成为程序权利的代名词，其更具体的含义是确保刑事被告人有充分的机会行使某些权利——被指控犯罪者有接受公正审判的权利。”[4] 此时，被告人自主放弃审判，通过认罪快速结束诉讼拖累本身便具有权利性质，它预示着私权利和公权力之间的关系趋向柔和，公权力对私权利的态度由限制走向宽容。正是在这样的本体理念转向的基础上，认罪模式才可能得以广泛运用。以此观之，刑事案件增量与有限的司法资源之间的矛盾升级只是这一制度的导火索，其大前提依然是人权保障理念得到普适性的重视。

基于人权保障应体现在刑事诉讼中这一全球性共识，各国在实践刑事合作的过程中，必然会存在一些共同点：首先，无论是英美法系还是大陆法系，都非常重视被告人认罪的自愿性和明知性，法院在审查认罪案件过程中，主要的任务就是审查被告人选择认罪是否自愿，是否明知，比如，为保障认罪的自愿性和明知性，在英美两国的认罪协商中，都为司法机关规定了告知义务，即被告人认罪前，应当将认罪的法律后果、要求审判的权利等相关的法律规定明确告知被告人。并且当违背认罪自愿性原则时，也都设置了救济途径，比如英美法系的认罪撤回制度，法国的认定认罪协商无效的机制。其次，各国都格外重

---

[1] See P. Arenella, Rethinking the Functions of Criminal Procedure: The Warren Coutsand Burger Court's Competing Ideologies, *Georgetown Law Journal*, Vol, 185, Issue 72 (1983), p. 200.

[2] 陈瑞华：《司法过程中的对抗与合作——一种新的刑事诉讼模式理论》，载《法学研究》2007年第3期。

[3] ［瑞士］萨拉·J. 萨默斯：《公正审判：欧洲刑事诉讼传统与欧洲人权法院》，朱奎彬、谢进杰译，中国政法大学出版社2011年版，第120页。

[4] ［瑞士］萨拉·J. 萨默斯：《公正审判：欧洲刑事诉讼传统与欧洲人权法院》，朱奎彬、谢进杰译，中国政法大学出版社2011年版，第212页。

视律师在认罪案件中的作用。一旦被告人选择认罪，便意味着被告人放弃了审判，基本上失去了法庭质证和辩论的机会，这一后果对被告人的无罪推定权影响巨大，因而必须使被告人充分认识到这一选择的法律意义，而被告人由于法律知识和应诉经验的欠缺，往往会造成协商实质不平等的后果，这就需要辩护律师为他们提供专业的法律咨询和建议。比如在英国，法官往往都是通过辩护律师向被告人传达可能判处的刑罚以促使其选择有罪答辩，美国的律师有效辩护制度下，被告人与检控方的认罪交易主要是通过辩护律师来完成的，另外还有法国的律师在场制度等，都为实现被告人与司法机关有效协商提供了律师制度支撑。再次，注重保护被害人的权利，被害人是刑事诉讼中重要的一方，其受损的利益是否得到有效的补赔甚至其在认罪案件中的地位，都得到各国的重视，这也是“恢复性司法”[1] 在认罪案件中的具体体现。最后，对上诉的态度上，被告人的认罪选择除了意味着他放弃了审判，放弃了无罪推定，在认罪协商自发进行的阶段，也意味着放弃上诉，上诉权是被告人基本的诉讼权利之一，选择认罪不应当被理解为当然地放弃上诉权利，因而，各国法律中也都比较重视认罪案件中对被告人上诉权的保护。

在人权保障和提升效率的普世价值导向下，各国的刑事合作或认罪程序模式呈现出了一些共同点，但仔细考察上述共同之处可以发现，它们大多比较抽象，基本上都是一些理念上的趋同，如注重对认罪自愿性的保障、注重为认罪被告人提供有力的法律帮助等，这虽然对完善我国的认罪认罚从宽制度具有一定的借鉴意义，但基本上停留在理念上的借鉴，对认罪认罚从宽如何具体完善仍需要更加细致地考察域外各国相关制度的细节差异。

（二）域外相关制度模式的差异

认罪协商程序适用范围上的差异。从认罪协商或刑事合作程序的适用范围上看，英美法国家和大陆法国家存在较为明显的差别，英美法国家的辩诉交易或认罪协商并没有适用范围的限制，对所有的刑事案件都可以通过辩诉交易或

[1] “恢复性司法”是在20世纪60年代“发现被害人”运动的背景下提出的，以发现和重视被害人在刑事诉讼中的地位和作用为主要内容的司法理念。具体可参见李卫东：《恢复性司法视野下的被害人量刑参与权》，载《学习与探索》2015年第11期。

认罪协商的形式来解决，而以德法为代表的大陆法国家，一般都有适用刑事协商案件范围的立法规定和司法习惯，比如《法国刑事诉讼法典》中明确规定了不适用庭前认罪程序的案件类型，如未成年犯罪、政治性犯罪等，而在德国，虽然法律中并未明确规定刑事协商的适用范围，但在司法实践中，刑事协商程序一般适用于白领犯罪、经济犯罪、毒品犯罪、环境犯罪和税收犯罪等案件。

认罪从轻处罚内容上的差异。从认罪从轻处罚内容上看，英美法国家对案件的事实、罪名、罪数和量刑等都可以协商，都可以降格指控，而大陆法国家对协商的内容有明确的限制，一般仅可对量刑进行协商，对犯罪事实和罪名罪数不允许协商，更不允许降格指控，尤其是在德国，即使是量刑协商也受到刑事实体法基本原则的严格限制，从宽量刑的幅度不能突破责任刑的范围，一般在1/2以下的幅度内从轻。

参与协商的主体上的差异。从参与协商的主体上看，英美法国家的理论中，一般都比较抵制法官参与认罪协商，因为在它们看来，允许法官参与认罪协商无疑使其丧失了裁判案件的中立地位，但在英美司法实践中，尤其是英国的认罪协商中，法官与被告人在量刑方面的讨价还价每天都会发生[1]。而在大陆法国家，法官在认罪协商中发挥着主要的作用，即使是在检察官同被告人的指控协商中，法官往往也起着主导作用。英美法系理论界排斥法官参与协商是出于保持法官中立地位的考虑，而大陆法国家支持法官参与协商是追求实体真实的要求，从这里，可以看出当事人主义的诉讼模式和职权主义诉讼模式的鲜明差别。

另外，需要注意的是，即使同为英美法系和当事人主义诉讼模式的英国和美国，其认罪协商和辩诉交易制度也并非完全相同。比如，在从宽量刑幅度上，英国的认罪协商从轻量刑幅度有《认罪量刑减轻指南》的明确限制，对各阶段认罪的被告人所采取的从宽量刑幅度有着不同的规定，熊秋红教授认为这种从宽模式为“法定从宽”[2]。而美国的辩诉交易中，虽存在《量刑指南》，

[1] See Peter Imbert, Thought on the Report of the Royal Commission in Criminal Procedure, *Police Journal*, Vol. 55, Issue 2 (1982), pp. 136 – 140.

[2] 熊秋红：《比较法视野下的认罪认罚从宽制度——兼论刑事诉讼“第四范式”》，载《比较法研究》2019年第5期。

但对检控方来讲并不受什么限制，为了促成被指控人认罪，检控方可以无限制地给予量刑优惠，甚至免予量刑，实际上是“交易从宽”❶。又如，在法院参与协商的问题上，虽然英美两国立法中都排斥法官参与，但英国司法实践中对法官参与一直存在暧昧态度，法官参与几乎成为一种司法默认。而在美国，对法官参与协商存在强烈的反对态度。另外，在被告人认罪存疑时，英美两国的处理方式也不同，在美国，对被告人认罪存疑时，只能由检控方和被告方来解决，要么一方作出妥协，要么撤回案件重新协商。而在英国，如果被告人对认罪的内容存在疑问，主要是指在选择认罪的基础上，对指控的事实存疑，在法庭上可以申请启用“牛顿听审”程序，法官直接审查案件事实。从这些差异中也可以看出，英国虽被划归为当事人主义诉讼模式，但在其认罪协商的立法和实践中，却存在着职权主义诉讼模式的色彩，这主要是因为英国的法律受到罗马法的影响，其本身便具有大陆法系的因子。还需要注意的是，德国与美国虽属不同的法系和诉讼模式，但在认罪程序的具体细节上也存在相似之处，比如从宽处理的得出上，均属于“交易从宽”❷。

（三）域外相关制度模式对完善我国认罪认罚从宽制度的启示

从以上关于刑事合作在不同法系国家的对比中可以看出，虽然制度细节的设计与诉讼模式存在密切关联，但无论是英美法系的当事人主义诉讼模式，还是大陆法系的职权主义诉讼模式，又无论是当事人主义诉讼模式下的辩诉交易或认罪协商，还是职权主义诉讼模式下的刑事协商或庭前认罪，在本体论的价值层面，都是围绕现代法治基本价值追求——重视人性尊严和保障人权——而展开的，所谓的当事人主义和职权主义只是在不同的法律文化和司法传统下对各自司法实践的抽象性提炼，两者仅仅在实现人性尊严和保障人权的具体路径和方法上存在差别，即以当事人为核心的刑事诉讼和以追诉部门为核心的刑事诉讼，在本体论上并无实质差别。辩诉交易的做法并非专属于当事人主义的诉讼模式，追求案件的实质真实原则也不专属于职权主义诉讼模式，两

❶ 熊秋红：《比较法视野下的认罪认罚从宽制度——兼论刑事诉讼“第四范式”》，载《比较法研究》2019 年第 5 期。

❷ 熊秋红：《比较法视野下的认罪认罚从宽制度——兼论刑事诉讼“第四范式”》，载《比较法研究》2019 年第 5 期。

者都统一于人性尊严和人权保障，正因此，各国刑事诉讼模式才有了相互借鉴的基础和可能。一些学者甚至主张兼具控辩式和纠问式的混合式诉讼制度才是世界各国刑事司法的方向❶，其实，随着两大法系在刑事诉讼方法上的相互借鉴或融合，尤其随着合作式解决刑事案件的做法在各国的刑事诉讼法中得到普遍确认，很多学者甚至开始质疑“纠问制”和“控辩制”的划分是否具有实际意义，比如凯里（Carey）指出，“最近的发展一定程度上模糊了二者的界限，一些欧陆国家引入了不少对抗性因素”❷。问题的关键不在于职权主义诉讼的当事人主义化，而在于，在本土化语境中该如何更好地将合作性司法因素融入自己的制度体系、文化体系中。

根据对域外相关制度主要内容和差异的考察，结合各个法系和各个国家在刑事合作模式上的优缺点，我们认为，域外相关制度至少在以下几个方面对完善我国的认罪认罚从宽制度具有借鉴或警示意义。

第一，人权保障理念的坚守。从域外相关制度的兴起与设计的特点上看，人权保障的理念贯彻认罪协商制度的始终。“在判定民事权利义务以及刑事指控的时候，每个当事人都有权在合理的期间内接受依法设立的独立且中立的法庭所进行的公开、公正的审判。就程序应该采取何种形式而言，这样的规定并没有为刑事审判公正理念的基础提供多少指引。”❸ 然而，刑事协商模式的兴起，使得接受独特且相对灵活的由对立双方构成的诉讼模式，不再是确保公正审判的唯一途径，放弃对抗，赋予被告人更多的选择自由，通过协商合作的模式来解决刑事案件并不违反程序公正的原则，反而是对被告人权利和自由更大的释放。无罪推定是在刑事诉讼中保障人权的一项原则，获得公正审判权应该是有罪者与无辜者均享有的一项权利，被告人在公平的审判中被证明有罪之前应当被假定为无罪。❹ 但允许被告人自主选择认罪也是人权的内容之一，以此

---

❶ ［德］克劳思·罗科信：《刑事诉讼法》（第 24 版），吴丽琪译，法律出版社 2003 年版，第 411 页。

❷ James Carey，Charles Laughton，Marlene Dietrich and the Prior Inconsistent Statement，*Loyola University Chicago Law Journal*，Vol. 36，Issue 2（2005），pp. 433 – 444.

❸ ［瑞士］萨拉·J. 萨默斯：《公正审判：欧洲刑事诉讼传统与欧洲人权法院》，朱奎彬、谢进杰译，中国政法大学出版社 2011 年版，第 121 页。

❹ ［英］麦高伟、路加·马什：《英国的刑事法官：正当性、法院与国家诱导的认罪答辩》，付欣译，商务印书馆 2018 年版，第 353 页。

观之，认罪协商制度在全球的兴起本身就是对人权内涵的进一步丰富，它以尊重和保障被告人的自我选择和主体性地位为核心，在各国的认罪程序中得到努力贯彻。其实，我国在人权保障方面已经取得了深入发展，尤其是确立了人权保障的宪法地位，各部门法在修改完善过程中都坚持这一理念的指导。在完善我国的认罪认罚从宽制度时，也应该继续坚持我国重视人权保障理念的做法，使其在认罪认罚从宽制度规范化的过程中得到全方位的贯彻。

第二，协调诉讼效率与司法公正的关系。刑事诉讼法中的认罪协商程序，在提升诉讼效率和节约司法资源上，可以说在全球范围内都具有重大作用，甚至可以说，认罪协商制度之所以在全球兴起，主要的原因就是传统的对抗制成本大、效率低，有限的司法资源无从应对日益庞大的刑事案件。然而，认罪协商模式的采用，同时也对司法公正造成一定的冲击，比如各国认罪协商中均存在的花钱买刑问题、暗箱操作问题、杜顾实体真实问题、被告人被迫认罪问题、侵犯上诉权问题等，这些都对司法公正带来新的威胁。党的十八届四中全会通过的《中共中央关于全面推进依法治国若干重大问题的决定》中明确提出要"努力让人民群众在每一个司法案件中感受到公平正义"，司法公正是底线，认罪认罚从宽制度改革的初衷虽然是追求诉讼效率，但也应坚持司法公正的底线。域外相关制度中，尤其是大陆法系国家的刑事认罪协商制度中，对实体真实原则的坚持和维护值得我们借鉴，尤其是法官在认罪协商中的最终审查机制，对于把控认罪认罚从宽协商的尺度尤为重要。

第三，规范认罪认罚从宽协商机制。认罪认罚从宽制度在全国铺开以后，认罪认罚从宽协商（主要是量刑协商）将成为该项制度实施的主要机制[1]，然而，无论是2018年修正的《刑事诉讼法》，还是2019年公布的关于实施认罪认罚从宽制度的《指导意见》，对认罪认罚从宽协商的规定都乏善可陈，立法中对"刑事协商""司法协商""认罪协商""量刑协商"等一直都讳莫如深。实际上，早在2002年，司法实践中就已经存在带有"司法协商"色彩的刑事案件解决方式，在随后各地的刑事司法中，不断涌现出"协商性司法"的实

[1] 陈瑞华：《刑事诉讼的公力合作模式——量刑协商制度在中国的兴起》，载《法学论坛》2019年第4期。

践探索，有的地方还出台了一些规范性文件，以规范刑事和解的办案程序。[1]据此可以看出，我国虽为典型的法典主义国家，认罪认罚从宽制度在我国的实施也是在立法先行的法律理性主义下推行的，但这并不能否认我国对刑事协商的实践需要。在完善认罪认罚从宽制度过程中，认罪认罚从宽协商的规范化势在必行，通过对域外相关刑事协商制度的考察，我们认为，在规范我国认罪认罚从宽协商的过程中，要避免美国式的“交易从宽”，严密防范认罪认罚与从宽处理异化为赤裸裸的交易，因为，在刑事犯罪领域，“交易从宽”极易产生暗箱操作和司法腐败，更为重要的是，在我国人民的思想文化传统中，罪与刑可以进行交易的做法严重违背了公众的正义直觉。应该促进认罪认罚从宽协商的法典化，可以考虑借鉴英国的分级量刑从宽协商模式，吸收其中可以本土化的合理成分，完善我国的认罪认罚从宽协商。另外，在认罪认罚从宽协商的参与主体、适用范围、开展形式等各方面要充分考察域外相关制度，比如借鉴英美国家检察官在认罪协商中的主导地位，有学者主张我国也应构建以检察官主导的认罪认罚从宽协商模式。[2] 参与主体上，可以尝试借鉴德国和法国重视法官在实体真实方面重要作用的做法，让法官在认罪认罚从宽协商中发挥终局审查的作用，在认定认罪认罚从宽协议时，赋予法官对协议效力的最终判定权，如果法官认为存在禁止认罪程序的情形，可以否定认罪认罚从宽协议的效力，转由其他程序审理，或者启动重新调查程序。[3]

第四，完善值班律师等配套措施。辩诉交易、刑事协商以及我国的认罪认罚从宽协商都代表了对正当程序的一种曲解，相当于对正义的出卖，其秘密性使得协议具有反民主和威胁自由的性质。[4] 被告人权利的保障和司法公正的维护在认罪认罚案件中尤为迫切，而被告人的“势单力薄”和追诉部门的“实

---

[1] 陈瑞华教授认为，2002 年发生在黑龙江的“孟广虎案”是“中国辩诉交易第一案”。参见陈瑞华：《刑事诉讼的中国模式》，法律出版社 2018 年版，第 109 页。

[2] 持此观点的有陈瑞华、曹东等学者。参见陈瑞华：《刑事诉讼的公力合作模式——量刑协商制度在中国的兴起》，载《法学论坛》2019 年第 4 期；曹东：《论检察机关在认罪认罚从宽制度中的主导作用》，载《中国刑事法杂志》2019 年第 3 期。

[3] 绳杰、傅侃、王杰：《法国庭前认罪程序对我国建立认罪认罚从宽制度的启示》，载《中国检察官》2017 年第 4 期。

[4] See Albert W. Alschuler, Plea Bargaining and Its History, *Law & Social Review*, Volume 13, Issue 2 (1979), p. 211.

力雄厚”之间的平等落差又加剧了被告人权利受到侵犯的风险，辩护律师作用的发挥成为“平等武装”在新形势下的突破口。“平等武装”被看作公正审判的固有原则，是考察任何程序公正性的起点，要求在当事人之间实现公正平衡，这个平衡的理念被理解为该原则的重要组成部分。[1] 美国的有效辩护制度、法国的律师在场制度以及德国和英国重视律师在认罪案件中作用的做法，值得我们借鉴。结合我国律师制度的特征，完善值班律师制度将成为规范认罪认罚从宽制度和实现被告人“平等武装”的方向。

第五，认罪认罚撤回。认罪认罚撤回是保障其自愿性和被告人主体选择的重要机制，2018 年修正的《刑事诉讼法》中没有涉及认罪认罚撤回问题，“两高三部”《指导意见》中有三个条文规定了认罪认罚撤回，但相对来讲还比较粗疏、不甚完善，有些条文表述比较模糊。比如，被追诉人撤回认罪认罚后，尤其是基于合理理由的撤回，司法该如何处置的问题，《指导意见》中并未涉及。再如，到底是认罪认罚“撤回”还是认罪认罚“反悔”，学术研究中存在不同的表达，而《指导意见》采取了“和稀泥”的策略，将“撤回”和“反悔”都写进了法条，容易造成表述上的混乱。其实域外相关制度一般使用的是英文单词“reverse”“revoke”“revocation”“withdraw”。[2] 也许有人会认为，使用“撤回”或“反悔”并无实质差别，但根据我们在研究认罪认罚从宽规范化问题中所使用的主体性理论工具，只能使用认罪认罚“撤回”。另外，域外相关制度一般都赋予被告人有条件的撤回权，这对研究我国认罪认罚撤回也具有借鉴意义，因为，有些学者主张“任意撤销权”[3]，这就具备了进一步研究的意义。

第六，重视被害人的地位和作用。被害人不仅是犯罪的侵犯对象，也是刑事诉讼中重要的一方当事人，虽然国家垄断了犯罪追诉权，但被害人的地位和

---

[1] ［瑞士］萨拉·J. 萨默斯：《公正审判：欧洲刑事诉讼传统与欧洲人权法院》，朱奎彬、谢进杰译，中国政法大学出版社 2011 年版，第 128 页。

[2] See Kenneth E. White, Mabry v. Johnson, The Supreme Court Sees the Forest through the Trees, Reverses Plea Bargain Decision, *American Journal of Trial Advocacy*, Volume 8, Issue 2 (1984), p. 267; John D. R. Craig, Guilty Plea Revocation, Constitutional Waiver and the Charter: A Guilty Plea Is Not a Trap, *Dalhousie Law Journal*, Volume 20, Issue 1 (1997), p. 161.

[3] 任意撤销权是指“允许被告在协商判决前随时撤销其与检察官之合意”。具体参见林钰雄：《刑事诉讼法》（下），元照出版有限公司 2013 年版，第 280 页。

作用都不容忽视，尤其是20世纪60年代以来的“发现被害人”运动和“恢复性司法”兴起，刑事诉讼中被害人越来越受到重视，在认罪案件中尤其如此。域外相关制度在对是否认罪进行认定时，非常看重犯罪者对被害人的损害赔偿和补偿、取得被害人原谅等，在完善我国的认罪认罚从宽制度过程中，应格外重视被害人的地位和作用。

第五章　认罪认罚从宽制度的理论基础

认罪认罚从宽制度改革不断深入推进，目前已经取得了重大阶段性胜利，不但极大地提高了诉讼效率，而且优化了司法资源配置，被告人也获得了相应的从宽处理。一种多赢的格局似乎正在形成，然而认罪认罚从宽司法实践由于缺乏更高理念的指导，忽视犯罪嫌疑人和被害人的主体性，忽视正义与效率的位阶关系，反而容易导致刑罚功能的紊乱，尤其是会极大地削弱刑法作为行为导向的功能。认罪认罚从宽制度并不是简单的程序上从简和实体上从宽，而应当在正义的范围内考虑包括诉讼效率在内的所有社会功利，这样的司法改革方向才有利于保障刑事诉讼案件当事人在认罪认罚从宽司法程序中的主体性地位，贯彻“涨落有序的正义理念”[1]，并保障罪刑均衡的动态实现。

一、人格尊严与主体性理论

人为什么值得尊重？人格为什么会有尊严？这些问题都不得不诉诸形而上的主体性哲学，甚至“没有形而上学，不论在什么地方都不会有道德哲学”[2]。主体性哲学至少从以下三个层面为如何对待犯罪人和诉讼当事人提供了道德依据：

一是，人格具有尊严，理应受到尊重。康德认为“理性存在者就叫作人

---

[1] 刘军：《罪刑均衡的理论基础与动态实现》，法律出版社2018年版，第27页。

[2] 苗力田：《德性就是力量——从自主到自律（代序）》，载［德］康德：《道德形而上学原理》，苗力田译，上海人民出版社2005年版，序言第16页。

格”[1]，人格既然作为理性的存在者，自然就获得了“优先于一切单纯自然物的尊严（特权）”[2]；不仅如此，人格必须得到尊重更主要的是因为其自身的高贵性。人格的高贵性体现在它并不等同于人身、肉体或自然存在，而是有一种导向，把人引向更高的人格性，或者说道德自觉的可能性。人格有其自身的卑微性，因为它的确又有肉身的方面，所以有时又可以译作“人”（Mensch）、“人身”（Leib）、“个人”（Individum）等。但这种人身只是它的面具，离开它底下的灵魂，这个面具毫无价值。所以我们尊重人的人身，并不是因为这个人身本身有多么高贵，而是因为在任何一个人身底下都隐藏着把人导向人格性的可能，也就是导向高贵的可能。[3] 在康德和黑格尔那里，人格具有跨现象和本体之双重属性，因此人格虽然带有经验的属性，受到各种禀赋、偏好、任意、冲动和欲望的限制，但却是把人的观念导向更高层次的人格性的必要和必然的中介，因为“人格的要义在于，我作为这个人，在一切方面（在内部任性、冲动和情欲方面，以及在直接外部的定在方面）都完全是被规定了的和有限的，毕竟我全然是纯自我相关系；因此我是在有限性中知道自己是某种无限的、普遍的和自由的东西”[4]，“人格的高贵处就在于能够保持这种矛盾，而这种矛盾是任何自然东西在自身中所没有的也不是它所能忍受的”[5]。因此，人格作为理性的存在者，本身就具有尊严，理应受到尊重，即使是犯罪人和被追诉人也具有人格，仍然留存着扬弃各种外在限制的能力和道德自觉的可能。在这个层面上，我们应当尊重所有的人格，当然也包括犯罪人和被追诉人的人格。“把人当人看”就是人格尊严的最低限度要求。

二是，人格自律与自我立法。人格之所以有尊严是因为人是一种理性的存在者，但更重要的是人作为主体具有“自我立法”的能力，亦即人是一种能够依据“（自在自为的）自由意志”为自身进行普遍立法的理性存在者，是

---

[1] ［德］康德：《道德形而上学奠基》，杨云飞译，人民出版社 2013 年版，第 62 页。

[2] ［德］康德：《道德形而上学奠基》，杨云飞译，人民出版社 2013 年版，第 77 页。

[3] 邓晓芒：《关于 Person 和 Persönlichkeit 的翻译问题——以康德、黑格尔和马克思为例》，载《哲学动态》2015 年第 10 期。

[4] ［德］黑格尔：《法哲学原理》，范扬、张企泰译，商务印书馆 1961 年版，第 45 页。

[5] ［德］黑格尔：《法哲学原理》，范扬、张企泰译，商务印书馆 1961 年版，第 46 页。

“作为立法者的存在者”[1]，“人性的尊严正在于这种普遍立法的能力”[2]。那么，在康德那里人是如何为自身立法的呢？“你要仅仅按照你同时也能够愿意它成为一条普遍法则的那个准则去行动。”[3] 这便是道德的最高原则，也是自由意志为自身颁布的绝对命令。人正是因为作为具有道德的自觉能力的理性存在者才值得受到尊重。这样的人必然是服从自律原则（道德原则）的人，是一个能够按照道德律进行自我选择的人，使得自己的选择也能够按照普遍法则行事。凡是屈从于外在的强制都是他律的，无论是感性、偏好、经验还是戒律，都不配作为道德的根据。因此，惩罚也只能根据自由意志颁布的绝对命令而行之，[4] 刑罚的正当性根据是正义而不是功利，刑罚权发动的前提是主体人基于不甚善良的意志而犯下的一种罪行，刑罚是具有主体性的人所应得的，是一种报应的正义。“法院的惩罚绝对不能仅仅作为促进另一种善的手段，不论是对犯罪者本人或者对公民社会。惩罚在任何情况下，必须只是由于一个人已经犯了一种罪行才加刑于他。因为一个人绝对不应该仅仅作为一种手段去达到他人的目的。”[5] 由此，惩罚也就不再仅仅是外部强制而是基于内在理性要求的一种强制，是自由意志为我们颁布的绝对命令，惩罚人正是基于对其主体性的尊重。黑格尔对此有颇为精辟的阐释：“认为刑罚既被包含着犯人自己的法，所以处罚他，正是尊敬他是理性的存在。如果不从犯人行为中去寻求刑罚的概念和尺度，他就得不到这种尊重。如果单单把犯人看作应使变成无害的有害动物，或者以儆诫和矫正为刑罚的目的，他就更得不到这种尊重。”[6] 由此可见，犯罪是对纯粹理性颁布“绝对命令”的违背，也是对人之主体性的反动，从而对之进行惩罚正是对其主体性人格的尊重，所以刑罚首先应当与其主体性的行为相匹配，然后才能看看刑罚是否具有促进其他善的目的。刑罚的正当性将为认罪认罚从宽协商的具体实施提供参照系，过度偏离的刑罚不仅仅是对人格的不尊重，更是对犯罪人主体性的侮辱。

---

[1] ［德］康德：《道德形而上学奠基》，杨云飞译，人民出版社2013年版，第77页。
[2] ［德］康德：《道德形而上学奠基》，杨云飞译，人民出版社2013年版，第80页。
[3] ［德］康德：《道德形而上学奠基》，杨云飞译，人民出版社2013年版，第52页。
[4] 刘军：《为什么“刑法是一种绝对命令”》，载《东岳论丛》2010年第2期。
[5] ［德］康德：《法的形而上学原理》，沈叔平译，商务印书馆1991年版，第164－165页。
[6] ［德］黑格尔：《法哲学原理》，范扬、张企泰译，商务印书馆1961年版，第103页。

三是，特殊意志与主体选择。如果说康德的人格尊严是先验的和纯粹的，同时也是抽象的和普遍的，但却是存在于理性主体的主观思维之中的，是一种可能性，还缺乏向现实生活过渡的能力和桥梁，亦即缺乏从可能性向现实性的转换，那么黑格尔则将这种现实性与可能性结合在了一起，提供了人格的辩证发展和主客转换的路径。按照黑格尔，人格不仅仅是作为某种主观东西的意志，“人格是肯定的东西，它要扬弃这种限制，使自己成为实在的，换句话说，它要使自然的定在成为它自己的定在”❶，而“法首先是自由以直接方式给予自己的直接定在”❷，包括占有、契约、不法和犯罪。那么什么是不法和犯罪呢，黑格尔认为，“特殊意志，是与自身，即作为自在自为存在的自身相殊异而对立的。这就是不法和犯罪”❸。这种“特殊意志”是“在自身中区分的意志”，即是在对他自己的相关中，而不是在与他人的区分中发生的，因此，不法和犯罪首先是对抽象法的违背，是对人格性的忤逆，也正是在这种逻辑下黑格尔才说，“犯罪的扬弃是报复”，但是在报复的质和量上“不是侵害行为特种性状的等同，而是侵害行为自在地存在的性状的等同，即价值的等同”❹。实行报复的不是某种个人的东西，而是自在存在的意志；刑罚的量定也不是法官个人的意志，而必须以法的名义实现法的普遍意志。“对人处刑必须得到他的同意，这是完全正确的。但是犯人早已通过他的行为给予了这种同意。不仅犯罪的本性，而且犯人自己的意志都要求自己所实施的侵害应予扬弃。”❺ 正是在这个层面上“特殊意志”才是“在自身中区分的意志”，也正是在这个意义上，不法和犯罪首先不是对他人利益的侵害，而是因为违背了缘起于“自由意志”的抽象法。

“主体就是人（格）❻”❼，主体性就是人格的可能性。一般说来所有的生物都可被称作主体，但人是意识到这种主体性的主体，“因为在人里面我完全

---

❶ ［德］黑格尔：《法哲学原理》，范扬、张企泰译，商务印书馆 1961 年版，第 47－48 页。

❷ ［德］黑格尔：《法哲学原理》，范扬、张企泰译，商务印书馆 1961 年版，第 48 页。

❸ ［德］黑格尔：《法哲学原理》，范扬、张企泰译，商务印书馆 1961 年版，第 48 页。

❹ ［德］黑格尔：《法哲学原理》，范扬、张企泰译，商务印书馆 1961 年版，第 104 页。

❺ ［德］黑格尔：《法哲学原理》，范扬、张企泰译，商务印书馆 1961 年版，第 104 页。

❻ 按照邓晓芒的理解，此处的 Person 应该翻译为“人格”。参见邓晓芒：《关于 Person 和 Persönlichkeit 的翻译问题——以康德、黑格尔和马克思为例》，载《哲学动态》2015 年第 10 期

❼ ［德］黑格尔：《法哲学原理》，范扬、张企泰译，商务印书馆 1961 年版，第 45 页。

意识到我自己，人就是意识到他的纯自为存在的那种自由的单一性。”❶ 由此，人格也就具有了两面性。❷ 一方面，人格具有现实的力量，能够“使自然的定在成为它自己的定在”❸；另一方面，这毕竟只是一种可能性，特殊意志的具体选择并不能与自在自为的自由意志发布的绝对命令自发地完全一致，在有的情形下甚至是完全对立的，从而导致不法和犯罪。人格的两面性意味着主体具有自我选择和自我完善的能力和可能性，主体正是在这种持续的选择中不断地进行自我完善的，但前提是主体应当明了自在自为的自由意志所发布的命令，这本身也是主体自我完善的导引。如此，对于犯罪人的惩罚不但是自在自为的正义的，而且正是基于犯罪人自己的理性，更重要的是在这样的刑事司法中犯罪人也才会成为目的。“你要这样行动，把不论是你的人格中的人性，还是任何其他人的人格中的人性，任何时候都同时用作目的，而绝不只是用做手段。”❹ 因此，对于主体选择的保障正是对于人格的尊重，也是维护人格尊严的具体表现。在此，主体性理论为认罪认罚从宽刑事司法的制度完善提出了更高的要求，即“尊重犯人的人（格），促使犯人成为人（格）”❺。

因此，任何刑事诉讼模式在进行诉讼程序设置和制度建构时都应当以人为目的，尊重诉讼当事人的人格尊严和主体地位，充分保障当事人的主体性，以自由意志发布的命令为导引不断强化自我选择和自我决定的能力，在持续的选择中不断地进行自我完善。更重要的是，只有尊重当事人的主体性，程序本身才是正义的，实体上也才可能是公正的，否则便是对人格的贬损。

---

❶ ［德］黑格尔：《法哲学原理》，范扬、张企泰译，商务印书馆1961年版，第46页。

❷ 按照邓晓芒的观点，人格是跨界的，人格性是完全属于彼岸世界或“理知世界”的，人格是以物质形态（面具）出现的精神形态。参见邓晓芒：《关于Person和Persönlichkeit的翻译问题——以康德、黑格尔和马克思为例》，载《哲学动态》2015年第10期。

❸ ［德］黑格尔：《法哲学原理》，范扬、张企泰译，商务印书馆1961年版，第48页。

❹ ［德］康德：《道德形而上学奠基》，杨云飞译，人民出版社2013年版，第64页。

❺ 所以《法哲学原理》第46页中的权利公式应当翻译为“人格性（Persönlichkeit）一般说来就包含权利的能力……所以法权（Recht）的命令是‘成为一个人格（Person），并且尊重他人为人格（Person）’”。参见邓晓芒：《关于Person和Persönlichkeit的翻译问题——以康德、黑格尔和马克思为例》，载《哲学动态》2015年第10期。

二、认罪认罚从宽制度中主体性的缺失

认罪认罚从宽制度改革的初衷是在保证实现正义的前提下，尽可能地提高诉讼效率，缓解司法实践中“案多人少”的现实压力，实现司法资源的优化配置，应该说目前已经比较充分地实现了这种司法改革的目的。然而从理论与实践上进行反思，认罪认罚从宽司法改革存在的最大问题就是主体性的缺失，概言之包括以下几个方面：

一是，缺乏主体性理论的指导，就事论事的痕迹明显。认罪认罚从宽司法改革前期试点工作取得了很好的效果，也涌现了诸多具有创新实践和推广价值的典型做法，如“刑拘直诉”（北京、南京等）、分级量刑激励机制（杭州、广州等）、阶梯式从宽量刑机制（济南、厦门）等，这些制度模式极大地丰富了认罪认罚从宽司法改革实践。当前的学术研究则主要集中于对于认罪认罚从宽制度改革的具体问题分析，如认罪的真实性和自愿性问题，认罪认罚的标准、范围和幅度问题，证据标准问题，是否需要建构独立的认罪程序，案件流程和审批程序等问题，对国外的辩诉交易和协商制度虽然有所探讨但并未提供现成的借鉴模式。细致地进行考察可以发现，目前的学术研究和司法实践都缺乏更高理念的指导，对于正义与效率的关系关注不够，尤其是从宽的实体性标准方面更是缺乏研究，与谁相比较的从宽、从宽的理由和幅度是什么等都含糊不清，如此司法机关所作出的判决也就很难令人信服。

二是，被追诉人[1]在刑事司法中的客体地位并未得到改观。无论是前期的司法改革方案、后期的司法创新实践还是刑事诉讼法对于认罪认罚从宽制度的确认，都没有从根本上解决被追诉人在刑事司法中的客体地位问题，仍然将被追诉人视作一种可以“激励”的对象，从宽无非是对于被追诉人认罪认罚行为的一种“奖励”，而至于可能获得的“奖品”是什么，不但无法预测而且不

[1] 被追诉人是刑事诉讼法学层面对犯罪嫌疑人和被告人的概括性统称，特定诉讼阶段则分别使用犯罪嫌疑人或者被告人的指称。如果是在犯罪学、刑事政策学或者刑法学层面上探讨问题，则会直接使用犯罪人的称呼。

能“讨价还价”，被追诉人所能做的似乎只能是被动地接受，否则连程序上的“优惠”也无法获得。问题不在于被追诉人是否能够使用“从宽”被激励去认罪认罚，因为绝大多数的人都是能够被“激励”的，而是说应当尊重被追诉人的主体性，将被追诉人视作一个具有自我选择、自我决定和自我完善能力的人，将被追诉人视作一个具有道德自觉能力的理性存在者。“从宽”不过是对这种“向善”选择和道德“自觉”的一种奖励！目的是经过司法程序的历练，被追诉人的不够完善的意志能够置于普遍的自由意志的引导之下，能够自觉地遵从善良意志的召唤，恰当地处理人与人之间的关系，并最终复归一个没有仇恨的社会，恢复从前正常的社会生活。

三是，被害人权利被严重忽视。公诉机关在依据认罪认罚的情节对犯罪嫌疑人提出从宽处理的量刑意见时，刑事诉讼法仅规定了应当听取被害人及其诉讼代理人的意见（《刑事诉讼法》第173条第2款）。然而如果被害方提出不同意见，是否能够以及如何影响检察机关的从宽决定，并没有明确规定，实践过程中则会造成被害人权利被严重忽视。犯罪行为不仅侵害了被害人的身体、财产或人格，而且侮辱、贬低了被害人作为主体性之人格，因此理应重视被害人权利并在认罪认罚从宽司法程序中给予被害人一席之地；而且从修复社会关系和犯罪人复归社会的层面考虑，也应当尊重被害人的主体性、保障被害人参与诉讼的权利。有学者认为，认罪认罚从宽司法过程中被害人权利被忽视的原因在于职权主义诉讼模式下，被害人往往充当证人的角色，而司法机关是国家和社会利益的代表，自然可以代表被害人的利益诉求；实践中如果被害人不同意对犯罪嫌疑人从宽处理将导致认罪认罚从宽制度难以实行。[1] 但是，公诉机关所代表的国家和社会利益并不必然与被害人利益完全一致，被害人在司法实践中可能会不同意对犯罪嫌疑人从宽处理反证了这一判断。这不仅是一种事实，更是一种价值！如果认罪认罚从宽制度存在协商空间的话，那么被害人无疑是协商的一方主体，不但应当保障被害人为自己利益发声的权利，而且唯有充分考虑到恢复受损的社会关系，尤其是恢复或者补偿被害人利益，甚至是取得被害人谅解，认罪与认罚才具有实质性从宽的依据和意义，否则认罪认罚与从宽就真成了一场赤裸裸的利益交换。

---

[1] 刘少军：《认罪认罚从宽制度中的被害人权利保护研究》，载《中国刑事法杂志》2017年第3期。

四是，认罪认罚从宽的司法程序有待进一步明确。《刑事诉讼法》第174条规定："犯罪嫌疑人自愿认罪，同意量刑建议和程序适用的，应当在辩护人或者值班律师在场的情况下签署认罪认罚具结书。"刑事诉讼法中的"同意"一词似乎暗示了犯罪嫌疑人在自愿认罪的前提下，控辩双方可以就量刑问题进行协商，如果不是"讨价还价"或者"互换""妥协"的话，那么至少也要取得犯罪嫌疑人的同意，这或许也是"认罚"的词中之意和"从宽"的程序依据。本来应该是刑事诉讼法"浓妆重抹"的部分却不承想被"一笔带过"，犯罪嫌疑人是如何"同意"的、过程如何、结果如何都是需要明确的地方。

协商程序是完善认罪认罚从宽制度的重中之重，它不仅以一种温和的方式帮助确立刑罚和强制措施，而且体现了对诉讼参与人尤其是被追诉人的尊重，是司法改革的一大进步。然而，从认罪认罚从宽制度试点实践中可以看出，很多司法机关不愿意进行量刑协商❶，使得从宽协商的价值无法很好地发挥出来，也阻碍了认罪认罚从宽制度的正常运行。不仅如此，从宽协商的内容也模糊不清。认罪认罚中的从宽协商是针对罪名的协商，还是针对量刑的协商，是针对指控事实的协商，还是针对审判程序的协商，这些司法实践中亟须解决的问题无论是在法律上还是学术上都没有明确统一的认识。很多学者将认罪认罚从宽中的协商看作司法机关以"从宽"换取被追诉人"认罪认罚"的交易，把从宽当作协商的结果。❷ 这样的理解是典型地受到了美国辩诉交易制度的影响。英美法系国家中"辩诉交易制度"或"认罪协商制度"不仅可以就罪名量刑进行协商交易，甚至就案件事实也可以进行协商交易，这是典型的当事人主义的司法模式，是否适合我国的认罪认罚从宽制度以及如何借鉴都非常值得深入研究。

五是，被追诉人单方面认罪认罚潜藏着违法的危险。认罪认罚从宽制度可以节约司法资源，简化诉讼流程，提高司法效率，经过进一步的制度完善也必将减轻司法工作人员的办案压力，但这同时也会催生司法机关以及办案人员对这些利益的不当追求。在从宽协商的过程中，如果不能保障被追诉人的主体性，在缺乏外部监督的情形下，不能排除司法机关会采用威胁、利诱、欺骗等

❶ 周新：《认罪认罚从宽制度试点的实践性反思》，载《当代法学》2018年第2期。
❷ 魏晓娜：《完善认罪认罚从宽制度：中国语境下的关键词展开》，载《法学研究》2016年第4期。

方法迫使被追诉人认罪认罚，并接受司法机关提出的量刑建议，从而造就一批根本无从翻案的“冤假错”案。有学者对此表达了担忧。[1] 除此之外，被追诉人也存在非法利用认罪认罚从宽制度逃避打击或者减轻处罚的可能，例如，共同犯罪人可能基于各种利益的考虑将所有的罪行包揽在自己一个人身上，形成外观上似乎闭合的证据链，并向司法机关“自愿认罪”“接受处罚”，加之认罪认罚从宽案件通常会采用速裁程序，所以这种案件往往更加容易蒙混过关，使得犯罪人阴谋借助认罪认罚从宽协商的形式得以实现。更为严重的是，公诉机关和被追诉人在从宽协商过程中还可能互相勾结、相互妥协，个别司法机关或办案人员为了达到快速结案目的而许诺对被追诉人进行从宽处理，把法定的从宽制度当成实现私利的资源，甚至可能沦为权力寻租的工具。而这些潜在危险的存在都是因为被追诉人的主体性缺失，被动地单方面认罪认罚所导致的，因此有必要赋予被追诉人以从宽协商的权利，通过协商程序将各种违法可能降低到最低程度。

三、认罪认罚从宽制度中主体性的彰显

马克思主义认为，人是社会实践的主体，包括实践主体、价值主体和社会主体三个层面的主体性。[2]

马克思主义的主体性理论是在总结、批判之前的主体性理论的基础之上不断发展壮大起来的，它汲取了前人研究的合理因素，将人的主体性从认识层面提升到了能动的改造世界的实践活动的高度，最终使主体性问题得到了合理的解决，使这一理论达到了科学水平。在马克思主义视野中，主体是实践的生成的主体，主体性是实践的生成的主体性。[3] 这种主体性是人在历史中通过能动的、创造性的活动在意识领域与实践活动领域中对对象的不尽探索和对意义、崇高的不懈追求。它是绝对与相对、理想与现实、形上与形下的有机结合，是

---

[1] 胡铭：《认罪协商程序：模式、问题与底线》，载《法学》2017 年第 1 期。

[2] 操奇：《发展 21 世纪马克思主义的三个维度》，载《探索》2019 年第 6 期。

[3] 夏庆波：《主体性与社会性之间：马克思主义实践观的当代价值》，载《内蒙古社会科学（汉文版）》2012 年第 5 期。

人在历史生存中所呈现出的一种开放性状态。

不仅如此，人还是价值主体。人作为主体，只能是目的，而不能仅仅把人当作实现目的的手段。马克思主义认为，人既是实践主体，亦是价值主体，人作为主体能够通过实践满足自己的价值需要。❶ 应当以主体性理论为指导和引领，构建具有中国特色的刑事法理论体系，探讨主体行为论、主体责任论、主体性该当之刑罚论和主体性参与之程序论，探索主体性层面的解释理论与解释方法，回应我国经济社会发展的现实需要，支持我国刑事法治建设。

1. 实体法中的主体性理论

（1）主体行为论。主体行为论立基于马克思主义主体性理论，将人视为具有认识能力和实践能力的主体，不但首先将无意识的事件排除在外，而且将不具有实践意义和社会意义的“行为”也剔除出去，彰显其划界的功能；在行为构成的层面，具有理性能力和实践能力的主体人能够为自己颁布义务和命令，能够很好地涵盖犯罪故意和过失。那种可以由纯粹理性决定的选择行为，构成了自由意志的行为，而刑罚也只不过是依据正义原则对于违反“绝对命令”之行为的惩罚。在此，自由与义务、行为与责任经由纯粹理性颁布的命令结合在了一起，刑罚只是对于违反义务之主体行为的正常反应，是对人之理性能力和主体性的尊重。主体行为论为责任和刑罚搭建了贯通的桥梁，不但弥合了犯罪论和刑罚论之间的鸿沟，刑罚之正当性、罪刑之该当与均衡也正是通过主体性行为得以体现和证成。

（2）主体责任论。所有的责任都是人的责任，所有的责任都是主体的责任。责任应当以具有道德自觉的主体作为非难对象，并以其主体交往能力作为承担责任的限度。就刑法而言，提倡主体责任论不但能够坚持责任的道义基础，而且可以通过向社会输入该当刑罚之信息负熵，使得刑法的道德信誉得以保持，个体的行为规范受到法律规范的指导，整个社会也更加信任并尊重法律规范。刑罚正义与该当的思想应当贯彻刑法始终，如果刑法丧失其道德性，不仅只能沦为工具，而且必将无法达到预防犯罪的效果，无法实现公众对于法律

---

❶ 霍桂桓：《论实践的主体超越性——社会个体生成论的实践哲学概要》，载《哲学研究》2005年第1期。

的信任和忠诚，无法实现遵从法治的目标。

（3）主体性该当之刑罚论。“任何人都应当对自己的主体性行为负责”，这就是该当。依照主体性该当理论，犯罪是对“绝对命令”的违背，也是对人之主体性的反动；对犯罪人进行惩罚正是对其主体性人格的尊重；刑罚应当与其主体性的行为相匹配。主体性该当即意味着刑罚是一种谴责，是一种需要在道德上进行的否定性评价；主体承担刑事责任的基础是道义，刑罚应当与主体人的错误行为之应受谴责性相匹配。依据主体性该当的谴责不仅意味着刑罚权的发动是正当的，而且还意味着刑罚的适用是该当的和相称的。主体性该当之刑罚理论虽然是正义的，但却是包含了功利的，虽然是报应的，但却是容认了功利考量的，从而是一种综合的刑罚理论，是与主体行为和主体责任相匹配的刑罚理论。

2. 程序法中的主体性理论

（1）主体性参与之程序论。刑事诉讼中应当将案件当事人和其他诉讼参与人以主体视之，尤其是应当尊重并保障犯罪人的主体性，保障其参与认罪认罚从宽司法程序的自愿性、真实性和客观性。为此需要建构一系列的制度予以保障，如认罪认罚协议签署、自愿审查制度、人权保障制度、律师参与制度等，确保被追诉人能够获得与其主体性选择相适应的从宽处理结果，确保实体正义在正当程序中的实现。应当特别关注被害人在认罪认罚从宽司法程序中的地位和作用，这是人之主体性的具体化与现实化，是权利运动的必然发展。我国的司法实践中被害人到底处于一种什么样的地位，被害人与被告人的和解能否、如何以及在多大程度上成为量刑的依据，认罪认罚从宽司法程序中如何考虑被害人的立场和利益等，都是亟待解决的问题。

（2）程序上的主体性选择。认罪认罚案件中为什么要引入协商机制，有学者概括为“实用主义哲学和基于合作的司法正义”[1]。“实用主义哲学”论认为，在自首、坦白或认罪认罚案件中，缺乏无罪推定和程序正义的基础，传统的对抗性司法无法得到运用，而为了兼顾诉讼各方的利益以及最大限度地考虑

---

[1] 陈瑞华：《司法过程中的对抗与合作——一种新的刑事诉讼模式理论》，载《法学研究》2007年第3期。

趋利避害实现诉讼各方的利益兼得，必须否弃传统的国家单方面的“强加型司法”❶，撷取国家和犯罪者合作协商的路径。“基于合作的司法正义”论认为，传统的对抗性司法所追求的是一种相对的实体正义和基于诉讼对抗的程序正义，使得刑事司法成为国家追求报应或复仇的过程，失去了基本的正义性，偏离了刑罚是促使犯罪人有效回归社会的根本目标。而基于合作的司法正义不仅追求一种实体正义价值，而且体现了基于诉讼合作的程序正义，尊重被追诉人程序上的自由选择。合作性司法的基础理论敏锐地捕捉到传统刑事司法模式在自首、坦白和认罪认罚案件中的运用局限性，提炼出一种新的合作性司法哲学，为刑事诉讼的发展完善提出了新的发展方向。然而，合作性的司法哲学并未说明合作协商性司法选择之程序正当性是什么，即并未说明基于什么理由而应该选择合作协商司法以及是否会由此而产生不公正的法律后果等问题。其将合作协商性司法的选择归结于趋利避害，仍然是功利主义论的，其所追求的实体正义价值和诉讼合作的程序正义也是在功利主义的基础上展开的。另外，合作性司法哲学论者关于刑罚根本目的的观点——促使犯罪人有效回归社会——忽略和弱化了报应正义，其所坚持的合作性司法正义颠倒了绝对主义刑罚论和相对主义刑罚论在现实中的主次关系。

（3）彰显主体性的诉讼模式。其实无论是帕克（Herbert Parker）提出的司法“正当程序模式”（Due Process Model）❷，还是格里菲斯（John Griffiths）在此基础上提出的“家庭模式”（Family Model）❸，抑或洛奇（Kent Roach）所主张的恢复性司法（Restorative Justice）❹ 均体现了对被追诉人作为人之主体地位的尊重。对抗性司法中的无罪推定的核心理念是法院审判之前任何人都是无罪的，表达了对被追诉人认定有罪的严谨性，并通过“平等武装”在司法程序中保障被告人主体性地为自己的权利而斗争；而合作性司法中有罪协商的核心理念是赋予被告人参与司法决策的权利，通过控辩双方的协商确定罪名

---

❶ 魏晓娜：《完善认罪认罚从宽制度：中国语境下的关键词展开》，载《法学研究》2016 年第 4 期。

❷ Herbert L. Packer, Two Models of the Criminal Process, *University of Pennsylvania Law Review*, Vol. 113, No. 1 (November 1964), pp. 1 – 68.

❸ John Griffiths, Ideology in Criminal Procedureora Third Model of Criminal Process, *Yale Law Journal*, Vol. 79, No. 3 (January 1970), pp. 359 – 417.

❹ Roach Kent, Four Models of the Criminal Process, *Journal of Criminal Law and Criminology*, Vol. 89, No. 2 (winter 1999), pp. 671 – 716.

与刑罚，体现了对被告人自我选择和自我决定能力的肯定，这两方面均彰显了被追诉人的主体性。刑事诉讼程序发展的历程本身就是诉讼参与者之主体性越来越受到尊重的过程。主体性理论在刑事诉讼领域最鲜明的表现便是被追诉人主体性的程序参与，无论是对抗还是协商都是当事人自己的选择，这才是对包括被告人在内的所有当事人主体性的最大尊重。

第六章 认罪认罚从宽主体性协商的制度构建

认罪认罚从宽的制度设计也必须以人为目的，尊重诉讼当事人的人格尊严和主体性地位，需要“基于人权保障的立场看待协商性司法，矫正效率至上的价值立场”[1]，在这个意义上应当摒弃唯效率和唯功利的制度设计进路，将尊重和实现人的主体性作为设定认罪认罚从宽程序的指导性理念，围绕如何保障诉讼当事人的主体性构建认罪认罚从宽协商机制，将刑罚的正当性作为认罪认罚从宽协商的限制性条件，在此基础上探讨如何满足刑事诉讼程序多元价值需求，实现控制犯罪、维护秩序、保障权利、恢复受创的社会关系等其他诉讼目的。

一、刑事诉讼模式价值多元与主体性协商的需求

（一）刑事诉讼模式的价值多元

认罪认罚从宽司法改革中出现了诸多问题，之所以会出现这些亟待解决的问题，主要原因还是没有从刑事诉讼模式价值多元的发展趋势上进行定位和把握。

自从国家垄断刑罚权以来，历史上出现过多种刑事诉讼模式，如弹劾式、纠问式、职权主义模式、当事人模式等，刑事诉讼理论中也存在各种不同的声音，然而最具影响力的则是帕克的“两模式说”和洛奇的“四模式说”。美国

[1] 吴思远：《论协商性司法的价值立场》，载《当代法学》2018 年第 2 期。

的赫伯特·帕克（Herbert Packer）教授于1964年提出了价值取向截然不同的两种刑事诉讼模式，[1] 即强调个人权利的“正当程序模式”（Due Process Model）和将规范犯罪人行为作为最主要功能的“犯罪控制模式”（Crime Control Model），帕克将他们分别比喻为“流水线”（Assembly - line Conveyor Belt）和“障碍赛”（Obstacle Course）。当然帕克也提醒说这种模式的划分仅仅是为了在衡量刑事诉讼的功能上叙事方便而已，并无表达“是”和“应该”之意，但是这种模式划分的确引起了建构理想刑事诉讼模式的争论，并成为一种典型的、最具持久性的分类方式。然而这种分类模式的最大弊端就是没有考虑被害人因素，不但在程序中而且在功能上均忽视了被害人的存在，比如在司法程序中忽视被害人的权利和再次被害，再如在司法决策上根本没有考虑到被害人不报案所导致的数量巨大的犯罪黑数。之所以如此，是因为在帕克发表该学术言论之时，被害人学以及相关研究尚未起步，因此与被害人有关的因素并未被纳入思考也是在所难免的。1999年，加拿大学者肯特·洛奇（Kent Roach）在批判帕克提出的两种诉讼模式的基础上增加了与被害人权利有关的两种刑事诉讼模式，从而系统地提出了刑事诉讼的四种模式，[2] 即与被害人有关的惩罚模式（Punitive Model）和非惩罚模式（Non - punitive Model of victims' rights）。洛奇分别将它们比喻为“购物车”（roller coaster）和“圆圈”（circle）模式。前者将“控制犯罪”和“正当程序”结合在一起组装成一台“购物车”，并考虑保护被害人权利以及鼓励被害人报案，而后者则是恢复性司法（Restorative Justice）等典型的非惩罚模式，重视被害人在案件处理过程中的当事人地位，不但能够起到预防犯罪的作用而且在恢复受到损害的社会关系方面也可以大有作为。惩罚模式不但肯定报应的和外显的惩罚的重要性，而且认为被害人的权利也应当与被告人的权利一样受到重视；而非惩罚模式试图通过强调犯罪控制和恢复性正义将被害与惩罚所带来的痛苦最小化。因此，无论是惩罚模式还是非惩罚模式都承诺控制犯罪并且尊重被害人，但是惩罚模式聚焦于刑事司法和刑罚的具体执行，虽然被害人在刑事司法中也可以扮演一些角色，但是却很难拥

---

[1] Herbert L. Packer, Two Models of the Criminal Process, *University of Pennsylvania Law Review*, Vol. 113, No. 1 (November 1964).

[2] Kent Roach, Four Models of the Criminal Process, *Journal of Criminal Law and Criminology* (1973 -) Vol. 89, No. 2 (Winter 1999), pp. 671 - 716.

有决定性的权利；然而非惩罚模式却扩展到社会发展和社会整合等其他领域，更重要的是非惩罚模式中的被害人拥有更多的影响决策的权利，甚至能够直接左右决定的作出。

其实，无论是“两模式说”还是“四模式说”，都是在讨论刑事诉讼体系构建过程中的价值取向问题，如控制犯罪、维护安全与秩序、保障被告人权利、保护被害人权利、预防犯罪、恢复受创的社会关系等，目的是对刑事诉讼进行规范指引，哪些价值可以或者应当对刑事诉讼程序施加影响。其中的“犯罪控制模式”无疑介入了对于安全和秩序等社会利益的考量，而“正当程序模式”则是优先考虑保障被告人权利，因此是将个人权利置于国家的优先地位之上。这两种模式都是国家正式的司法模式，当然还存在恢复性司法等非正式的司法模式，亦即重视犯罪人与被害人和解与协商的司法模式。从控制犯罪、维护社会安全与秩序到重视被告人的权利再到保护被害人的权利、修复受创的社会关系，司法模式以及其所蕴含的价值取向的变迁，不但说明控辩双方从对抗走向合作的可能性，更加彰显了尊重诉讼当事人的主体性在当代刑事诉讼中的重要性。辩证地看待诉讼模式的价值多元化趋势，其中人的主体性是最为重要的一条主线。唯有尊重当事人的主体性和人性尊严，引导当事人在刑事诉讼中自我教育、自我矫正、自我完善并最终复归社会，也才能够在终端效果上达到预防犯罪和维护安全与秩序的目的。这样一种刑事政策效果的传导作用，也是在20世纪70年代被害人权利运动兴起之后才逐渐受到重视的。因此，在当前刑事诉讼模式价值多元化的情形下，更应当重视并尊重诉讼当事人的主体性，其中能够张扬各方主体性、兼顾各方利益、契合价值多元的诉讼模式就是协商司法，不仅包括控辩双方的协商，还应当包括被害人以及受影响社区等多方主体的协商。以此来看待认罪认罚从宽司法改革中所出现的需要进一步解决和完善的各种问题就迎刃而解了。

（二）认罪认罚从宽主体性协商的需求

陈瑞华教授根据刑事诉讼中的对抗与合作的状态所提出的类型化无疑是一种创新，并提供了全新的视角对刑事诉讼的理论与实践进行重新审视。“对抗性司法是以控辩双方具有对立诉讼立场为前提的，但在那些被告人自愿认罪的案件中，这种诉讼模式就没有存在的前提和基础。”[1] 在被告人自愿认罪的情形下，检察机关的刑事追诉活动出现了减缓和缓和的迹象，法院也可以对其作出较为轻缓的量刑处理。这显示出控辩双方从激烈的对抗走向不同程度的合作。陈瑞华认为，那种建立在被告人自愿认罪基础上的诉讼程序是一种“最低限度的合作模式”。在此前提下，被告方与侦查机构、公诉机构经过协商和妥协所进行的合作可以称作“协商性的公力合作”，而被告方与被害方经过协商而力图达成诉讼和解的诉讼活动，则被统称为“和解性的私力合作”。[2] 这种分类方法把我国目前司法实践中为了化解传统型司法的僵硬所进行的司法改革均概括在“合作”的刑事诉讼模式下。

值得思考的问题是，认罪认罚案件既然不适用对抗性司法模式，能否适用这种“最低限度的司法合作”形式呢？如果认罪认罚从宽仅仅指简化诉讼程序，最低限度的司法合作——经被告人同意适用形式基本可以满足认罪认罚从宽制度的运行，但是认罪认罚从宽除了诉讼法上的程序从简以外，还包括实体法的量刑从宽[3]，从宽处刑对被告人的权利和利益影响重大，进而催生了被告人强大的动力去争取这一从宽政策，在这种情况下，对从宽量刑的幅度，若仍然坚持简单地表示同意或不同意，而不赋予被告人表达自己合理诉求的机会，不仅不利于被告人从宽量刑权益的实现，也阻碍了认罪认罚从宽制度的实行。可见，在认罪认罚案件中，放弃对抗立场或同意适用特定程序这种最低限度的司法合作形式无法完全满足认罪认罚案件的需要。其实司法实践的一些做法也显露出最低限度合作司法的局限性，比如2002年黑龙江孟广虎案[4]，检察机关

---

[1] 陈瑞华：《刑事诉讼的中国模式》，法律出版社2018年版，第82页。

[2] 陈瑞华：《司法过程中的对抗与合作——一种新的刑事诉讼模式理论》，载《法学研究》2007年第3期。

[3] 黄京平：《认罪认罚从宽制度的若干实体法问题》，载《中国法学》2017年第5期。

[4] 张景义等：《聚焦国内“辩诉交易”第一案》，载《人民法院报》2002年8月8日，第3版。孟广虎案基本案情：2002年4月11日，黑龙江省牡丹江铁路运输法院对孟广虎故意伤害案进行了审理。检察机关提起公诉时，本案的其他犯罪嫌疑人均在逃，当时无法确定受害人王某所受重伤是何人所为，证明孟广虎造成王某重伤的证据不足，但确定的是孟广虎实施了犯罪行为。这种情况下，孟广虎及其辩护律师与检察机关就该案的处理问题进行协商，并达成三点协议：（1）被告人承认犯故意伤害罪，自愿赔偿被害人经济损失，请求从轻量刑；（2）辩护律师放弃有关本案事实不清、证据不足的观点，同意公诉人指控的事实和罪名；（3）检察机关接受被告人及其辩护律师的观点，建议法院从轻量刑并适用缓刑。法院最终的审判结果认可了辩诉双方的协商内容，判决孟广虎故意伤害罪，判处有期徒刑三年缓刑三年。

与孟广虎不仅放弃了对抗立场，更是选择积极地进行对话、交流、协商、“讨价还价”等方式，达成了双方都满意的量刑建议，最后也获得了法院的认可。面对认罪认罚案件，姑且不论孟广虎案有无普遍意义，至少这种司法实践中在最低限度合作司法的基础上积极探索尝试通过双方协商的方式解决案件的做法，不仅揭露了现有诉讼制度体系无法满足认罪认罚案件的实践需要，也体现了对更高级别司法合作形式的强烈需求。但其实，如果转换视角看待这种司法实践的现实需要，规范化的从宽协商机制已经浮出水面，因为这种司法改革体现的必然是国家公权力在刑事追诉活动中对于被告人以及被害人等当事人主体性地位的进一步肯认，同时也唯有如此才能从根本上预防犯罪和维护社会安全与秩序。

然而，认罪认罚从宽作为一项正式的法律制度，是否具有足够的空间容纳从宽协商呢？这需要进行一定的规范分析。《刑事诉讼法》第 15 条原则性规定，“犯罪嫌疑人、被告人自愿如实供述自己的罪行，承认指控的犯罪事实，愿意接受处罚的，可以依法从宽处理。”该条对于整个刑事诉讼程序都有指导意义，亦即只要是被追诉人认罪认罚，原则上就可以依法获得从宽处理，对于如何从宽处理却没有具体规定。《刑事诉讼法》第 174 条第 1 款规定：“犯罪嫌疑人自愿认罪，同意量刑建议和程序适用的，应当在辩护人或者值班律师在场的情况下签署认罪认罚具结书。”因此被追诉人“同意”量刑建议和程序适用，说明其在签署认罪认罚具结书之时，公诉机关与被追诉人已经就相关问题进行了充分沟通甚至是协商。因为认罪认罚具结书和公诉机关的量刑建议将在提起公诉时随案移送人民法院（第 176 条第 2 款），而人民法院在依法作出判决时，除非具备“影响公正审判”的法定情形，否则一般应当采纳人民检察院指控的罪名和量刑建议（第 201 条第 1 款），由此可见刑事诉讼法赋予了公诉机关与被追诉人进行量刑协商的权力，该协商结果除非“明显不当”或者被告人、辩护人“提出异议”，否则通常会获得人民法院的支持。沟通或者协商的内容可以包括告知其享有的诉讼权利和认罪认罚的法律规定，听取犯罪嫌疑人、辩护人或者值班律师、被害人及其诉讼代理人对涉嫌犯罪事实、罪名以及适用法律规定、量刑建议和适用程序的意见，并记录在案（第 173 条第 2 款）。由此我们可以说，我国的认罪认罚从宽制度实质上存在一定程度的控辩双方的协商，协商的内容其实是可以包括定罪和量刑两个部分的。虽然如此，但是明显可以看出认罪认罚从宽协商中被害人的权利并没有得到足够的重视，因为在《刑事诉讼法》第 201 条中并没有赋予被害人提出异议的权利，从而也就无法实质地影响到认罪认罚从宽案件审理。

由此可见，虽然当前刑事诉讼法关于认罪认罚从宽的规定能够容纳从宽协商，但是由于缺乏主体性理论的指导，无论是被告人还是被害人在协商能力、协商内容和协商形式等诸多方面都需要进一步探讨和完善。

二、认罪认罚从宽主体性协商的具体制度

（一）认罪认罚从宽协商的参与主体

一般而言，被追诉人和检察官作为从宽协商的主要参与人不存在太大争议，值班律师、被害人和法官能否作协商主体存在较大的分歧，司法实践中的做法也不尽相同，协商机制的参与主体亟须规范化。笔者认为，不仅值班律师和被害人应当成为从宽协商的主体，特定情况下法官也可以成为协商的主体。对于值班律师而言，其主要功能是为那些尚未委托辩护律师且不符合法律援助条件的犯罪嫌疑人、被告人提供法律咨询、程序选择建议、申请变更强制措施及对案件处理提出意见，旨在解决犯罪嫌疑人诉讼进程“最初一公里”孤立无援的问题。主体性理论要求在从宽协商机制的构建中保障被追诉人主体的自由选择和自由决定，这也是被追诉人在协商中实现其主体性能力之体现。被追诉人只有在得到充分尊重、获悉全部信息、理性表达合理诉求的前提下才能作出自由、理智的选择和决定。无论是在法律中还是司法实践中，犯罪嫌疑人在协商能力上与司法机关差距非常悬殊，不熟悉相关的法律法规，不懂得司法实践中的各种特殊知识，使得犯罪嫌疑人几乎无法与司法机关开展有效的协商。对值班律师的角色定位虽然尚未形成统一意见，但是若能将其引入协商机制中，发挥好现有的法律帮助功能，为犯罪嫌疑人介绍认罪认罚从宽的法律规定、司法实践中的一贯做法，让犯罪嫌疑人对从宽协商有一个比较全面充分的了解，对于提高犯罪嫌疑人协商能力将产生巨大的积极作用。

被害人参与协商机制也是对其主体性的尊重。犯罪行为贬低、侮辱了被害

人的主体人格，从这个意义上看，刑罚的适用不仅是对犯罪人的该当报应，而且作为消除贬低、侮辱他人的关系的一种解放手段，是对受到贬低、侮辱和损害的被害人主体性的恢复。“如果国家对存在的和潜在的犯罪不进行有效的防范，且要求被害人和公众接受已经实施的犯罪行为，就像从未发生过违法行为一样与犯罪人和睦相处，人类和睦的共同生活是不可能的，其结果必然重新回到滥用私刑上去。”❶ 协商机制中引入被害方也有利于缓和被害方与犯罪方主体间的紧张对抗关系。

有学者认为，法官参与协商违反了审判中立原则，不利于法官作出客观裁决。❷ 笔者认为，这个观点忽视了从宽协商的阶段化特点，将法官参与协商理解为法官参与控辩协商，进而得出法官参与协商违反审判中立原则的观点。正如前文所述，协商机制不仅可以在审查起诉阶段开展，也可以在审判阶段和侦查阶段进行，只是所针对的协商类型或内容不同，审查起诉阶段所针对的协商类型是量刑建议协商和适用审判程序建议协商，审判阶段所针对的协商类型是量刑协商和特定审判程序协商，侦查阶段所针对的协商类型是刑事强制措施协商。依据认罪认罚从宽协商的阶段化特征，法官参与协商仅指法官参与审判阶段的量刑协商和特定审判程序协商。其实从刑事诉讼法的条文规定中也可以直接看出，法官可以作为主体参与协商，比如《刑事诉讼法》第 222 条规定，对特定案件，被告人认罪认罚且同意适用刑事速裁程序的，基层法院可以适用速裁程序，其实这条规定就是法官与被告人之间关于程序适用的协商。综上所述，参与认罪认罚从宽协商的主体包括：犯罪嫌疑人、被告人及其辩护人、值班律师、被害人及其诉讼代理人、检察官、侦查员、法官。

（二）认罪认罚从宽协商的程序启动

关于认罪认罚从宽协商机制如何启动的问题，从域外经验上来看，英美法

---

❶ ［德］汉斯·海因里希·耶赛克，托马斯·魏特根：《德国刑法教科书》（上），徐久生译，中国法制出版社 2017 年版，第 91 页。

❷ 陈瑞华：《认罪认罚从宽制度的若干争议问题》，载《中国法学》2017 年第 1 期。

系国家一般采取协商启动[1]，大陆法系国家和地区一般实行被追诉人申请启动和检察官主动启动的方式[2]。协商启动，一般是指协商主体一方提出协商动议后得到对方的同意启动协商程序，如果得不到对方的同意则协商程序不启动。这种方式具有很大的任意性，不仅不利于理性协商而且容易使协商为利益所驱使。因此在建构我国从宽协商机制的启动程序过程中，应当采取申请程序和司法机关经过被追诉人同意后的主动启动程序。被追诉人认罪认罚后，可以采取口头或书面形式向司法机关申请适用协商程序来确定从宽处理的措施，司法机关审查后认为符合协商条件的同意被追诉人的申请，不符合协商条件的应当向被追诉人说明理由。另外，司法机关如果认为可以适用协商程序，经过被追诉人同意后也可以主动启动。这样既能保证理性协商，又能通过申请程序保证被追诉人充分参与协商过程，更加体现对被追诉人主体性的尊重。

另外，“建立权利告知机制，使被追诉人清楚指控的罪名、事实、量刑建议与其选择认罪认罚的法律后果”[3]。《刑事诉讼法》在第 120 条、第 173 条第 2 款和第 190 条分别规定了侦查机关、检察机关和法院的告知义务，告知的内容包括被追诉人所享有的诉讼权利和有关认罪认罚从宽制度的法律规定，但对于如何告知以及不履行告知义务的后果缺乏规范，为了保障被追诉人信息获取顺畅，有必要建立特定的权利告知机制。笔者认为，应当实行“书面告知 + 口头解释”的形式来实现司法机关的告知义务，确保被追诉人获悉信息和理解信息，在此基础上理性选择是否认罪认罚和申请从宽协商程序。

（三）认罪认罚从宽协商的具体内容

刑事协商一般包括事实协商、定罪协商、量刑协商和程序协商四种类型，英美法系对这四种类型的协商一般都适用，而大陆法系一般只适用量刑协商和

---

[1] 比如美国和英国。具体可参见陈瑞华：《美国辩诉交易程序与意大利刑事特别程序之比较》，载《政法论坛》1995 年第 3 期；裴炜：《英国认罪协商制度及对我国的启示》，载《比较法研究》2017 年第 6 期。

[2] 比如法国和我国台湾地区。具体可参见吕天奇、贺英豪：《法国庭前认罪协商程序之借鉴》，载《国家检察官学院学报》2017 年第 1 期；卞建林、谢澍：《认罪认罚从宽与台湾地区刑事协商之比较研究》，载《法学杂志》2018 年第 5 期。

[3] 王飞：《论认罪认罚协商机制的构建——对认罪认罚制度试点中的问题的检讨与反思》，载《政治与法律》2018 年第 9 期。

程序协商。在主体性理论的作用下，认罪认罚从宽协商的适用阶段和内容呈现出扩张趋势，即适用的阶段和内容越广泛越能体现人的主体性，然而，在确定具体的适用阶段和内容时，还要结合我国本土的法律语境。

我国的罪刑法定原则不仅存在消极的侧面还存在积极的侧面，[1] 因此关于如何定罪以及是否可以升降格指控均应由法律明确规定的，司法机关没有太多自由裁量的空间，不允许突破罪刑法定原则随意升格或降格指控或定罪，不允许针对罪名或是否可以降格指控与被追诉人进行协商。[2] 刑罚的轻重应当与犯罪分子所犯罪行和承担的刑事责任相适应，是刑罚的基本原则，表明对被追诉人适用刑罚不能畸轻也不能畸重，应做到犯罪行为、刑事责任和刑罚处罚相适应。罪刑责相适应的原则既为量刑协商留出一定的制度空间，同时也为量刑协商划定了基本界限。这就排除了司法机关与被追诉人为了各自的利益违法协商、无底线妥协让步等情形，这一点尤其与英美法系国家的辩诉交易相区别，美国的检察官可以自由变更对被追诉人指控的罪名和量刑幅度，只要与被追诉人及其辩护律师达成协议，法律约束非常小。

英美法系国家的认罪协商中存在所谓的事实协商，亦即，通过对起诉和审判的基础事实作出模糊化或轻缓化认定，从而影响之后关于犯罪行为性质的司法认定，比如，检诉机关承诺在法庭审理过程中，以有利于被指控人的方式描述和呈交案件事实，以换取被指控人的认罪。[3] 对认罪认罚的犯罪嫌疑人、被告人虽然可以依法从宽处理，但刑事诉讼法对认罪认罚案件的证明标准或证据原则并未进行放宽规定，主流观点也认为认罪认罚案件在证明标准上与其他类型的案件并无差异。[4] 可见，认罪认罚案件的证明标准依然是案件事实清楚，证据确实、充分，所以对认罪认罚案件的事实问题不能协商，公安检察机关在侦查起诉时必须做到事实清楚，证据确实、充分，注重实物证据而不能仅仅依

---

[1] 我国《刑法》第3条规定："法律明文规定为犯罪行为的，依照法律定罪处刑；法律没有明文规定为犯罪行为的，不得定罪处刑。"后半句即消极的罪刑法定原则，而前半句则为积极的罪刑法定原则。

[2] 朱孝清：《认罪认罚从宽制度的几个问题》，载《法治研究》2016年第5期。

[3] 裴炜：《英国认罪协商制度及对我国的启示》，载《比较法研究》2017年第6期。

[4] 最高人民检察院法律政策研究室主任万春在全国人大常委会办公厅举行的记者招待会上回答关于认罪认罚的问题时指出，试行的认罪认罚从宽制度并没有降低法定的证明犯罪的标准。参见张洋：《认罪认罚从宽并非法外从宽、一律从宽》，载《人民日报》2016年9月5日，第4版。

据犯罪嫌疑人供述定案。刑事诉讼法中规定，适用简易程序或速裁程序需得到被告人的同意，这一规定意味着认罪认罚从宽中的协商可以针对诉讼程序展开，但仅限于简易或速裁两种程序，适用简易程序或速裁程序经过被追诉人同意本身也鲜明地体现了对被告人主体性选择和主体性决定的尊重，彰显了被追诉人的主体性。

由此可见，从宽协商的内容可以包括量刑协商和程序协商，但是对于事实和罪名罪数等不能协商。所以审查起诉阶段，检察机关可以针对量刑从宽和适用从简程序的建议与犯罪嫌疑人进行协商。审判阶段，法院也可以针对量刑从宽幅度和简化程序的适用与被告人进行协商。

从宽协商的内容是否包括刑事强制措施也值得深入探讨。有的学者认为侦查阶段适用认罪认罚从宽协商会“妨碍侦查机关调查取证，过度依赖犯罪嫌疑人口供”❶，进而认为侦查阶段不宜引入协商机制，而有的学者则主张侦查阶段可以适用认罪认罚从宽协商❷。首先需要明确的是，根据《刑事诉讼法》第15条法条的表述，认罪认罚从宽制度的适用并未限定诉讼阶段和从宽内容，故将其适用于侦查阶段和刑事强制措施并不违反法条含义。既然侦查阶段和刑事强制措施适用认罪认罚从宽制度，是否意味着同样可以适用从宽协商？笔者认为，只要在法定的自由裁量范围内，侦查阶段对刑事强制措施的适用是可以与犯罪嫌疑人进行协商的。在侦查阶段引入协商机制保障了犯罪嫌疑人充分的主体性参与，体现了对其主体地位的尊重。协商的开始时间或阶段越早就越能体现对犯罪嫌疑人主体性的重视，更何况，刑事强制措施对犯罪嫌疑人的人身自由或财产权益产生巨大的限制或影响，在犯罪嫌疑人认罪认罚的前提下，如果固守传统的对抗性司法模式，即侦查机关单向度地决定适用的强制措施，忽略犯罪嫌疑人之主体意义表达，不仅对犯罪嫌疑人社会危险性的判断可能不准确，而且贬低了犯罪嫌疑人作为人和作为诉讼参与主体的主体性。当然，侦查阶段的协商同样应在主体间共同承认的有效性法律话语体系下开展，严格在法定的自由裁量范围内依法进行协商。侦查机关通过与犯罪嫌疑人协商，表示了

---

❶ 陈卫东：《认罪认罚从宽制度研究》，载《中国法学》2016年第2期。

❷ 卞建林、谢澍：《职权主义诉讼模式中的认罪认罚从宽——以中德刑事司法理论与实践为线索》，载《比较法研究》2018年第3期。

对其主体性的尊重，作为具有实践理性的犯罪嫌疑人也会积极配合侦查机关调查取证，不仅不会妨碍调查取证，而且还能够有利于侦查。

三、认罪认罚从宽主体性协商的机制保障

以尊重诉讼参与人尤其是被追诉人主体性为中心，保障诉讼主体信息获取顺畅、参与机制充分和协商能力充足，实现诉讼当事人能够进行主体性理智选择和作出主体性的理智决定。为此需要从当事人协商能力的保障和认罪认罚从宽协商的司法审查两个方面建构相应的机制，以确保参与认罪认罚从宽协商的诉讼当事人的主体性，确保认罪认罚从宽协商符合社会正义的要求，并最大可能地追求诉讼效率。

（一）协商当事人的平等武装与能力保障

保障认罪认罚从宽协商过程中诉讼当事人具备足够的协商能力，并尽可能地为协商当事人平等武装，是认罪认罚从宽司法制度改革是否能够成功的关键。没有人会向有辱人格的“自由”致敬，更何况受到压迫的协商本身就不符合社会正义。因此，认罪认罚从宽协商在程序设计上首先应当保证信息供给全面而充分，不仅需要建立特定的程序保障诉讼当事人全面知悉认罪认罚从宽的法律规定、司法程序和诉讼权利等，而且应当引导诉讼当事人恰当评估认罪认罚可能给其带来的诉讼风险以及法律后果。获取全面充分的信息是诉讼当事人进行自我选择和理性决断的前提，只有获取充分的信息，诉讼当事人尤其是被追诉人才能综合考量各种利害作出理性选择。其次，应保障被追诉人参与机制充分，在不与法规范相违背的基础上，尽量使被追诉人能够参与所有诉讼阶段中的认罪认罚，并且认罪认罚的时间越早从宽的幅度越大。让被追诉人充分参与到各阶段的诉讼程序中，既是对其主体人格的尊重，也是历练自我促使其不断自我完善的主要途径，通过这种自我选择的历练，引导犯罪人成为一个意志自律的道德主体，成为一个理性的人。最后，提高被追诉人的协商能力。人格应该受到尊重，主要的原因在于人格具有导向高贵的可能性，从可能性转换到现实性需要不断地历练自我选择的能力，在认罪认罚从宽中，这种自我选择

需要一定的协商能力为依托。通过完善值班律师等制度帮助被追诉人提高自己的协商能力，保证被追诉人具备充足的协商能力，才可能实现被追诉人与司法机关的平等有效的从宽协商。

人是具有道德自觉和普遍立法能力的主体，而且“人格是肯定的东西”，并“使自然的定在成为它自己的定在”❶，这正是人的高贵之处。人格具有现实的力量，在不断的选择中才能自我完善，但这只是一种可能性，我们不但要“尊重犯人的人（格）”，更重要的是要“促使犯人成为人（格）”，由此也就为公权力设立了一种义务，要提供各种必备的条件“使人成为人”。当前认罪认罚从宽制度存在的问题在于仍然将被追诉人当作“刺激—反应”的客体对待，认为在刑事从宽处理的刺激下，被追诉人便会作出认罪认罚的反应。在从宽处理的刺激下，大多数被追诉人的确能够作出认罪认罚的反应，但是，这种思路同时忽略了被追诉人作为主体具有自我选择、自我决定和自我完善的能力，断送了被追诉人通过认罪认罚从宽的司法程序历练自己导向自我完善的机会，总之，现有的认罪认罚从宽司法程序仍然没有将被追诉人当作人格主体看待，没有将人当人看。所以，认罪认罚从宽程序的重构首先应该将人当作人对待，将被追诉人、被害人等诉讼主体真正当作具有道德自律和自我立法能力，具有自我选择、自我决断能力和自我完善可能的主体人看待，以此为出发点所构建起来的认罪认罚从宽程序才能说是尊重人格尊严的符合正义的诉讼程序。

犯罪治理问题是一个需要以全新视角加以审视的“善治”问题，无论是犯罪预防还是治理罪犯❷等社会治理问题，决不能忽视行为人的主体性以及犯罪人自我教育和自我完善的意愿和能力，更重要的是在认罪认罚从宽协商过程中对于当事人诉讼主体地位的肯认和人格的尊重，也必定有利于犯罪人复归社会，复归一个充满道德自觉的理性社会。

（二）认罪认罚从宽协商的司法审查

认罪认罚从宽应当从实体正当性和程序正当性两个方面进行审查：一方

❶ ［德］黑格尔：《法哲学原理》，范扬、张企泰译，商务印书馆1961年版，第47-48页。

❷ 2005年4月，联合国预防犯罪和刑事司法第11次大会在曼谷举行，在该次会议上提出了“预防犯罪和治理罪犯”的概念。参见联合国预防犯罪网站，http://www.un.org/chinese/esa/progareas/social/crime.html，最后访问日期：2019年3月3日。

面，人格或者主体具有自我立法的能力，这不但是行为是否构成犯罪的重要依据，而且是罪责刑是否相适应的重要标准;[1] 另一方面，还要从认罪认罚从宽的自愿性、真实性与合法性方面进行程序方面的审查，这是人之主体性在程序方面的要求。

刑罚适用过程中运用协商机制的确可能产生两种危险：一种是脱离法律规范的共同话语体系，违反罪刑法定主义原则；另一种是单纯强调刑罚的预防功能尤其是特殊预防功能，忽视刑罚的报应功能以及对于社会一般人的抚慰功能，违反罪责刑相适应的原则。比如美国的辩诉交易虽然减少了审判时间，降低了司法成本，节约了人类资源，但同时也对合法性原则和发现真相原则造成过多的限制。[2] 其实即使主体性理论也不同意这种观点。

《刑事诉讼法》第 190 条规定司法机关要对认罪认罚的自愿性和认罪认罚具结书内容的真实性、合法性进行审查。认罪认罚具结书在很大程度上是审查起诉阶段从宽协商的结果，对其真实性进行审查是为了防止追诉部门恶意伪造、编造，保证具结书本身确实是基于追诉部门和被追诉人之间自由协商的结果。认罪认罚具结书合法性审查是为了防止追诉部门和被追诉人一方或双方违法协商或恶意串通，保证协商的形式和内容符合法律的规定，而不能通过协商突破法律。而对认罪认罚自愿性的审查则是为了防止被告人的认罪认罚是在被强迫、威胁、利诱等情况下作出的，保证被告人认罪认罚是自愿的。

值得反思的是，有时“很多被告人试图玩弄这个系统，假装悔意和道歉以博得量刑折减”[3]。比如，实践中很可能出现这样的案例，共同犯罪人甲为了使只有自己一个扶养人的父亲获得照顾，与同伙乙达成协议，由甲包揽全部罪行，替乙接受处罚，而乙负责照顾甲的父亲。这种情形被告人认罪认罚也是自愿的且未受到强迫、威胁、利诱等非法手段，但显然违背认罪认罚从宽制度的初衷。像这种非基于真诚悔罪而是出于特定的功利目的选择认罪认罚的情况，是“仅仅由感官冲动或刺激之类的爱好所决定的行为，可以说是非理性

---

[1] 刘军：《论罪刑之该当性》，载《法学论坛》2011 年第 1 期。

[2] See Calin Loana, Plea Bargaining, *Caietede Drept Penal*, Vol. 2015, No. 4 (2015), pp. 110 – 139.

[3] ［美］斯蒂芬诺斯斯·毕贝斯：《刑事司法机器》，姜敏译，北京大学出版社 2014 年版，第 10 页。

的兽性的选择”[1]，并非犯罪者主体意义的表达，其选择和决定也非主体性行为，必然违背了他自己的主体性，是自侮的。在确定协商结果有效性时，必须通过审查将这种非基于被告人主体理性而作出的表达予以排除。可见，《刑事诉讼法》第190条对被告人的认罪认罚仅规定自愿性审查显然是不足的，还应注重对认罪认罚的真实性进行审查。对从宽协商的审查，不仅要注重形式上的认罪认罚具结书的真实性合法性，还要注重实质上的被告人认罪认罚的自愿性真实性，只有这样才能保证从宽协商过程尊重诉讼当事人尤其是被追诉人的主体地位，又能排除非基于主体理性恶意认罪认罚的情况，使被追诉人不自我贬低自我侮辱，实现认罪认罚从宽制度的应有价值。

以主体性理论为指导建构起来的认罪认罚从宽协商制度和保障机制，不但能够确保协商过程中当事人的主体性，更重要的是必将能够引导包括被追诉人在内的诉讼当事人成为一个道德主体，成为一个能够按照道德律进行自我选择的人，成为一个能够自觉按照普遍法则进行选择的自由的人。如此建构起来的认罪认罚从宽协商制度才能是正义的而且是有效率的。

[1] ［德］康德：《法的形而上学原理》，沈叔平译，商务印书馆1991年版，第13页。

第七章　认罪认罚从宽制度中的主体性撤回

司法实践中存在认罪认罚后，一审判决前，被追诉人又反悔或者撤回的现象。[1] 认罪认罚的撤回关涉认罪认罚从宽制度的整体运行样态，对于制度的灵活运用和精准实施至关重要。然而，只要发生认罪认罚的撤回，无论何种事由，司法实践都径直排除认罪认罚从宽制度的适用，学术研究焦点也偏执于是否允许撤回或反悔，对撤回后该如何开展司法处置问题的研究严重不足，少有的论述也仅是力图限制或降低认罪认罚的撤回率。这样一种实务现象和研究图景轻视了被追诉人的主体性，忽视了权利的正当行使，不利于科学把握和灵活应对认罪认罚的撤回，不利于认罪认罚从宽制度的周延运行。为补偏救弊，有必要对认罪认罚的撤回进行理论上的推进和实践上的完善，以实现认罪认罚从宽制度精准而灵活的实施。

一、认罪认罚撤回的正当性根据

（一）认罪认罚撤回的哲学根据

认罪认罚撤回的正当性根据是什么？现有研究主要从两种视角展开，“自愿性保障说”认为，撤回是认罪认罚自愿性的内在要求，若被追诉人非自愿

---

[1] 我国学者马明亮教授和张宏宇法官助理对某区检察院在2016年9月至2017年6月处理的447件认罪认罚案件进行了实证分析，被追诉人反悔的案件总数为69件，其中判决确定之前反悔的案件占反悔案件总数的26%。参见马明亮、张宏宇：《认罪认罚从宽制度中被追诉人反悔问题研究》，载《中国人民公安大学学报（社会科学版）》2018年第4期。

地认罪认罚，则可以撤回[1]；“契约违反说”主张，如果追诉部门违反或不履行先前的量刑承诺，则被追诉人可以撤回认罪认罚[2]。两种视角的论证一定意义上说明了认罪认罚撤回的理由或起因，但还存在很大不足。“自愿性保障说”无法回答在信息不充分条件下的自愿认罪认罚是否能够被撤回的问题，“契约违反说”在诉讼标的是否可以自由处分与撤回认罪认罚的部分内容是否构成契约违反等问题上也难以自圆其说。实际上，此两种观点仅仅说明了撤回的外显事由，并未触及撤回之本体原旨。

认罪认罚的撤回含有自在的正当根据，它未显露于外在于己的经验世界中，而隐藏在立法所体现于本体论上的价值理念中。全国人大常委会《关于授权最高人民法院、最高人民检察院在部分地区开展刑事案件认罪认罚从宽制度试点工作的决定》（以下简称《授权决定》）指出，在认罪认罚从宽的试点工作中，应当保障犯罪嫌疑人、被告人的辩护权和其他诉讼权利，完善诉讼权利告知程序，严密防范并依法惩治滥用职权、徇私枉法行为，确保司法公正。依之，认罪认罚从宽制度司法改革初衷虽是提升诉讼效率，但依然要坚守司法公正底线，保障人权才是最高遵循，这无不透露出对当事人尤其是犯罪嫌疑人、被告人主体地位的尊重，它不仅体现为对实证化的诉讼权利的保障，更表现在对被追诉人的人格尊严和主体性的尊重。

无论是认罪认罚，还是对认罪认罚的撤回，本质上都是被追诉人自己的选择，非是基于外在需要——诉讼效率提升——的行动，这种自我选择应当得到尊重，因为它是人的主体性表达。首先，自由意志是作为主体的人之自在自为的存在，是从“我”身上抽走一切规定性之后不能再被抽走的东西，否则“我”便不复存在。[3] 正如康德所言：“若吾人从任何对象（物质的或非物质的）之经验的概念中，将经验所教示吾人之一切性质除去，但仍不能将对象所由以被思为实体或被思为属于实体者之性质除去”[4]。黑格尔更是将“意志

[1] 洪浩、方姚：《论我国刑事公诉案件中被追诉人的反悔权——以认罪认罚从宽制度自愿性保障机制为中心》，载《政法论丛》2018 年第 4 期。

[2] 秦宗文：《认罪认罚案件被追诉人反悔问题研究》，载《内蒙古社会科学（汉文版）》2019 年第 3 期。

[3] 由此也可以看出，并非笛卡尔所主张的“我思故我在”，而应是“我在故我思”，我思只能证明我在。参见［英］罗素：《西方哲学史》（下卷），马元德译，商务印书馆 1976 年版，第 93 页。

[4] ［德］康德：《纯粹理性批判》，蓝公武译，商务印书馆 1960 年版，第 34 页。

是自由的”喻为物体具有重量：“意志是自由的根本规定，正如重量是物体的根本规定一样。没有一种物质没有重量，其实物质就是重量本身。重量构成物体，而且就是物体。说到意志和自由也是一样，因为自由的东西就是意志。意志而没有自由，只是一句空话；同时，自由只有作为意志，作为主体，才是现实的。”[1] 其次，自由意志拥有制定法规和选择行动的能力。人作为主体具有“自我立法”的能力，亦即，人是一种能够依据“（自在自为的）自由意志”为自身进行普遍立法的理性存在者，是“作为立法者的存在者”[2]。这种立法的能力不是国家的实证立法，而是人的思维或纯粹理性为自己的行动定立行动法则的资格，是任何一个人都普遍拥有的，“你要仅仅按照你同时也能够愿意它成为一条普遍法则的那个准则去行动”[3]。这一法则也是自由意志所发布的绝对命令，任何行动的选择都必须以此为最终遵循或绝对义务。

主体性选择就是在执行自由意志为行动所发布的绝对命令，因而，也是义务性的，但作为经验中的人，可以作出合乎上述法则的选择，也可以作出违背上述法则的选择，只是“只有在自己有意识的活动过程中，那种选择行为才能被称为自由”[4]。以此观之，人的一切行为在其主观层面上都可以理解为对自由意志的展开和实现，都是人在表达他的主体性。行动选择的能力和自由只能服从于自由意志所发布的绝对命令，而不取决于任何经验中可感知和受刺激的外在强制，相反，基于外在强制的选择恰恰是非自由的。人的最高本质是人自身[5]，而不是神和宗教，同样也不是一切外在东西所要求或强制他所是的东西，人类社会甚至自然社会在某种程度上是人之精神的映像，至少主观意识和实践活动对于客观世界的改造体现了人的主观自觉性。因而，自由的选择必然是自我选择[6]，而非他我选择，它是“人”在言说或表达其作为主体所拥有的能力和从事一切活动的可能性，而非单纯配合一切他者所为的被动性选择。

---

[1] ［德］黑格尔：《法哲学原理》，范扬、张企泰译，商务印书馆 1961 年版，第 13 页。
[2] ［德］康德：《道德形而上学奠基》，杨云飞译，人民出版社 2013 年版，第 77 页。
[3] ［德］康德：《道德形而上学奠基》，杨云飞译，人民出版社 2013 年版，第 52 页。
[4] ［德］康德：《法的形而上学原理》，沈叔平译，商务印书馆 1991 年版，第 33 页。
[5] 《马克思恩格斯选集》（第一卷），人民出版社 2012 年版，第 10 页。
[6] 刘军：《罪刑均衡的理论基础与动态实现》，法律出版社 2018 年版，第 85 页。

（二）认罪认罚撤回的主体性表达

认罪认罚撤回是犯罪嫌疑人、被告人的主体性表达，这种正当性理论亦可称之为“主体性表达说”，以区别于“自愿性保障说”和“契约违反说”。“主体性理论为认罪认罚从宽刑事司法的制度完善提出了更高的要求，即尊重犯人的人（格），促使犯人成为人（格）。”❶ 在撤回认罪认罚的语境中，撤回行为作为主体的选择，亦是被追诉人在进行主体性的表达，不是允许“我”撤回认罪认罚，而是“我”在撤回认罪认罚，是“我”的自由意志和纯粹理性在开展和表达自我，正因为是“我”的“撤回”，所以它才是“我”人格的外化，自觉的对象，也才能归属于“我”，“我”也才愿意为它负责。如果仅仅为了实现诉讼效率的目的或宣示对我的好，给“我”规定好何种条件下能撤回认罪认罚，何种情况下不能撤回，那便不是“我”的自主选择。所以，以使被追诉人放弃“接受审判权”作为对价，而换取他认罪认罚，不是主体人的行为，以有选择性地履行法律告知义务而“忽悠”他认罪认罚的，也不是主体性的认罪认罚。同样，若被追诉人撤回认罪认罚就要对其从重处罚或者使其承担其他不利益，也不是主体自身的撤回。脱离了形而上学意义上的“自由意志”，单纯地在经验和现实生活中基于“意志自由”而谈论认罪认罚的撤回，无论是“自愿性保障说”，还是“契约违反说”，都缺乏本原上的正当性，它们至多可看作撤回的具体事由，不能成为内在正当性根据。对认罪认罚的撤回是被追诉人的自由选择，在实证法中，属于被追诉人的一项诉讼权利。❷ 以主体性理论来看待认罪认罚从宽制度中的程序性撤回，其实就是犯罪嫌疑人、被告人的主体性表达，法律则是给予犯罪嫌疑人和被告人主体性制度确认和保障。

---

❶ 刘军、潘丙永：《认罪认罚从宽主体性协商的制度构建》，载《山东大学学报（哲学社会科学版）》2020 年第 2 期。

❷ 何静：《认罪认罚案件中被追诉人的反悔权及其限度》，载《东南大学学报（哲学社会科学版）》2019 年第 4 期。

现有研究和司法实务中，亦有称认罪认罚的撤回为反悔一说[1]，实际上并不恰当。“撤”是撤销、撤职、撤退、撤回的意思，[2] 国家机关常用“撤回”表达对发布的命令或指令的收回。随着人权保障理念和个人主体地位愈发受到重视，在诉讼法用语中，“撤回”也常用于表达个人收回已经发起的起诉或上诉决定。而“反悔”是“反省”“反复”“懊悔”“悔意”等意思，[3] 往往是指做错了事或者意识到一定不利后果后内心产生的悔意，具有被动性、主观性和恣意性。“撤回”一词则更为正式，强调理性的行为选择，具有主动性、客观性和谨慎性，若用“反悔”则矮化了认罪认罚撤回的主体性品格，它至多可以理解为“撤回”的一种心理动机。另外，国外学者讨论这一问题时，常用“Reverse”“Revoke”“Revocation”“Withdraw”等单词[4]，而鲜用“Regret”。因而，认罪认罚“撤回”之表述，既有利于我国诉讼制度用语的整体融贯，也符合国际通用的学术话语，更为重要的是，“撤回”一词所意涵的主动性、客观性和谨慎性更能彰显被追诉人的主体性，符合认罪认罚从宽制度尊重被追诉人主体性选择的改革理念。

综上，认罪认罚的撤回作为被追诉人主体性的表达，是一种自我选择，外观上表现为一种行为事件，实证上属于被诉者的诉讼权利，是行为人基于自由意志自觉自为的行动，因而，不能说是否应当允许撤回，无论是否允许，认罪认罚的撤回都可能发生，具有实践意义的是如何判定认罪认罚的撤回，以及撤回发生后司法上该如何处置。

---

[1] 比如朱孝清、秦宗文、洪浩、方姚、何静等人。具体可参见朱孝清：《如何对待被追诉人签署认罪认罚具结书后反悔》，载《检察日报》2019年8月28日，第3版；洪浩、方姚：《论我国刑事公诉案件中被追诉人的反悔权——以认罪认罚从宽制度自愿性保障机制为中心》，载《政法论丛》2018年第4期；秦宗文：《认罪认罚案件被追诉人反悔问题研究》，载《内蒙古社会科学（汉文版）》2019年第3期；何静：《认罪认罚案件中被追诉人的反悔权及其限度》，载《东南大学学报（哲学社会科学版）》2019年第4期。“两高三部”出台的《关于适用认罪认罚从宽制度的指导意见》第11条表述为“认罪认罚的反悔和撤回”。

[2] 夏征农、陈至立主编：《辞海》（第六版），上海辞书出版社2009年版，第267页。

[3] 夏征农、陈至立主编：《辞海》（第六版），上海辞书出版社2009年版，第565、976、566页。

[4] See Kenneth E. White, Mabry v. Johnson, The Supreme Court Sees the Forest through the Trees, Reverses Plea Bargain Decision, *American Journal of Trial Advocacy*, Volume 8, Issue 2 (1984), p. 267; John D. R. Craig, Guilty Plea Revocation, Constitutional Waiver, and the Charter: A Guilty Plea Is Not a Trap, *Dalhousie Law Journal*, Volume 20, Issue 1 (1997), p. 161.

二、认罪认罚撤回的具体事由与司法处置

（一）认罪认罚撤回的具体事由

主体性的含义不仅包括视自身为主体，同时也包括视他人为主体，进而实现个体理性和公共理性的统一。❶ 撤回认罪认罚作为被追诉人的主体性表达，自然受到个体理性和公共理性的约束，两种理性的统一处便是规范。“那种仅仅由感官冲动或刺激之类的爱好所决定的行为，可以说是非理性的兽性的选择。可是，人类的选择行为，作为人类，事实上是受这些冲动或刺激的影响，但不是由他们来决定的。”❷ 因而，在经验的法律生活中，行动必然受到外在因素的影响。

通过正当程序应诉是被追诉人基本的程序权利，“没有正当的法律程序，自由与权利就不可能存在。程序公正与一贯性是正当程序的基本要素，这是长久以来英美法学的一个标准概念”❸。无论是英美法系中的“辩诉交易”还是“认罪协商”，因其缺乏陪审团定罪环节或充分的法庭调查和辩护，都在一定程度上消解了程序的正当性，可以说是对正当程序的一种曲解，相当于对正义的出卖，甚至其秘密性使得协议具有了反民主和威胁自由的性质。❹ 这些批评之声，是对“辩诉交易”和“认罪协商”违背正当程序而侵害公民权利的一种担忧。我国的认罪认罚从宽协商也存在类似隐忧，因此，更加需要保证认罪认罚的自愿性，以确保认罪认罚是被追诉人的主体性选择。在这个意义上，被追诉人撤回认罪认罚，使对他的追诉活动重回无罪推定之普通程序，也是正当程序原则的要求。既是对其自我选择的尊重，更是在其程序权利遭受侵犯后，

---

❶ 刘军：《刑法学中的被害人研究》，山东人民出版社2010年版，第69页。

❷ ［德］康德：《法的形而上学原理》，沈叔平译，商务印书馆1991年版，第17页。

❸ ［美］戴维·J. 博登海默：《公正的审判：美国历史上刑事被告的权利》，杨明成、赖静译，商务印书馆2009年版，第3、97页。

❹ See Albert W. Alschuler, Plea Bargaining and Its History, *Law & Social Review*, Volume 13, Issue 2 (1979), p. 211.

提供的救济途径。“为充分保障被告人认罪认罚的自愿性和明知性，应在刑事诉讼法中明确规定被告人认罪认罚撤回权。”❶ 无罪推定和正当程序的权利在认罪认罚后，并未被彻底否弃，而是以静默的样态兜底性地保护着被追诉人，不应基于契约自由原则武断地认为被追诉人放弃了正当程序权。

从司法实务和理论可能性上看，认罪认罚的撤回存在以下事由和情形。一是，基于单纯的反悔心理而撤回认罪认罚，即无理由的撤回，常见的是被追诉人签署认罪认罚具结书后，无理无据地认为定罪不准或量刑过重。二是，因对指控事实和法律适用前后异议而撤回，比如承认入户盗窃的指控后，犯罪嫌疑人意识到所入之场所——废弃工厂的值班室并非刑法中的“户”。接受强奸罪的指控后，犯罪嫌疑人意识到所侵犯的人——男性并非强奸罪的行为对象，等等。三是，检察机关未有效履行告知义务或未恪守认罪认罚从宽协商许诺，导致被告人撤回认罪认罚。追诉机关未（完全）履行权利告知义务或未予阐明，使被追诉人不能获悉法律规定或对法律理解偏颇。认罪认罚具结书作为控诉方与被诉方等多方诉讼主体协商的结果，其约束力不仅及于被诉者，也及于追诉者，这种约束力是“刑事诉讼法中诚实信用原则”❷ 的要求。签署认罪认罚具结书后，追诉者应当依照具结书的内容提起公诉，不能随意变更。检察机关作出无法实现的承诺之情形，我国目前的司法实践鲜有出现，但理论上不排除其可能性，国外司法中已发生过类似案例。美国 Bauer v. United States 案中，检察官为了让被告人鲍尔（Bauer）指认一个贩卖可卡因的国际犯罪团伙，许诺将不会把他引渡到瑞士，而美国上诉法院则认为，相关的国家部门不能基于检察官对被告人的承诺而保留引渡。❸ 可见，检控方无权保留对被告人的引渡，这样的认罪协商便是一种“无法实现的辩诉交易”。该问题应引起我们警觉，若检察机关为了使被追诉人认罪认罚，而许诺无法实现的内容，也面临着认罪认罚被撤回的风险。四是，认罪认罚因欠缺自愿性和明知性被撤回。抗辩应当

---

❶ 张全印：《刑事诉讼中被告人认罪认罚撤回权的立法探究》，载《理论导刊》2017 年第 11 期。

❷ “刑事诉讼诚实信用原则是指刑事诉讼的专门机关及当事人乃至其他诉讼参与人在进行诉讼行为时，应当公正、诚实和善意。这一原则旨在约束专门机关在行使诉讼职权时滥用权力，防止当事人等在行使诉讼权利时滥用权利。”参见孙记：《论诚实信用原则在我国刑事诉讼中的确立》，载《兰州学刊》2017 年第 1 期。

❸ See Stuart L. Gasner, Special Performance of Unfulfillable Plea Bargains, *University of Michigan Journal of Law Reform*, Volume 14, Issue 1 (1980), p. 105.

出于一个完全了解自己行为后果的人的完全自愿，不应该由恐惧、误解、劝诱、诺言、疏忽或者无知所导致。❶ 自愿性是认罪认罚从宽制度的前提和灵魂，若权力机关在诉讼效率或诉讼政绩的驱使下，以从宽处理为“诱饵”进行骗诱，甚至“恩威并施”，威胁、刑讯被追诉人以迫使其认罪认罚，认罪认罚可能被撤回。另外，信息掌握不充分、协商能力、应诉技巧不足、法律知识欠缺等情况下的认罪认罚，也有可能被撤回。

需要注意的是，认罪认罚的撤回行为因行动本身的易受刺激性和冲动性，也存在恣意和滥用的可能。❷ 有的学者也多因此而拒绝认罪认罚被随意撤回，只允许存在相对的或有正当理由的撤回或反悔。❸ 然而，认罪认罚的撤回既然是一项行为事件和被追诉人的程序权利，就不应因其滥用而剥夺，任何权利都存在滥用、乱用的可能，不能就此否认它的存在，而应当建立和完善认罪认罚的撤回机制，设置灵活的司法处置措施，引导或规制它正当行使。

（二）认罪认罚撤回的司法处置

认罪认罚被撤回后还能否继续适用认罪认罚从宽制度，关涉认罪认罚从宽处理的正当依据。对该问题，学界观点不一，“单纯程序正当性论”认为，实体上从宽处罚的正当性是“节约司法资源”❹ 或者“放弃诉讼权利的对价”❺。如果认罪认罚的撤回妨碍了司法资源的节约或者丧失了弃权对价，从宽处罚便失去了正当根据。但是“节约司法资源论”难以圈定从宽处罚的边界，“放弃

---

❶ ［美］戴维·J. 博登海默：《公正的审判：美国历史上刑事被告的权利》，杨明成、赖静译，商务印书馆2009年版，第97页。

❷ 我国台湾地区学者林钰雄有“任意撤销权”之说，即“允许被告在协商判决前随时撤销其与检察官之合意”。参见林钰雄：《刑事诉讼法》（下），元照出版有限公司2013年版，第280页。

❸ 朱孝清：《如何对待被追诉人签署认罪认罚具结书后反悔》，载《检察日报》2019年8月28日，第3版。

❹ “资源节约说”主张，对犯罪嫌疑人、被告人从宽处罚的根据是，他的认罪认罚使得追诉活动便宜，司法资源得到节约。持此观点的学者有熊秋红、陈卫东和魏晓娜等。参见熊秋红：《认罪认罚从宽的理论审视与制度完善》，载《法学》2016年第10期；陈卫东：《认罪认罚从宽制度研究》，载《中国法学》2016年第2期；魏晓娜：《完善认罪认罚从宽制度：中国语境下的关键词展开》，载《法学研究》2016年第4期。

❺ “权利放弃对价说指的是由于被追诉人在明知且自愿的前提下主动放弃全部或者部分诉讼权利，国家可以采取省略乃至简化诉讼环节的方式，从而少受或者免受复杂且高成本烦琐程序带来的部分压力，国家据此对被追诉人从宽处罚，被追诉人还可因此少受讼累，取得彼此互赢的结果。”参见赵恒：《论从宽的正当性基础》，载《政治与法律》2017年第11期。

诉讼权利的对价说”也存在诉讼权利和诉讼标的是否可以自由处分的质疑，况且，被追诉人放弃了无罪辩护权等诉讼权利，为什么要对他进行实体法上的从宽处罚也未进一步阐明，尤其是在被追诉人并不撤回认罪认罚全部内容的场合，上述两种观点更显不足。

从宽处罚本质上是罪刑均衡的问题。刑罚的该当性，自启蒙运动以来，就一直存在着报应主义和功利主义之间的较量，当今世界各国对刑罚的态度趋向于兼具报应刑论和预防刑论的并合主义（相对报应刑论），而并合主义刑罚论内部又存在以谁为主导的争论，包括报应型相对报应刑论和预防型相对报应刑论。[1] 罪刑均衡实际上就是如何处理刑罚之报应与目的之间的关系问题。“修正的该当性理论”[2] 认为，刑罚的正当性根据首先是主体行为之该当，即根据主体行为的性质、损害后果以及内部素质和外部环境等因素进行的惩罚和谴责，是报应主义的刑罚。其次，强调个人主义的理性选择之该当为刑罚提供犯罪预防的功利考量，即根据犯罪者的人身危险性等要素进行的刑罚策略安排，以期矫正主体行为之该当刑罚的呆板，只是报应的道德论证相比预防犯罪的功利目的具有优先性。[3] 由此可见，预防刑只能在报应刑的范畴内进行量定，不能超出基于主体行为所该当的刑罚范围。

认罪认罚，作为行为人犯罪后的一种态度表达，显然不属于实行行为意义上的主体性行为，基于认罪认罚的从宽量刑，也无关报应的惩罚性。实际上，认罪认罚后的从宽处罚，是对预防犯罪的功利主义考量，它仅发生在理性选择之该当刑罚的量定场域。一方面，认罪认罚虽无法改变犯罪行为本身的性质、损害后果等已然事实，但行为人犯后自愿地尽力恢复，减轻其犯罪行为，以及其背后隐藏的对法之忠诚义务的违反程度，表明他在力图重返忠诚公民的联合体。[4] 正因认罪认罚者再违法可能性降低，通过重罚予以威慑和预防的必要性减少，才获得了从宽处罚的实体依据。另一方面，认罪认罚作为被追诉人的自

[1] 张明楷：《外国刑法纲要》，清华大学出版社 2007 年版，第 364 页。

[2] 修正的该当性理论由我国学者刘军教授在冯·赫希所提出的量刑之该当性理论的基础上，修正而成的新理论，它将刑罚之报应和预防通过主体性理论整合在一起，为罪刑均衡提供了新的理论解释路径。具体可参见刘军：《论罪刑之该当性》，载《法学论坛》2011 年第 1 期。

[3] 刘军：《罪刑均衡的理论基础与动态实现》，法律出版社 2018 年版，第 85－89 页。

[4] ［德］米夏埃尔·帕夫利克：《人个体主体公民——刑罚的合法性研究》，谭淦译，中国人民大学出版社 2011 年版，第 76 页。

我选择和理性决断，本质上是他主体性的表达，而非单纯地受利益刺激甚至外在强制而为的功利选择，对其从宽处罚，也是对其主体性表达的回应、尊重与提倡。然而，需特别注意，认罪认罚的情节属预防刑范畴，其对最终刑期的影响是有限的，立法上不能夸大这种影响❶，尤其不能突破主体行为之该当刑罚所应得的谴责范围。

认罪认罚从宽处罚，不仅要符合刑罚实体正义，亦受到程序法上诉讼效率的影响。刑案激增给司法机关增加了巨大的办案压力，正当程序下的对抗式诉讼模式更是加剧了司法负担，而被追诉人认罪认罚，诉讼对抗性消解，追诉流程直接依照有罪量刑的思路进行，简化甚至删去法庭调查和辩论环节，办案压力有效缓解，诉讼效率大为提升。可以说，被追诉人的认罪认罚给司法活动所有的参与者带来更多的集体福利，为肯认和鼓励认罪认罚，对量刑适当折减，以资奖励，此种刑罚可以称之为“奖励性刑罚”❷。但需注意，基于奖励的宽刑供给量和实体正义要求的宽刑供给量具有层级关系，前者只有在满足实体正义的基础上，不侵及或违背实体正义的前提下，方能进一步比量，否则，认罪认罚无论提升了多少诉讼效率，都不能从宽处理。

认罪认罚从宽处理的实体依据和效率参考，为认罪认罚撤回后实体层面的司法处置提供了基本的参照系，撤回若完全解构了认罪认罚，则从宽制度决不能继续适用，若认罪认罚并未被完全解构，只是丧失了值得奖励的基础，便不能概然排除制度的适用，但撤回如果消弭了宽罚的实体依据和正义要求，即使存在可奖励因素，从宽制度也不能继续适用。认罪认罚撤回后，在实体层面该如何处置，应具体分析撤回对认罪认罚的解构情况。

认罪认罚从宽制度中的从宽，除实体上的从宽处罚外，还包括程序上的从简追诉。❸ 认罪认罚撤回同样会对诉讼程序，尤其是审判程序产生影响，因为大部分认罪认罚案件一般都通过刑事速简程序审理，而认罪是适用速简程序的必要条件，其中速裁程序还需要满足认罚，撤回行为若完全解构了认罪认罚，

❶ 周光权：《论刑法与认罪认罚从宽制度的衔接》，载《清华法学》2019 年第 3 期。

❷ “奖励性刑罚”是笔者最新提出的刑罚理论，它独立于惩罚性、预防性刑罚，与否定性刑罚相对，旨在肯认、鼓励有益的行为举止，笔者将另行撰文专论。

❸ 刘广三、李艳霞：《论认罪认罚从宽制度的立法完善——以实证研究为视角》，载《山东大学学报（哲学社会科学版）》2017 年第 4 期。

刑事速简程序断然无法继续适用，若只是分解了认罚，依然保有认罪，还有适用简易程序的可能。

司法实务中，针对认罪认罚撤回，一般的处置方式是，先考察其是否完全解构了认罪认罚。认罪认罚撤回后，如果不再满足认罪认罚成立条件，则排除认罪认罚从宽制度的适用，包括实体上的从宽处罚和程序上的从简审判。若仅仅撤回认罪认罚的部分内容，如不再接受拟定的罪名，或对先前承认的部分事实细节反悔，并未影响认罪认罚成立的，则在查明事实的基础上，继续适用从宽制度，实务做法不可谓不对，只是忽视了撤回权行使本身的样态。

对毫无理由，只是基于任性、多变、反复无常而撤回认罪认罚，从宽制度断然不得享有，原因有二：一是，通过正当程序应诉是被追诉人基本的程序性权利，被追诉人撤回认罪认罚正是对可能遭到损害权利的救济，被追诉人无正当理由撤回认罪认罚，其正当程序适用权并未受到任何损害，而且存在乱用的嫌疑；二是，司法机关对被追诉人认罪认罚产生了合理信赖，并据此组织诉讼活动，若任由其无端撤回而无不利后果，将浪费大量司法资源。

然而，认罪认罚撤回并非都基于反复无常，如前所述，它存在多元样态和多种缘由，单纯反悔或滥用权利的情况下，从宽制度不予适用自无争议，但正当行使撤回权的情况下，以丧失制度基础为由一概排除适用，甚不合理。申言之，撤回是行动者的主体性选择，也是被诉者的权利，正如不能因抗辩权的行使而加重被告人的刑罚，从法理上看，任何人都不能因权利的正当行使而遭受不利益，但认罪认罚撤回后，即使是正当地撤回，从宽制度依然不能得到适用，实际上是剥夺了被诉者获得宽刑的可期待利益，着实让人无法接受。一方面要坚持认罪认罚从宽制度适用的条件，另一方面要遵守“任何人不能因权利的正当行使而遭受不利益”的法理，这里两者貌似难以相容。事实上，是司法机关在处置认罪认罚撤回时，仅关注自身权力的运行便利，忽视了撤回权行使的正当性。为补偏救弊，对认罪认罚撤回，应结合认罪认罚从宽制度的适用条件和被追诉人的主体性选择，根据不同情形和事由，进行相应的程序挽救，确保被诉者不因撤回权的正当行使而丧失从宽处理的利益。

三、认罪认罚撤回的具体处置与制度构建

（一）认罪认罚撤回在实体上的司法处置

单从认罪认罚从宽制度的适用条件上看，认罪认罚撤回如果使认罪认罚不再成立，则排除从宽制度的适用，如果认罪认罚依然成立，则从宽制度继续适用。问题的关键是如何认识从宽制度适用的前提条件。

认罪的成立条件，在制度试点时期和推广适用初期，学界争议较大，随着研究的深入和相关法规范的不断完善，基本形成共识，即只要被追诉人如实供述自己的罪行，承认指控的犯罪事实，就成立认罪。犯罪事实是指主要的犯罪事实，仅对个别事实情节提出异议，或者对行为性质提出辩解但表示愿意接受司法机关认定意见的，或者仅对指控罪名存有异议的，不影响认罪的成立。认罪的本体是悔罪，即认识到自己的行为是错误和违法的，并产生悔不当初的心理态度，如实供述罪行和承认指控的犯罪事实只是悔罪的表象，认罪包括悔罪和自认两部分，若被追诉人只是出于利益计算而单纯地供述事实，内心并无悔意，则不能认定认罪。因而，对撤回认罪之表象内容的考察，必须建立在悔罪的基础上，若撤回后，被追诉人不再具备悔罪基础，即使如实供述了罪行和承认了指控的犯罪事实，也不能成立认罪。

对于认罚，很多学者主张《刑事诉讼法》第 15 条中的“愿意接受处罚”不仅仅意味着概括地接受刑罚处罚，还包括积极退赃退赔，即民事和解赔偿。[1]“两高三部”《关于适用认罪认罚从宽制度的指导意见》（以下简称《指导意见》）对如何把握认罚采取阶段化递进式认定方法，不同的诉讼阶段，认

---

[1] 持此种观点的学者有朱孝清、黄京平、张智辉等人。参见朱孝清：《认罪认罚从宽制度的几个问题》，载《法学杂志》2017 年第 9 期；黄京平：《认罪认罚从宽制度的若干实体法问题》，载《中国法学》2017 年第 5 期；张智辉：《认罪认罚与案件分流》，载《法学杂志》2017 年第 6 期。

罚具有不同的表现形式。[1] 对犯罪者判处刑罚应当得到他的同意，这一点是成立的，只是犯罪者早已通过自己的犯罪行为表达了这种同意[2]，可以说，愿意接受处罚是行为人内在的自我同意，但愿意接受处罚，并非接受外在要求他承担的任何责任，只能是他的犯罪行为所“同意”的处罚，如果单纯基于诉讼效率的需要，要求他接受其行为所要求处罚范围以外的其他处罚形式，便超出了该当刑罚的正义要求。那种单纯基于诉讼效率的考虑而确定的认罚标准，不能算作被追诉人自己的认罚。民事赔偿和解能否作为认罚的成立条件之一，关键看其犯罪行为所该当刑罚中是否存在民事赔偿和解的义务。如果退赔退赃属于被追诉人的义务，则构成认罚成立条件，若不属于被追诉人的义务，只是他向被害人主动承诺的赔偿，并积极履行的，便不是认罚的成立条件，可以将其视作社会危险性降低的表现，对其单独评价。[3] 如果被追诉人撤回民事赔偿和解，对前一种情况，则解构了认罚，对后一种情况，则未解构认罚。

在适用从宽制度效果上，如何把握认罪和认罚的关系仍存争议。《指导意见》第9条规定，认罪认罚的从宽幅度一般应当大于仅有坦白或者虽认罪但不认罚的从宽幅度。可以看出，认罪不认罚的，依然可以从宽处罚，只是从宽的幅度要小于认罪且认罚的从宽幅度。认罪从宽具有法律依据，而认罚从宽缺少法律依据，它是依附于认罪从宽而存在的、不具有独立评判意义并可以单独适用的情形[4]，基于此，缺少认罚，只有认罪也能适用认罪认罚从宽制度。不同观点认为，适用认罪认罚从宽制度，必须同时具备认罪和认罚两个情节，只认罪不认罚的，不适用认罪认罚从宽[5]。还有学者认为，被追诉人只认罪不认罚虽不能适用认罪认罚从宽制度，但对其中的认罪情节可以依照法律规定酌情处理。[6] 事实上，单一的认罪与复合的认罪认罚都能产生从宽处理的法律效果，

---

[1] 根据《指导意见》，侦查阶段只要概括性地表示愿意接受处罚，即可成立认罚；审查起诉阶段则需要接受检察院拟作出的起诉或不起诉决定，认可检察院的量刑建议，签署认罪认罚具结书；审判阶段则表现为当庭确认自愿签署具结书，愿意接受刑罚处罚。

[2] ［德］黑格尔：《法哲学原理》，范扬、张企泰译，商务印书馆1961年版，第119页。

[3] 赵恒：《“认罪认罚从宽”内涵再辨析》，载《法学评论》2019年第4期。

[4] 黄京平：《认罪认罚从宽制度的若干实体法问题》，载《中国法学》2017年第5期。

[5] 杨立新：《认罪认罚从宽制度理解与适用》，载《国家检察官学院学报》2019年第1期；朱孝清：《认罪认罚从宽制度的几个问题》，载《法治研究》2016年第5期。

[6] 苗生明、周颖：《认罪认罚从宽制度适用的基本问题——〈关于适用认罪认罚从宽制度的指导意见〉的理解和适用》，载《中国刑事法杂志》2019年第6期。

《指导意见》将两者的不同界定为从宽幅度上的差异外，两者在制度依据、程序简化程度和欲求价值等方面也存在诸多不同。认罪后从宽更多的是作为衡量刑罚的方法运用的，依据的是量刑制度，追求的是刑罚实体正义，强调罪刑均衡。认罪认罚后从宽更多的是作为程序简化依据运用，适用的是刑事诉讼制度。认罪后从宽只可能在审判阶段，尤其是庭审环节中简化程序，而认罪认罚后从宽不仅在审判阶段简化审判程序，而且在侦查和审查起诉阶段也简化追诉程序，比如，《刑事诉讼法》和《指导意见》对认罪认罚案件的追诉时间都作了明显的收缩。认罪从宽和认罪认罚从宽虽然都可能产生从宽处理的法律效果，但两者是不同意义上的从宽，认罪认罚从宽制度的适用必得以复合式的认罪认罚为前提，只认罪不认罚，或只认罚不认罪的，都不能适用认罪认罚从宽制度。

撤回认罪，或撤回认罚，抑或撤回认罪认罚，都可能导致认罪认罚从宽制度的终止。撤回个别事实情节，不影响定罪的，比如入户盗窃的时间前后表述不一致的，撤回对罪名的自认，如承认了强奸罪的指控后，又觉得可能构成猥亵罪，因其并未解构认罪的成立，故不能排除认罪认罚从宽制度的适用。撤回犯罪主要事实的自认，或者撤回具结书中对定罪量刑、民事和解赔偿、退赔退赃、赔偿损失等的承诺，因其解构了认罪或认罚，则丧失了认罪认罚从宽制度的适用基础，尤其是认罚后又暗中串供、妨碍证人作证、毁灭隐匿证据的，不适用认罪认罚从宽制度。需注意的是，撤回认罚保留认罪的，虽然无法因认罪认罚从宽制度而获得从宽处理，但根据刑事实体法，对认罪情节单独评价，依然可能从轻处罚。

承认指控的罪名虽不是认罪成立之必备要件，但出于诉讼效率的考虑，国家敦厉被追诉人就罪名积极地进行协商，争取审前达成罪名自认，为此，对于承认指控罪名的，可以给予更多的宽刑奖励。这种思路，也得到“两高三部”《指导意见》的肯认，从宽幅度上，彻底认罪优于不彻底认罪，稳定认罪优于不稳定认罪。因而，司法在处置撤回指控罪名时，也应作相应的区分，单纯撤回指控罪名的自认，虽未撼动认罪成立基础，但审前为促成彻底认罪，司法机关耗费了一定的司法资源，协商一致的指控罪名被撤回，必然造成司法资源浪费，因而，撤回后的从宽处罚幅度可以适当缩减，以体现国家对彻底认罪、稳定认罪的鼓励。对认罚而言，亦是如此，对于不属于被追诉人义务之民事和解赔偿的撤回，虽未解构认罚成立，但国家鼓励被追诉人主动赔偿被害人损失，以发挥司法的修复功能，撤回民事和解赔偿，其可奖励性降低，从宽处罚亦应适当收紧。

（二）认罪认罚撤回在程序上的司法处置

认罪认罚撤回在实体上的司法处置仅仅是对认罪认罚从宽制度适用之外观形态的客观考察，它只顾及撤回后认罪认罚是否依然成立，实践中，也多是将处置的安排停留于此，即只要撤回行为解构了认罪认罚，便终结认罪认罚从宽制度的继续适用。但是这种仅凭制度外观样态就断然终结制度适用的处置措施，忽视了撤回权行使本身的正当与否，作为被追诉人自由意志的主体性选择和诉讼权利，“撤回”如果以正当理由行使，即使产生了瓦解认罪认罚基础的后果，也应当给予应有的关照或救济。对认罪认罚从宽制度的探索，应当保障最低限度的公正，避免损害当事人合法权益。[1] 尊重被追诉人的主体性，不仅包含赋予其该有的撤回权，也包括保障被追诉人不因权利的正当行使而遭受不利益的后果。因而，司法在处置认罪认罚撤回时，除判断认罪认罚的成立条件外，还要考察撤回权本身的行使样态，对正当行使撤回权的，即使暂时不再符合认罪认罚条件，亦不能断然终止认罪认罚从宽制度的适用，而应设置一定的程序回转机制，尽量保障被追诉人获得从宽处罚的利益期待。

一是，程序回转。对被追诉人因检察院未有效履行告知义务、未按协商一致的意见提起公诉和许诺无法实现的认罪协议、指控事实前后异议而撤回认罪认罚的情况，可以设置“回转程序”，补救撤回后的从宽处罚利益。具体言之，检察院未有效履行法定告知义务，不仅侵犯了被追诉人知情权益，更违反了刑事诉讼法的规定，存在明显的程序瑕疵甚至程序违法，若因被追诉人撤回认罪认罚而断然中断从宽制度的适用，既剥夺了被追诉人可期待获得从宽处罚的利益，更助长了检察院不依法履行权利告知义务的失当司法弊病。设置回转程序，即让检察院重新履行告知和阐明义务，确保被追诉人明知、理解，然后再次组织被追诉人认罪认罚从宽协商。

---

[1] 曾国东：《刑事案件认罪认罚从宽制度的定位分析——基于检察视域的实证研究》，载《东方法学》2017 年第 6 期。

办案检察官未按协商一致的认罪协议提起公诉，也侵害了被追诉人选择认罪认罚可预期的从宽处罚利益，并且违反了契约精神和刑事诉讼中的诚实守信精神，更为严重的是，司法公信力因此受到损伤，被追诉人丧失了稳定的制度利益预期，认罪认罚率也将下降，制度改革的初衷和价值更是得不到应有的施展。因而，对未按认罪协议起诉而使被追诉人撤回认罪认罚的情况，可以让检察院更正后，按照认罪协议重新起诉。若撤回发生在审查起诉阶段，由检察院内部自查，更换办案检察官，按照认罪协议重新起诉。若撤回发生在审判阶段，则由法院将起诉申请退回，让检察院重新起诉。

检察院在认罪认罚从宽协商中，许诺了无法实现的定罪量刑建议，使认罪认罚者获得从宽处罚的机会陷入风险，也僭越了法律对权力的配置，可以在如实告知被追诉人许诺无法实现的基础上，重新进行认罪认罚从宽协商，达成一致意见的，则依然按照认罪认罚从宽程序进行，被追诉人不再认罪认罚的，则按普通案件进行追诉。

被追诉人对指控事实前后异议的，可能存在案件事实不清问题，应该根据具体情况，退回重新或补充侦查，重查或补侦后，若被追诉人承认新的指控的，则继续适用认罪认罚从宽制度，若被追诉人不再承认新的指控的，则终止认罪认罚从宽制度。这样的情况既可能发生在审查起诉时，也可能发生在法院审判时，设置程序回转机制，就是保障被追诉人不因撤回权的正当行使而断送可期待的获得宽罚的利益。

二是，程序接管。被追诉人对因诱骗、威胁、暴力而撤回认罪认罚，亦是行使撤回权的正当事由，虽然撤回后不再符合认罪认罚的条件，但正当行使权利本身应得到一定的关照和保护。此种情况不同于因检察机关程序瑕疵而撤回认罪认罚，程序上的瑕疵可以通过程序回转方式，重新协商或补充侦查，但诱骗、威胁和暴力的方式迫使被追诉人认罪认罚，严重侵害了被追诉人的自愿性，该种情况的撤回，若发生在审查起诉阶段，则直接转为普通刑案的追诉模式，若发生在法院审理阶段，则由法院接管，与被告人重新协商。

认罪认罚撤回后，通过诱骗、威胁和暴力方式获取的符合客观真相的有罪供述是否能继续使用？对此，我国刑事诉讼法仅明确将暴力方式取得的有罪供述排除在外，对于骗供、诱供和威胁取供，并未明确禁止。❶ 学术研究也未完全否定骗诱取供，而主张对其使用进行合理规限，“以引诱、欺骗方法讯问具有一定的正当性，各国也在一定限度内赋予其合法性。我国应以不会引起虚假供述作为将引诱、欺骗讯问方法合法化的标准”❷。可见，对符合客观真相的有罪供述，即使是通过骗诱方法获取的，仍然可能得到使用：一则常用的诱骗方法❸并未被刑事诉讼法明确禁止；二则它作为一种司法实践智慧并未对被追诉人造成实体上的不利后果。然而，认罪认罚案件的处理中，以从宽量刑为“饵”诱使被追诉人认罪认罚，不同于常用的骗诱方法，对认罪认罚者从宽处理是一项正式的诉讼制度，具有鲜明的规范性，只是实际运作中被部分办案人员利用为“诱饵”，如果暗允此种做法，将严重妨碍认罪认罚从宽制度的实施，且歪曲其价值实现，更严重的是损害了司法公信力和司法权威，“信守司法承诺是各国对司法机关和司法人员的基本要求”❹。另外，诱骗取供，为公诉机关规避无罪推定，变相转移己方证明责任提供了“合法形式”，所以，认罪认罚撤回后，通过骗诱取得的有罪供述，应予排除。

三是，程序补救。对被追诉人因法律适用前后异议而撤回认罪认罚的，可以采取以下处置措施。在审查起诉阶段，公诉部门审查后，若坚持认为起诉的罪名、罪数、刑罚处遇等适用法律无误且适当的，则以原定意见提起诉讼，同时将认罪认罚撤回情况附卷一并提交，由法院裁断。因为，法院对认罪认罚的认定具有最终的判断资格，若在提起公诉时便隔断认罪认罚从宽制度适用进程，不仅剥夺了认罪认罚者对获得从宽处理利益的合理期待，而且存在越俎代庖的嫌疑，架空法院对认罪认罚的最终判断权。审查后若发现起诉的罪与罚确有错误或不当，如将猥亵罪错误地以强奸罪起诉、量刑建议过重等，则由其自行纠正或调整，然后再以新的定罪量刑建议同被追诉人进行协商。

---

❶ 《刑事诉讼法》第56条规定：“采取刑讯逼供等非法方法收集的犯罪嫌疑人、被告人供述……应当予以排除。”其中的“等非法方法”内涵不清，相关的司法解释和诉讼规则仅规定，只有达到与刑讯逼供相当程度的其他非法方法才可以排除，但并未明确排除骗供、诱供和威胁取供等方法。

❷ 秦宗文：《以引诱、欺骗方法讯问的合法化问题探讨》，载《江苏行政学院学报》2017年第2期。

❸ 司法实践中常见的骗诱方法，比如侦查人员给犯罪嫌疑人一点烟抽、送点好吃好喝的，适当安排会见近亲属，承诺给犯罪嫌疑人在押期间一定的照顾，帮助犯罪嫌疑人家属解决一些生活上的困难，再如隐瞒真实身份和意图的诱惑侦查、控制下交付、卧底侦查、刑事特情等。

❹ 龙宗智：《欺骗与刑事司法行为的道德界限》，载《法学研究》2002年第4期。

审判阶段，法院审查后，若认为公诉建议适用法律正确，应向被告人阐明，被告人依然坚持不再认罪认罚的，则转为普通程序依法审判。若公诉建议确有错误或明显不当，有两种方案可供选择：一是退回检察院调整后重新起诉；二是由法院直接依法判决。无论何种方案，都应加入再次协商环节，即检察院调整后，要与被追诉人就认罪认罚重新协商，或者法院纠正后与被告人再次协商。《指导意见》的立场是，先由检察院调整，再由法院审判（《刑事诉讼法》第41条），实际上是为法院审判设置了前置程序。《指导意见》的做法对权利的保障并不完满，设置前置程序表面上是对检察院主导认罪认罚案件诉讼的尊重与配合，但实质上，是通过检察院分解法院办案压力，以此提升审判效率。很明显，这种做法依然仅关注如何为权力运行减负，忽视了被告人的权利保护与救济，被告人基于正当理由撤回认罪认罚，其对获得从宽处理的合理期待应当得到救济，前置程序的设置缩窄了救济渠道。实际上，为调整量刑建议设置前置告知程序并无必要，反而不利于周延地保护被告人正当行使权利，况且，法院本身就是认罪认罚从宽协商的一方主体❶，因而，被告人因起诉意见适用法律错误或不当而撤回认罪认罚的，既可以退回检察机关调整后重新起诉，也可以由法院直接依法判决，只要增加再次协商环节就可以周全地保障认罪认罚的可期待利益。

认罪认罚从宽制度改革虽然触及当事人的权利保障，但不可否认，它的第一驱动力并非个体权利供给和保障，而是为了提高诉讼效率。通过制度构建以完善认罪认罚撤回的司法处置，是基于尊重和保障被追诉人主体性选择的权利。不仅认罪认罚的撤回及其司法处置需要尊重和保障被追诉人的主体性，认罪认罚从宽制度的改革与完善，乃至整个法治现代化建设，都应当以主体性理念为指导，通过制度设计不断地向刑事诉讼活动中输入信息负熵，为当事人供给更多的选择机会，以提升制度本身的正当性和社会治理水平。

---

❶ 刘军、潘丙永：《认罪认罚从宽主体性协商的制度构建》，载《山东大学学报（哲学社会科学版）》2020年第2期。

第八章　认罪认罚从宽制度中的单位犯罪

单位[1]作为犯罪主体是犯罪构造的重要组成部分，单位犯罪是否具备主体协商和达成协议的能力，能不能认罪认罚从宽，甚至与检察机关达成附条件不起诉协议？这是个亟待解决的问题，需要以主体性理论对之进行审视并提出制度构建意见与建议。

一、主体性视野中的单位犯罪

（一）作为法律拟制人格的法人与单位

1. 法人以及单位的本质

公司、企业等经济实体在当今社会发挥着重要作用，经常被视作“资本主义经济自由市场的核心”，它们的触角和影响深入社会的每一个角落，[2]扮演着越来越重要的角色，在美国甚至存在着院外游说集团，深刻地影响着国家的政治生活。然而法人犯罪作为公司兴起的一种副产品也如影随形，法人犯罪

---

[1] 英美法系国家普遍承认法人犯罪，而大陆法系国家除了法国之外并不承认法人犯罪。我国《刑法》第30条规定了单位犯罪，并没有使用法人犯罪的概念，但是单位犯罪的主要部分是法人犯罪，而且二者在理论上也有高度的互通之处。有鉴于此，在下文的叙述中，分别不同语境将使用单位犯罪与法人犯罪的概念。

[2] David O. Friedrichs, *Trusted Criminals: White Collar Crime in Contemporary Society*, New York. Wadsworth Company, (1996), p. 67.

每年给美国造成数以千亿计美元的损失，并且给个人、社会、环境和经济造成巨大的伤害。[1] 因此需要从人格主体的层面探讨法人的本质，正确认识法人行为的构造，以便恰当地评价其行为，赋予其相应的权利和义务。

自18世纪以来，法人的本质问题一直是西方民法学者所关注的问题。关于法人的学说纷繁复杂，存在着拟制论与实在论两个大的理论阵营[2]，前者包括特许说、拟制说、目的财产说、受益人主体说和管理者主体说，后者则主要包括有机体说和组织体说。[3] 应当说，以上各种关于法人的学说均有其存在的历史背景、理论优势以及解决问题的不同方案，然而从法学的视角来看，法人作为社会现实的存在与其作为法律上的行为主体是两种不同的概念，二者之间仍然存在着难以过渡的鸿沟。“即使诚如哲学家和社会学家揭示的那样，团体现象是实的不可避免的社会现象，这也不能回避法人概念的法律拟制性质。因为整个法律世界都是构造而来，而不是由现实反映而成。自然人概念如此，法人概念亦如此，都是法人思想作用的产物。”[4] 在这个意义上，事关法人所有的问题都是法律问题，都是法律的拟制。甚至从某种意义上来说，自然人也是一种法律上的拟制，或者至少是法律层面所界定的人，不同于日常生活中实实在在的个人。自然人也是一种经过法律而拟制的人，自然人与法人都不过是法学上的构造。“在法人的本质斗争中，我们一开始就在以一种个人主义的侧面认识罗马法学者，而在另一个侧面，又以超个人主义来认识日耳曼学者。”[5]这也从一个侧面表明，法人的本质问题，其实是“直接悬而未决”“由来已久的法哲学争议”，是“不可解决的法哲学基本问题”。[6] 当然，在此我们并非意图模糊法律拟制本身的概念，但是这样一种观点，至少在法律的层面为我们揭示了自然人以及法人作为行为主体的法律意义、法律依据和认定标准。

---

[1] Victor E. Kappeler & Gary W. Potter, *The Mythology of Crime and Criminal Justice*, *Long Grove*: *Waveland Press INC.*, (2005), p. 149.

[2] 有的学者对法人的学说采取三分法，即拟制说、否认说和实在说。但其实，否认说可以归属于实在说的范畴。

[3] 仲崇玉：《法人人格学说研究》，西南政法大学2006年博士学位论文。

[4] 江平、龙卫球：《法人本质及基本构造研究——为拟制说辩护》，载《中国法学》1998年第3期。

[5] ［德］拉德布鲁赫：《法学导论》，米健等译，中国大百科全书出版社1997年版，第63页。

[6] ［德］拉德布鲁赫：《法学导论》，米健等译，中国大百科全书出版社1997年版，第63页。

2. 法人以及单位人格的法律拟制

何谓法律拟制呢？法律拟制是一种法律上的假定，因为不能被反证，所以属于一种不能反驳的决断性虚构。自古罗马以来，法律拟制就是一项重要的立法技术，具有假定性和决断性。假定性意味着法律拟制不同于其所意欲适用的条文，决断性意味着对于两种情况采取同样对待，且不能被反证或者被反驳。“尽管人们对拟制的理解是纷繁复杂的，但有一点是相同的，即拟制是指一种法律上的不容反驳的推定或假定，是一个‘不可推翻的推定’、‘一个善意的错误’、‘一个法律的假定’、‘一个超现实的虚构’。”[1] 拉伦茨对此作了颇为详细的叙述，法律拟制的目标通常在于：将针对一构成要件（T1）所做的规定，适用于另一构成要件（T2）。则其与掩藏的指示并无不同。不采取 T1 的法效果亦用于 T2，法律拟制：T2 系 T1 的一种事例。因为法律并不在于陈述事实，其毋宁包含适用规定，因此，立法者并非主张，T2 事实上与 T1 相同，或事实上为 T1 的一种事例，毋宁是规定对 T2 应赋予 T1 相同的法效果。为达此目标，其指示法律适用者：应将 T2“视为”T1 的一个事例，反之，假使法律不拟将 T1 的法效果适用于 T2，则即使 T2 是 T1 的一个事例，立法者仍可将 T2 视为并非 T1 的事例。[2] 易言之，立法者明知 T2 并非 T1，二者是不同的事实和构成要件，但是基于保护法益或者规范之目的对二者等同视之，予以同一评价，并赋予相同的法律效果。

将法人视作犯罪的主体，认为法人具有人格意志，是一种法律意义上的拟制。萨维尼在解释法人制度时提出，法人是拟制的人；[3] 我国学者多采取拟制说。[4] 从规范的角度来看，是将法人与自然人视作具有同等权利与义务的主体，同时可以将法律的不利后果归咎于法人，甚至让法人承担刑事责任。但问题是，究竟是先有团体利益的现实存在，而后才有法律拟制和法人制度；还是先有法律拟制，而后才出现了社会交往中的法人呢？如果是前者，法律是顺势而为，而如果是后者，则法律是先声夺人，法人不过是制度的创造。“即这种

---

[1] 卢鹏：《法律拟制正名》，载《比较法研究》2005 年第 1 期。

[2] ［德］拉伦茨：《法学方法论》，陈爱娥译，商务印书馆 2003 年版，第 142 页。

[3] 卢鹏：《法律拟制正名》，载《比较法研究》2005 年第 1 期。

[4] 江平、龙卫球：《法人本质及基本构造研究——为拟制说辩护》，载《中国法学》1998 年第 3 期。

法人的人格是否根据法律而产生、‘拟制’或先已存在，它们是否只有法律上或法律前的现实，它们是否仅相对于法律存在或不依法律存在？进一步说，此处便产生一个问题，即如果法律的确严格地将团体的权利和其成员的权利区分开来，那么团体的利益是否要完全地融在其成员的利益之中，而且，这种法律是否也因不过是技术上的理由而区分……也就是说，团体的这种独立权利是否可用来保护独立的团体利益？”❶ 团体利益或许早已存在，但是与其成员利益的关系却处于界限不清、行为混同的状态，或许也正是为了解决这个问题才出现了法人制度，因此，法律的拟制不仅是技术上的原因，更是为了解决独立于其成员利益的团体利益问题，为了解决法人的意志与行为问题。

法律拟制给予法人与自然人相同的待遇和评价，认为在某种意义上，法人也与自然人一样具有意志自由，并需要对自己的行为负责。正如凯尔森所言，“虽然法人并没有肉体，但如果将个人所表现的有形行为归属于法人是可能的话，那么虽然法人没有灵魂，但将精神行为归属于它也一定是可能的。……对法人的归责是一个法律上的构造，而不是自然现实的描述。所以没有必要徒然企图论证法人是一个真正的人而不是一个法律虚构（legal fiction），以便证明不法行为，尤其是犯罪行为可以归责法人”❷。从而法律拟制不是在事实上的等同，而是在法律规范上的等价。让法人承担法律责任，无须通过将其论证为是一个真正人的路径，因为事实上法人并不同于自然人，法律拟制是“有意将明知为不同者，等同视之❸”。法律拟制说，有助于区分法人与其成员的人格、责任与财产。在民事领域和经济、社会生活的层面上，将法人作为民事主体是为了更加便利地从事社会交往活动，因此，也可以将法人的人格看作自然人人格的拓展和延伸，归根结底还是为了对个体人的自由、民事权利和经济利益的法律保障。

虽然如此，在刑法领域关于法人犯罪还存在着诸多争议。其中，最基本的、争议最大的是单位犯罪刑事责任的依据问题。因为在刑法领域，意志自由是刑法学的根基，是刑事责任无法绕过的堡垒，也是刑罚的正义性基础。但

---

❶ ［德］拉德布鲁赫：《法学导论》，米健等译，中国大百科全书出版社 1997 年版，第 63 页。

❷ ［奥］凯尔森：《法与国家的一般理论》，沈宗灵译，中国大百科全书出版社 1996 年版，第 118 页。

❸ ［德］拉伦茨：《法学方法论》，陈爱娥译，商务印书馆 2003 年版，第 142 页。

是，法人是否具有意志自由，意志自由的来源，以及是否具有可谴责性等，都是亟待解决的问题。通常认为，所谓意志自由是指借助于对事物的认识来作出决定的那种能力，至少包括认识与意志两个层面的问题，它是确定行为人法律责任和道义责任的主观根据。虽然法律拟制也可以适用于刑法领域的法人犯罪，依据作为一种具有决断性的假定，认为法人也与自然人一样具有意志自由，法人机关具有意思决定能力和执行能力，从而应当对自己的行为负责。但是法人犯罪毕竟需要承担刑事责任，而且法人的意思决定能力和行动能力最终都是由自然人来承担，那么，是由法人一体承担刑事责任，还是由法人单位内部的“直接负责的主管人员”“其他直接责任人员”承担刑事责任，还是需要由二者共同承担刑事责任，这都是需要进一步厘清的问题。有学者为了解决这个问题，提出了“添附人格”的概念，主张在单位犯罪中存在单位人格和单位成员人格因添附形式的不同而形成各异的单位犯罪人格——“添附人格”之情形，并进而产生“添附意志”；该添附形式的不同亦恰为单罚制与双罚制适用之依据，以期对单位犯罪刑事责任承担之司法理解与立法规范有所裨益。[1] 该学者的思想观点无疑具有创新性，也看到了法人犯罪的复杂性，但更重要的是，该观点能够在人格的层面上对法人、内部成员的人格以及二者之间的关系进行探讨。

法人属于拟制人格，是自然人人格的拓展，在这个意义上关于法人的法律拟制其实就是对于人格的拟制，因此也应当以主体性的视角对法人的人格进行理解与阐释，也只有在这个层面上理解法人，才能更好地解释法人犯罪。“法人人格的生成，不仅是法律对人格体系的扩展，也是对社会生活条件法权的尊重。……法律应当确认社会团体具有与伦理上自由的人同样的，甚至是超越伦理上自由人的法律人格。”[2] 法人也与伦理上自由的人一样，具有（法）人格，虽然是法律拟制的人格。

---

[1] 洪灶发：《单位犯罪刑事责任之依据新探——以“添附人格说”为中心的体系建构》，载《理论界》2014 年第 6 期。

[2] 畦鸿明、陈爱武：《非法人组织的困境及其法律地位》，载《学术研究》2004 年第 2 期。

（二）单位犯罪及其主体性人格

1. 单位意志及其刑事责任能力

我国《刑法》第30条以列举的方式规定了单位犯罪，即“公司、企业、事业单位、机关、团体实施的危害社会的行为，法律规定为单位犯罪的，应当负刑事责任”。目前我国除了机关和人民团体之外，其他的公司、企业、事业单位和社会团体基本都是采取的法人制度，亦即，单位犯罪的主体绝大部分是法人，而且必须是法律规定为单位犯罪的，才能构成单位犯罪，否则只能是自然人犯罪。

在民事领域，法人是具有民事权利能力和民事行为能力，依法独立享有民事权利和承担民事义务的组织。但在刑事领域，除了单位必须实施具有法益侵害或者危险的行为、法律规定这种犯罪可以由单位来构成，还要求单位必须具有刑事责任能力才能成为实施犯罪的行为主体。因此，刑事责任能力是解读单位犯罪的核心，无论是单位的类型还是单位的特征都是围绕单位的刑事责任能力而展开的。

从单位的类型上看，单位犯罪的主体，必须是公司、企业、事业单位、机关和团体。公司、企业、事业单位既包括国有的、集体所有的企业、事业单位，也包括依法设立的合资经营、合作经营企业和具有法人资格的独资、私营等公司、企业、事业单位；而机关和团体则包括各级国家权力机关、行政机关和司法机关以及各种人民团体和社会团体。我国刑法并没有要求单位犯罪的主体必须是法人或者具有法人资格，因此能否成为单位犯罪的主体主要的判断因素为是否具有刑事责任能力，亦即是否具有法律拟制的人格。

自然人刑事责任能力的判断主要涉及年龄、精神和生理缺陷三个大的方面，无论是哪个方面，判断的核心要素都包括辨认能力和控制能力两个层面。通常而言，所谓辨认能力是指一个人对自己行为的性质、社会意义与结果的认识能力；而控制能力则是指一个人按照自己的意志支配自己行为的能力。其中辨认能力是前提和基础，控制能力是关键与核心；没有认识能力也就谈不上控制能力，而控制能力是刑事责任能力的集中体现。就法人犯罪而言，虽然没有涉及辨认能力和控制能力方面的刑事责任能力判断，由于法人内部成员都是具有刑事责任能力的人，那么法人作为法律拟制的人格，其刑事责任能力主要体现在以下三个方面。

一是合法性。单位必须是依法成立的，具有形式上的合法性与实质上的合法性。单位是由法律所规定的犯罪主体，其刑事责任能力受到法律的限制，只有依法成立的单位才能够成为单位犯罪的主体。如果是法人，无论是社团法人还是财团法人，都需要依法注册成立，有必要的财产和经费，有自己的名称、组织机构和场所，能够独立承担法律责任。无论是法人还是非法人单位，都是为了从事一定的政治、社会和经济活动而成立的，成立的目的符合实质的合法性。成立单位不能是为了实施违法犯罪活动，否则就不构成单位犯罪而成立自然人犯罪。1999 年最高人民法院《关于审理单位犯罪案件具体应用法律若干问题的解释》对此作了详细规定，“个人为进行违法犯罪活动而设立的公司、企业、事业单位实施犯罪的，或者公司、企业、事业单位设立后，以实施犯罪为主要活动的，不以单位犯罪论处”。其个中缘由就是，这种行为并非单位行为，不是在单位的意志支配下而从事的行为，而是纯粹的自然人行为。

二是独立性。单位是否具备刑事责任能力，还要看其是否具有独立性。我国刑法规定的单位犯罪，并不限于法人，也不能完全套用民商法中有关法人的规定与理论进行解释。能否构成单位犯罪，除了具有合法性，还要看单位是否具有独立性。有的法人在其住所之外会设立不具有法人资格的分公司或者分支机构，在民商法中分公司或者分支机构的行为完全由设立它的公司法人或者非公司法人来承担，主要目的是保证正常的经济活动和交易的安定性，防止法人借机逃避民事责任。对于单位犯罪而言，虽然分公司或者分支机构不具备法人地位，但是具有独立性或者相对的独立性，不但具有相对独立的财产，而且能够就该单位的经营活动进行决策并实行，如果其行为触犯刑法则能够单独成立单位犯罪。这也是我国单位犯罪与西方国家法人犯罪最大的区别。

三是意志性。我国单位犯罪规定的主体是单位，无论是否具备法人资格或者法人地位，如果该单位具有一定的独立性，能够就单位的经营活动作出相对独立的决定，存在自主的单位意志和体现单位意志的相对独立的单位行为，则能够构成单位犯罪。这其中单位的意志是重要标志。意志性，不但是判断该单位能否构成犯罪的重要因素，也是区分单位犯罪与单位成员个人犯罪的重要标志。如果单位成员所实施的业务行为体现的是单位意志，则属于单位行为；反之，如果单位成员所实施的行为不能体现单位的意志，甚至超出了单位的业务范围，则属于单位成员的个人行为，是自然人犯罪而非单位犯罪。单位成员所实施的行为只有是在相关的业务范围内，才是单位意志的体现，是单位行为的组成部分。

四是目的性。单位犯罪的目的是为该单位谋取非法利益，并且单位犯罪行为的实施必须与单位的正常业务相联系。如果以单位名义进行犯罪仅是为了个人的利益，就不是单位犯罪，而是单位内部成员个人的犯罪。最高人民法院《关于审理单位犯罪案件具体应用法律若干问题的解释》第 3 条规定，“盗用单位名义实施犯罪，违法所得由实施犯罪的个人私分的，依照刑法有关自然人犯罪的规定定罪处罚”。这一法律解释充分体现了单位犯罪的目的性特征，因为不是为单位谋取非法利益，而只是盗用单位名义实施犯罪，不能体现单位的人格和意志，不能被认定为是单位的行为，因此不是单位犯罪，而是自然人犯罪。

2. 单位的主体性人格

以上对于单位刑事责任能力判断因素的表述，还应当从法人的拟制人格的层面进行全面理解与把握，合法性意味着法人作为拟制人格存在的前提和基础，没有合法性也就不存在所谓的拟制人格，也就根本无法成为法人犯罪的行为主体，其行为也无法归咎于法人。独立性则不仅代表了法人承担责任的可能性，更彰显了法人的意志，在此，我国刑法并没有拘泥于法人的相关理论，而是以是否具有独立人格来看待法人犯罪。单位刑事责任能力的核心是其意志性，是否存在单位意志以及能否作出独立的决定，是单位承担刑事责任的关键与核心。为单位谋取非法利益是单位犯罪的目的，也是单位意志性的重要体现。单位作为拟制的人格，自持是其自身的基本诉求，其所作所为都是为了单位的存在与发展，只是因为其谋取利益的行为触犯法律而导致犯罪。因此，单位刑事责任能力也体现在其为单位谋取非法利益的目的性上。总而言之，刑事责任能力是解读单位犯罪的核心，全面理解与把握刑事责任能力必立基于单位的主体性人格之上，虽然只是法律拟制的人格。

不仅在单位是否构成犯罪的层面，而且在单位犯罪的刑罚处罚层面，也必须以单位的主体性人格进行解读。我国《刑法》第 31 条规定了单位犯罪处罚原则，“对单位判处罚金，并对其直接负责的主管人员和其他直接责任人员判处刑罚。本法分则和其他法律另有规定的，依照规定”。刑法分则另有规定的都是单罚制，即只处罚自然人而不处罚单位，如《刑法》第161条规定的违规披露、不披露重要信息罪就是单罚制，“依法负有信息披露义务的公司、企业向股东和社会公众提供虚假的或者隐瞒重要事实的财务会计报告，或者对依法应当披露的其他重要信息不按照规定披露，严重损害股东或者其他人利益，或者有其他严重情节的，对其直接负责的主管人员和其他直接责任人员，处三年以下有期徒刑或者拘役，并处或者单处二万元以上二十万元以下罚金”。也就是说，对于单位犯罪双罚制是原则，单罚制是例外。但问题是法人犯罪为什么要采取双罚制而不是仅仅由单位来承担刑事责任呢?

其实这个问题还是要从单位的主体性人格进行解读，实行双罚制正是对于单位犯罪刑事责任的恰当回应。单位的行为首先表现为单位成员的行为，单位作为法律拟制人格，其刑事责任能力和行为能力均体现在其成员的行为之上。由单位的决策机构所作出的决定体现了单位的意志，而单位成员的执行行为则体现了单位的行动力，这些都是单位人格的组成部分。正因为如此，体现单位拟制人格与意志的单位成员的行为与单位的行为是一体的，这也是为什么单位犯罪需要由直接负责的主管人员和其他直接责任人员承担刑事责任的原因。“法人等组织体中的自然人的行为同时也成为组织体活动的一环，被视为组织体的行为的一部分……区分代表者与代表者以外的行为，只将代表者的行为视为法人的行为缺乏合理的理由。……处在末端的从业人员的行为如在客观上具有业务关联性，在作为组织体活动的一环而实行的范围内，就是作为企业组织体活动的法人的行为。”[1] 易言之，单位成员在其业务范围内执行单位意志（包括故意和过失）所从事的行为应当归属于单位，这是单位拟制人格及其主体性的表现，但是，不能仅仅将代表者的行为视为法人的行为，单位对自己的成员具有监督的职责，如果存在过失，也仍然有可能构成单位犯罪。

当然单位犯罪也存在单罚制的情形，我国刑法只规定了处罚自然人的单罚制，即由直接负责的主管人员和其他直接责任人员承担刑事责任，但其实还存

[1] ［日］板仓宏:《现代社会与新刑法理论》，劲草书房1980年版，第45－46页。转引自王良顺:《单位犯罪论》，中国人民公安大学出版社2008年版，第173页。

在只处罚单位的单罚制。洪灶发以“添附人格”的概念对于单位犯罪的解读非常具有启发意义，❶ 但是却走错了论证路径，应当是法人的整体意志和人格，而非所谓自然人对于法人人格的“添附”以及由此作为双罚制与单罚制的处罚依据。单位犯罪即使采取处罚直接负责的主管人员和其他直接责任人的单罚制，也是因为单位犯罪而非自然人犯罪，这个界限不容易模糊。因此，无论是双罚制还是单罚制，也无论是只处罚自然人的单罚制还是只处罚单位的单罚制，其区分的标志便是单位的主体性人格。亦即，单位犯罪与自然人犯罪的区别在于，形成的是单位的团体人格还是个体人格，如果形成的是单位的团体人格，则构成单位犯罪，否则就只能构成自然人犯罪，而无论究竟是由单个的单位成员作出的决定还是由集体作出的决定。

以此为标准对我国的单位犯罪进行审视，很多名义上的单位犯罪其实都不是单位犯罪而是自然人犯罪，而有些采取单罚制的单位犯罪其实是需要采取双罚制的。通常认为，我国刑法中规定了单罚制的单位犯罪，这些罪名包括：重大劳动安全事故罪（第135条）、大型群众性活动重大安全事故罪（第135条之一）、工程重大安全事故罪（第137条）、教育设施重大安全事故罪（第138条）、消防责任事故罪（第139条）、违规披露、不披露重要信息罪（第161条）、妨害清算罪（第162条）、虚假破产罪（第162条之二）、私分国有资产罪、私分罚没财物罪（第396条）等。首先是私分国有资产罪、私分罚没财物罪。这两个罪名是以单位名义将国有资产集体私分给个人或者将应当上缴国家的罚没财物以单位名义集体私分给个人的行为，所谓“以单位名义”其实是指从单位机关决策的形式上来看仿佛是单位行为，但实质上是自然人假单位的名义所为，侵害的是单位本身的利益，其实属于自然人犯罪而非单位犯罪。其次，妨害清算罪和虚假破产罪也有类似的情形，是对本单位利益的侵害，而且如果单位进入清算或者破产程序，单位自身已经没有行为能力和刑事责任能力，单位的主体性人格受到了极大的限制甚至是丧失，也就没有能力再承担刑事责任，更没有对单位处以罚金的可能性和必要性了。再次，单位所涉嫌的重大劳动安全事故罪等五个罪名，均为过失危害公共安全的犯罪，对于单位成员

---

❶ 洪灶发：《单位犯罪刑事责任之依据新探——以“添附人格说”为中心的体系建构》，载《理论界》2014年第6期。

的行为单位负有监督过失的责任，承担人身损害赔偿自不必说，但是从单位组织体的人格上来说，虽然体现了单位意志，但毕竟是一种过失责任，有的则涉及监督过失责任，因此，即便是单位犯罪，采取处罚直接负责的主管人员和其他直接责任人员的单罚制已经足以实现罪责抵偿和遏制犯罪，不需要再对单位判处罚金，毕竟罚金刑也是对无辜股东的一种惩罚。最后，违规披露、不披露重要信息罪，是一种不履行作为义务的行为，不但能够充分体现单位意志和主体性人格，而且会因此侵害到广大股票和证券投资者的利益，虽然行政法规对此可能采取罚款、停业整顿、吊销营业执照等行政处罚，但是行政处罚并不能代替刑罚，因此违规披露、不披露重要信息的行为应当采取双罚制而非单罚制，以便有效规范此类行为。

总而言之，对于单位犯罪应当考察单位的主体性人格和单位意志，这是单位刑事责任能力的重要体现，也是承担刑事责任范围以及采取单罚制还是双罚制等的重要考虑因素。当然，对于涉嫌单位犯罪被撤销、注销、吊销营业执照或者宣告破产的，也只能对直接负责的主管人员和其他直接责任人进行刑事处罚。这个与实行双罚制还是单罚制并没有太大的关系，在此不必赘述，但是也与单位的主体性人格及其刑事责任能力有密切关系。

二、单位犯罪治理刑事政策分析

（一）单位犯罪治理的目标与方法

1. 单位犯罪治理的目标

当出现单位犯罪之时，社会的反应可以是惩罚、禁止将来的违法犯罪行为，也可以是对受到的损害要求赔偿。从刑事政策的视角，任何犯罪都应当设定合理的犯罪治理目标，单位犯罪涉及经济社会生活中的重要主体——法人以及其他社会组织，更应当为单位犯罪治理设定合理的目标，平衡对于单位法益侵害行为的规制、损害赔偿以及经济社会发展的关系。与自然人犯罪的治理目标为报应之下的预防不同，单位犯罪的治理应当是预防为主报应为辅。而且单位犯罪治理的预防犯罪，应当体现在刑法学意义上的犯罪预防和犯罪学意义上的犯罪预防两个层面。

通常而言，传统刑罚目的之正当性理论包括以下四个方面：复归社会、剥夺犯罪能力、预防犯罪和报应。❶ 这四种刑罚目的存在竞争与竞合，无论是大陆法系还是英美法系，报应主义（正义之该当）仍然占据着主导性的地位，或者说主导性的刑罚目的仍然是对已然之罪的报应，刑罚仍然主要是该当之正义或者罪责之抵偿的实现。在以上所有这些刑罚目的中，唯有报应是面向已然之罪的，亦即，是根据已经发生的犯罪行为对于法益侵害的程度以及可谴责性量定刑罚；其余的刑罚目的都是面向未来的，聚焦于未然之罪，为防止、遏制、阻隔尚未发生但是可能发生的犯罪而处以刑罚。其中的社会复归理论虽然肇始于教育刑，❷ 然而经过恢复性司法的洗礼，社会复归理论中对于人的主体性的肯认更加突出，更加凸显的是犯罪人的自我教育、自我改造与自我完善。社会复归理论以犯罪人复归到一个没有仇恨的社会作为刑罚的最终目的，虽然对于预防犯罪而言同样意义重大，然而却是以主体性为导向的一种刑罚理论。与自然人犯罪不同，对于单位犯罪而言不会存在复归社会的问题。因为单位犯罪毕竟是法律拟制的人格，其意志仍然要通过作为决策者和执行者的自然人而体现，因此，受到刑罚处罚的直接负责的主管人员或者其他直接责任人员等自然人，无论其是否复归社会，对于涉嫌犯罪的单位而言，都没有太多实在的意义。因此，就单位犯罪而言，不存在考虑社会复归的问题，如果需要考虑社会复归也只是考虑单位犯罪中受到处罚的直接负责的主管人员或者其他直接责任人员的社会复归问题。

剥夺犯罪能力也是面向未然之罪的刑罚目的。所谓剥夺犯罪能力其实是一种隔离式的犯罪预防，是犯罪学意义上的犯罪预防。在美国，20 世纪 60 年代盛行对犯罪人的挽救与矫正，但是由于矫正实际效果不佳，80 年代中期被放弃并逐渐地回归报应主义（罪刑该当），90 年代中期以加利福尼亚州的“三振出局”法案为标志，刑事司法实践中的刑罚政策开始转向剥夺犯罪能力和

---

❶ 刘军：《该当与危险：新型刑罚目的对量刑的影响》，载《中国法学》2014 年第 2 期。

❷ 也有学者认为矫正与社会复归内涵是一致的。参见吴景芳：《刑罚与量刑》，载《法律适用》2004 年第 2 期。

（较低层次的）威慑，[1] 到了1997年24个州和联邦法律均制定出台了“三振出局”法案，而各州的惯犯法也不同程度地加强了对惯犯的惩罚力度，[2] 这一刑罚思想和政策在美国一直维持至今。剥夺犯罪能力是第一种非常特别的预防犯罪的思想，积极而有效，针对的是有犯罪危险性的犯罪人。对于单位犯罪而言，剥夺犯罪能力也是一种非常重要的刑罚目的，因为可以通过制度设计防止可能发生的犯罪行为，这种类型的剥夺犯罪能力类似于法人的合规治理；而对于已经发生的犯罪，也可以通过剥夺犯罪能力预防其再次侵害社会。

剥夺犯罪能力可以区分为“类型化剥夺犯罪能力”和“选择性剥夺犯罪能力”。剥夺犯罪能力并不是要预防所有的犯罪，而是有重点地预防具有高度发生危险的犯罪，既然如此，剩下的就是预测与“选择”了，我们可以选择某一种类型的犯罪，或者某一个时期高发的犯罪（主要是暴力犯罪），从刑罚威慑的层面预测需要何种刑罚，包括刑种和刑度，才能够遏制犯罪的发生；也可以将某一些具有高度再犯危险的犯罪人“选择”出来，施以更长的刑罚，不但可以威慑其他人不再如此作为，同时在犯罪人被隔离期间是无法犯罪的，从而得以有效地控制犯罪的发生。前者被称作“类型化剥夺犯罪能力”，后者则是“选择性剥夺犯罪能力”。剥夺犯罪能力的两种策略的侧重点不同，前者对于所有犯相同罪行的人适用相同或者类似的刑罚，所选择的是不同的犯罪类型；而后者则是依据对个体在将来的再犯危险性的预测进行有区别的量刑。[3] 但是，这两种剥夺犯罪能力其实都是经过了“选择”的，都涉及犯罪人未来犯罪能力与机会的剥夺问题，在这个意义上二者殊途同归，只是危险性预测所依据的材料和标准存在差异而已。“只有对单位犯罪的主管人员和其他直接责任人员也加以处罚，才能够真正使单位丧失犯罪能力，遏制单位犯罪，使刑法的功利目的得以实现。”[4] 可以区分不同的犯罪类型，或者针对具有高度危险

---

[1] Michael Vitiello, Three Strikes: Can We Return to Rationality?, *The Journal of Criminal Law and Criminology*, Vol. 87, No. 2 (Winter, 1997), p. 397.

[2] Michael Vitiello, Three Strikes: Can We Return to Rationality?, *The Journal of Criminal Law and Criminology*, Vol. 87, No. 2 (Winter, 1997), Appendix A: Abstract of Habitual Offender Statutes Across the States.

[3] Jacqueline Cohen, Incapacitation as a Strategy for Crime Control: Possibilities and Pitfalls, *Crime and Justice*, Vol. 5 (1983), p. 4.

[4] 高铭暄：《中国刑法解释》（上卷），中国社会科学出版社2005年版，第569页。

性的单位中直接负责的人员采取剥夺犯罪能力方面的措施。

以上各种刑罚目的理论同时存在于大陆法系与英美法系之中，只不过在名称以及概念的内涵上可能会略有不同，英美法系通常将这些刑罚目的分而列之，似乎是平等地对待各种刑罚目的，但其实更加强调刑罚目的理论在现实社会中的实际作用，强调刑罚的实际效果。大陆法系国家在刑罚理论方面常常是理论先行，更加注重行为的可谴责性与刑罚的道义性，通常将刑罚理论区分为报应主义与预防主义（一般预防与特殊预防），而特殊预防则涵盖了威慑、矫正、社会复归甚至是隔离的思想，从而将除报应之外的其他所有的刑罚目的统统纳入预防犯罪的大旗之下。这种做法的好处是，刑罚理论及其哲学基础泾渭分明，不足之处是不能很好地标识矫正、社会复归、剥夺犯罪能力以及隔离之刑罚目的的思想来源，极大地局限了这些刑罚目的的作用的发挥，不能在刑罚适用（量刑）过程中很好地考虑这些刑罚目的，而仅仅是将这些刑罚目的作为刑罚执行中考虑的因素。在这个意义上，剥夺犯罪能力之刑罚目的其实也是为了预防犯罪，只不过是犯罪学意义上的预防犯罪，而且针对的是具有犯罪危险性的犯罪人。除此之外，威慑刑也是预防刑，又包括一般威慑和特别威慑，此即刑法学意义上的犯罪预防。就单位犯罪而言，威慑的意义也微乎其微，因为单位只是法律拟制的人格，不存在真正意义上的意志，因此也是无法威慑的，除非单位的利益与作出决策之人的利益是重合的，可以通过威慑自然人的方式威慑单位。因此，就单位犯罪的刑事治理而言，就只剩下责任抵偿（报应）和剥夺犯罪能力之刑罚目的了。

刑罚目的的竞合是常态性的，总是存在选择的各种可能性，当前世界各国均采并合主义，即一种综合的刑罚理论。单位犯罪基于其特殊性，综合的刑罚理论应当是责任抵偿和剥夺犯罪能力之刑罚目的的综合。首先应当考虑责任抵偿，根据单位犯罪的不同性质考虑采取单罚制还是双罚制，而剥夺犯罪能力则主要考虑对于单位犯罪中自然人的犯罪预防，防止自然人利用单位的资源与优势，侵害社会以及单位的利益。在这个方面应当更多地考虑单位与司法机关的合作，发挥单位的主体性，积极采取措施预防单位犯罪的发生。

2. 单位犯罪治理的方法

单位的主体性人格和刑事责任能力的概念非常重要，不但在立法上是划定单位犯罪还是自然人犯罪并在司法上进行区分与认定的重要标准，而且也是主体性地看待单位犯罪及其意志的理论基础，对于遏制单位犯罪以及单位主体性地参与司法过程都有非常重要的理论意义。单位犯罪系相对于自然人犯罪的法律拟制，单位犯罪中单位的人格是法律拟制人格，根源还在于组成单位人格的自然人的人格。申言之，即使没有单位犯罪和单位拟制人格，对于单位犯罪的惩治与预防仍然可以通过对于涉入其中的自然人进行惩罚以达到预防单位犯罪的目的。

我国1979年《刑法》中并没有规定单位犯罪，但是在当时的《海关法》中规定了走私罪可以由单位构成，1988年全国人大常委会《关于惩治走私罪的补充规定》进一步明确了单位可以作为犯罪主体，1997年《刑法》正式确定了单位犯罪。但是对于单位犯罪是否仅存在于《海关法》的规定之后，还存在着不同的认识。❶ 根据《刑法》第30条的规定："公司、企业、事业单位、机关、团体实施的危害社会的行为，法律规定为单位犯罪的，应当负刑事责任。"由此可以看出，单位犯罪必须由法律明确规定，否则不成立单位犯罪。而《刑法》第31条明文规定："单位犯罪的，对单位判处罚金，并对其直接负责的主管人员和其他直接责任人员判处刑罚。本法分则和其他法律另有规定的，依照规定。"依之，单位犯罪以"双罚制"为常态，"单罚制"为例外。但是，我国的所谓"单罚制"是只处罚直接负责的主管人员和其他直接责任人员，如果按照这个标准，1979年《刑法》中也存在单位犯罪的情形，只是没有明确将其规定为单位犯罪而已，如偷税罪、抗税罪等，学理上也将其认定为单位犯罪。2014年《全国人民代表大会常务委员会关于〈中华人民共和国刑法〉第三十条的解释》中，对于单位实施刑法规定的危害社会的行为，法律未规定追究单位的刑事责任的，对组织、策划、实施该危害社会行为的人依法追究刑事责任。这个立法解释涉及的主要是法网严密的问题，仍然没有解决这类行为是否为单位犯罪的性质定性问题，因为法律未规定追究单位的刑事责任，但是在性质上仍然是单位犯罪，只不过是追究直接负责的主管人员和直接责任人员的刑事责任而已。因此，认定是否单位犯罪不应当以是否处罚单位为标准，而应当以是否体现单位的意志和主体性人格，是否以单位作为犯罪主

❶ 朱建华：《单位犯罪主体之质疑》，载《现代法学》2008年第1期。

体而实施的法益侵害行为为标准。

刑罚的目的是预防犯罪，对单位作为犯罪主体予以规定，也是为了更好地预防单位犯罪。然而单位犯罪作为法律拟制的人格，其自身并不能感受刑罚所带来的痛苦，以及刑法对于犯罪行为的谴责，更重要的是，单位作为人合组织其意志仍然由作为单位的决策机构和执行机构来体现，实际的执行者仍然是自然人，因此预防单位犯罪归根结底还是要落脚于具体决策、实施和执行单位犯罪的自然人。“单位自身不能感受其痛苦与耻辱，也无法决心改恶从善。单位是否犯罪或是否再次犯罪，不取决于单位本身的意志，而仅仅取决于单位的决策人员。……因此，要遏制单位犯罪，只需遏制住单位的‘直接负责的主管人员’从事犯罪的冲动即可达到。”[1] 也正是这个原因，需要加强对单位犯罪的直接负责的主管人员和其他直接责任人员的刑事责任的追究。然而单位犯罪非常复杂，不仅涉及许多复杂的财务和法律关系，而且涉及很多内幕关系，尤其是单位为了规避风险常常在管理过程中进行合规化管理，聘请律师或者会计师事务所等中介机构对企业内部可能存在的风险进行评估、整改、甚至是隐瞒，有的也会采取措施进行洗白，或者对一些灰色地带的问题进行合法化，这些都会显著增加发现和调查单位犯罪的难度。因此需要考虑全新的刑事政策，以对单位犯罪的内部结构进行瓦解，促进单位犯罪的发现与调查能力，确保成功追诉涉嫌单位犯罪的自然人，有效遏制单位犯罪的上升势头。

以单位犯罪的治理目标为导引，根据单位犯罪的特殊性，应当采取更加灵活、实用和有效的治理方法。其中最为重要的理念就是，要肯定和重视单位的主体性，促使单位与司法机关合作，主动配合调查单位犯罪；加强单位的合规治理和内部人员的教育管理，从源头上防止单位犯罪。以此为视角，单位犯罪不但能够认罪认罚从宽，而且应当建立附条件的不起诉，或者认罪认罚从宽也应当附条件。应当以预防犯罪为目的，建构单位犯罪认罪认罚从宽制度，以及暂缓起诉和不起诉制度，就形式而言，可以是附条件的不起诉、暂缓起诉和不起诉。

单位只不过是依据法律的规定，人为假设其具有人格。由于单位犯罪的特殊性，导致对于单位犯罪预防的最佳方式是合规治理，并以此预防尚未发生而

[1] 朱建华：《单位犯罪主体之质疑》，载《现代法学》2008 年第 1 期。

可能发生的单位犯罪。在此过程中单位以及法人的主体性也得到了肯定与发扬。“法人的观念是包含了自然人和团体人的更高层次的法律上的人格观念。自然人的人格也好，团体人的人格也好，都必须以法人格的观念为基础，都必须据此构成。”❶ 正因为如此，对于单位犯罪可以通过对单位暂缓起诉或者不起诉换取单位的合作与配合，目的是追诉单位犯罪中直接负责的主管人员和其他直接责任人员。这不但是责任抵偿之需要，而且是剥夺犯罪能力之必然途径。

（二）美国法人犯罪暂缓起诉和不起诉制度

1. 法人犯罪替代性争端解决机制

在西方国家并没有单位犯罪的称呼❷，但是存在与单位犯罪相类似的称呼，即渊源于英美法系国家的法人犯罪。通常认为，法人犯罪是指由企业法人或者是代表企业法人的个人所从事的犯罪，包括诈骗、盗窃、贿赂、敲诈勒索、伪造文书、假冒商品、内幕交易、洗钱、逃税等犯罪。❸ 法人犯罪长期祸害市场经济，致使失业严重、股票市场投资者信心受挫。因此，各国都在加大打击法人犯罪的力度。与英美法系国家不同的是，大陆法系国家除了法国之外，并不承认所谓的法人犯罪，而是仍然以自然人犯罪来处理。由此也可以看出，就法人犯罪的治理而言，重中之重还是对法人内部的直接责任人员的行为进行规制，或者说是对法人内部的自然人犯罪的规制。由此也就引发更为深入的讨论，如何促使单位或者法人与司法机关配合调查单位或者法人犯罪，尤其是内部人员的犯罪行为。

法人是一个法律实体，拟制的法律人格，但是其背后的关系却异常复杂。法人犯罪难以被发现、调查和起诉。❹ 法人犯罪涉及复杂的金融阴谋和老练的

---

❶ ［日］石田文次郎：《祁克》，三省堂 1935 年版，第 169－171 页。转引自何勤华：《西方法学史》，中国政法大学出版社 1996 年版，第 259 页。

❷ 本部分主要涉及美国的法人犯罪，为了叙述方便，除非必要仅以法人犯罪指代单位犯罪。

❸ John A. Gallagher, Legislation Is Necessary for Deferred Prosecution of Corporate Crime, *Suffolk University Law Review*, Vol. 43, No. 2 (2010): p. 447.

❹ Preet Bharara, Corporations Cry Uncle and Their Employees Cry Foul: Rethinking Prosecutorial Pressure on Corporate Defendants, *American Criminal Law Review*, Vol. 44 (2007), p. 72.

隐藏与掩盖，有的企业文化欣然接受犯罪活动，因此雇员也很难报告或者阻止错误行为。大多数法人犯罪必然涉及有章法的欺诈行为，并且被精通法律规定的精英高管所掩盖，能够很好地预测和逃避政府的监管。更重要的是，公司会雇用有经验的律师事先进行内部调查，以便为公司做好各种辩护准备，利用“律师与当事人保密特权”和“工作成果保护特权”等措施，使得政府的调查更加困难。[1] 从某种意义上来说，作为法律拟制人格的法人更加倾向于将真正的行为人隐匿其后，或者说，对于法人犯罪的人格拟制化，常常会使得真正做决策和执行决策的自然人不再为其行为承担责任，仿佛法人是一个真正的人格，需要由法人独自承担责任一般。而且更加重要的是，对于法人的惩罚，无论是罚金或者是罚款，法人的损失最终也必将落到股票持有者的头上，或者由法人自己的财产来承担罚金等不利后果。如此便会导致两种倾向：一是对于法人犯罪中的自然人犯罪行为处罚相对较轻，因为如果以法人的拟制人格来看待法人犯罪的话，自然人的行为只是法人行为的组成部分，是其意志的体现，因此，法人犯罪直接责任人员的刑事责任与纯粹的自然人犯罪的刑事责任还是不同的，需要区别对待。二是单位或者法人更加倾向于保护其内部工作人员，以防止犯罪调查的扩大化，损害单位或者法人自身的利益，这种倾向会导致单位犯罪或者法人犯罪更加难以调查，而且也不利于法人的合规化治理。

法人犯罪的情形也非常复杂，存在各种利益交叉的情形，有的情形可能仅仅是内部人员自己在犯罪，法人犯罪的真正行为人，如公司高管或者决策层，直接负责的主管人员或者其他直接责任人员，其所从事的犯罪行为却有可能仅仅是利己的，如侵占公司财物。还有的情形可能与法人毫无关涉，如在个人所得税申报中多列支出等。当然更多的情形是，在利己的同时对于公司企业也是有利的，如为了增加公司企业收益而从事违法犯罪活动。从而也存在法人犯罪与自然人犯罪相分离和相区隔的可能性，存在促使法人与司法机关配合调查其内部工作人员犯罪的可能性，即使法人犯罪中的决策人员是为了法人的利益而做决策，那么也存在对于法人制度完善等进行合规治理的空间。因此，法人犯罪存在各种替代性争端解决机制。美国司法实践中的成功做法是，利用暂缓起

---

[1] John A. Gallagher, Legislation Is Necessary for Deferred Prosecution of Corporate Crime, *Suffolk University Law Review*, Vol. 43, No. 2 (2010): p. 447.

诉或者不起诉制度对法人犯罪从轻处罚，以换取法人在犯罪调查中的积极配合，以便更好地调查犯罪并惩处法人犯罪中的自然人犯罪。

2. 法人犯罪暂缓起诉和不起诉的理论与实践

在美国，事关法人犯罪常常存在各种替代性争端解决机制，如司法机关通过与法人达成各种协议以便敦促企业改正其不当行为，通过快速追诉法人犯罪企业公共利益，保持公司、企业等行为规制和稳定性平衡私人利益。目前公诉机关越来越多地使用以下两种协商制度，即“暂缓起诉协议”（Deferred Prosecution Agreements，DPAs）和“不起诉协议”（Non - prosecution Agreements，NPAs）[1]，以替代正式的诉讼程序和刑事处罚，类似于法人犯罪层面的认罪协商。一方面体现了美国司法制度中的实用主义，避免刑事指控对法人以及无辜雇员与股东的严重影响；另一方面允许法人参与刑事诉讼程序并进行协商，也是尊重法人的法律人格及其主体性的重要体现。

美国的暂缓起诉协议和不起诉协议最初是作为青少年犯罪和毒品犯罪的刑罚替代措施，现在却经常被用于单位犯罪的处罚进程中。[2] 2002 年 7 月 9 日，为了回应持续增长的法人犯罪，布什总统建立了由司法部牵头组成的“法人诈骗工作组”（Corporate Fraud Task Force）[3]，以加强对于法人犯罪的起诉。同年国会通过了“萨班斯—奥克斯利法案”（Sarbanes - Oxley Act），扩大证券交易委员会规范公司行为的能力，对于公司会计实务增加企业合规要求。2003 年，副总检察长拉里·汤普森（Larry D. Thompson）发布了一个备忘录，为追诉公司企业等经济组织的犯罪行为需要适用该联邦指南。由于法律共同体基本上都赞成“萨班斯—奥克斯利法案”，因此对于“汤普森备忘录”（Thompson Memorandum）批评意见较多，认为对法人犯罪及其自然人被告人造成不公平

---

[1] Michael Yangming Xiao，Deferred/ Non Prosecution Agreements: Effective Tools to Combat Corporate Crime，*Cornell Journal of Law and Public Policy* 23，No. 1（2013）: pp. 233 - 254.

[2] Benjamin M. Greenblum，What Happens to a Prosecution Deferred? Judicial Oversight of Corporate Deferred Prosecution Agreements，*Columbus Law Review*，Vol. 105，No. 6（Oct.，2005），pp. 1863 - 1864.

[3] 2009 年 11 月，奥巴马总统停止了“法人诈骗工作组”的工作，取而代之的是“金融诈骗执法工作组”。

的损害。[1] 2007年，联邦政府层面与法人达成的暂缓起诉协议和不起诉协议较去年增加了70%，暂缓起诉协议和不起诉协议已经被广泛认可，被认为是联邦调查处理法人犯罪的标准方式。[2] 2000—2010年，美国司法部采取暂缓起诉和不起诉处理法人犯罪的案件数量增长了3200%，仅2009年采取暂缓起诉和不起诉的法人犯罪案件，被处罚款或者是罚金达到了14.5亿美元。[3] 在2010年11月的单独一个案件中，纽约东区的美国联邦检察办公室依据达成的不起诉协议，要求被告公司为其欺骗联邦政府的行为支付2000万美元。[4] 暂缓起诉协议实质上是与司法部签订的一份合同，公司只要满足协议中载明的各种条款的要求，司法部借此不再发起针对公司的刑事追诉。作为合作的交换，联邦检察官会为许多公司提供暂缓起诉协议以避免提起公诉给公司无辜的雇员和股东所带来的失业和经济损失等不利影响。[5] 在暂缓起诉和不起诉法人犯罪案件中，法人除了需要缴纳高额的罚金或者罚款之外，通常需要承诺对合规治理进行加强与完善，并在司法机关调查其内部工作人员犯罪方面进行配合与合作。

美国的法人犯罪暂缓起诉与不起诉协议在司法运行过程中的主要的意见分歧也正在于是尊重法人的主体性，还是为了追溯犯罪可以不择手段。2003年，随着“汤普森备忘录”的发布，联邦检察官开始在该备忘录的引导下与公司法人达成大量的暂缓起诉协议，以换取公司在追究个别员工的刑事责任方面予以协助。[6] 在公司法人的协助下，联邦检察官可以时常绕过律师与当事人保密

---

[1] John A. Gallagher, Legislation Is Necessary for Deferred Prosecution of Corporate Crime, *Suffolk University Law Review*, Vol. 43, No. 2 (2010): pp. 448-449.

[2] "Corporate Deferred, Non-Prosecution Agreements Up 70 Percent in 2007: 21 Corp. Crime Rep. 2 (Jan. 8, 2008)", On line at: http://www.corporatecrimereporter.com/deferred010708.htm.

[3] See 2010 Year-End Update on Corporate Deferred Prosecution and Non-Prosecution Agreements, Gibson Dunn & Cutcher LLP (Nov. 8, 2012), On line at: http://www.gibsondunn.com/publications/Documents/2010 Year-End Update-Corporate Deferred Prosecution And Non Prosecution Agreements.pdf.

[4] See Press Release, U. S. Attorney's Office for the E. Dist. of N. Y., Schiavone Construction to Pay $20 Million and Costs of Investigation to Resolve Public Works Hiring Fraud (Nov. 29, 2010), On line at: http://www.justice.gov/usao/nye/pr/2010/2010nov29.html.

[5] Lisa Kern Griffin, Compelled Cooperation and the New Corporate Criminal Procedure, *New York University Law Review*, Vol. 82, (May, 2007), pp. 321-322, 311.

[6] Lisa Kern Griffin, Compelled Cooperation and the New Corporate Criminal Procedure, *New York University Law Review*, Vol. 82, (May, 2007), p. 323.

特权（Attorney - client Privilege）以及工作成果保密特权（Work - product Protection Privilege）的限制而获得公司法律顾问所做的内部调查材料。[1] 虽然试图通过法人犯罪刑事追诉决定（corporate criminal charging decisions）引导检察官的追诉行为，但是汤普森备忘录仍然引起了检察官的过度热心，导致自由裁量权的滥用。[2] 对于汤普森备忘录的批评主要来源于所谓“真诚合作”（genuine cooperation）的问题，其引导检察官要求法人放弃“律师与当事人保密特权”，鼓励公司内部员工作证。依照过去经验来看，司法部通常很难获得被告人放弃保密特权和内部员工证人证言，现在绝大多数公司法人会遵照司法部的要求，因为刑事追诉会给公司带来严重的名誉和金钱上的损害。[3] 因此，汤普森备忘录的弊害在于，联邦检察官可以通过对法人刑事追诉等溢出效应而胁迫法人与检控机关进行合作，以扩大法人犯罪的侦查线索。

汤普森备忘录的改变还要归功于被称作一场“完美风暴”的美国诉斯泰因案（United States v. Stein）。[4] 在该案中，负责纽约南区的美国联邦地区法院以检察官不当行为为由排除了针对毕马威会计事务所（Klynveld Peat Marwick Goerdeler，KPMG）高管们的 13 项指控。毕马威是四大国际会计事务所之一，2005 年在涉及一项税收欺诈的案件调查中与司法部达成了暂缓起诉协议，并协助司法部调查毕马威的前主管。地区法院排除了针对四位前高管的指控，理由是联邦检察官依据汤普森备忘录与毕马威所达成的暂缓起诉协议中，毕马威放弃了“律师与当事人保密特权”，强迫内部职工作证，停止为遭到起诉的职工支付律师费等，侵犯了被告人第五修正案“禁止自证其罪”和第六修正案关于“获得有效律师协助”的权利。2008 年，第二巡回法院支持了地区法院的决定。[5] 同一天，即 2008 年 8 月 28 日，美国联邦副总检察长马克·菲利普（Mark R. Filip）宣布了一个经过修正的法人犯罪追诉指南，公司信誉将取决于对相关事实的披露而非是否放弃“律师与当事人特权”，而且“菲利普备忘

[1] Brandon L. Garrett, Structural Reform Prosecution, 93 V A. L. R E V. p. 883.

[2] John A. Gallagher, Legislation Is Necessary for Deferred Prosecution of Corporate Crime, *Suffolk University Law Review*, Vol. 43, No. 2 (2010): p. 449.

[3] John A. Gallagher, Legislation Is Necessary for Deferred Prosecution of Corporate Crime, *Suffolk University Law Review*, Vol. 43, No. 2 (2010): p. 449.

[4] 435 F. Supp. 2d330 (S. D. N. Y. 2006).

[5] 435 F. Supp. 2d330 (S. D. N. Y. 2006).

录”指示检察官在评估法人是否合作时不要考虑其是否支付律师费的因素。[1]虽然法人被告人在此次诉讼和“菲利普备忘录”中获得重大胜利，然而却并未显著改变司法部通过达成暂缓起诉或者不起诉协议而追诉法人犯罪的策略。

暂缓起诉和不起诉的司法实践从一开始便在理论上引起了极大的争论，有的人认为太过严厉，有的人认为太过宽容。美国众议员科恩（Steve Choen）在1947年主持众议院“关于法人犯罪暂缓起诉和不起诉协议中的责任、透明和一致性听证会”时讲道：“长期以来存在着对信任的侵蚀……不仅存在于金融系统中，而且存在于那些不能将坏人绳之以法的司法体系中。交罚款免坐牢，向你承诺下次会做得更好，没人受到刑事追究。罚款似乎成了商业活动的对价……本应保护公民秉持正义的司法系统，却被那些对我们国家作恶的美国公司的大佬们用以帮他们摆脱困境。我们今天聚集在此寻求通过立法以帮助校正正义之船的航向。”[2]这种思想观点也代表了很多人的观感，也表达出其深深的担忧。有些学者就警告说，暂缓起诉和不起诉实质上是允许法人犯罪逃避惩罚，[3]像与暂缓起诉和不起诉类似的刑罚替代机制，反映了司法部“温和对待法人犯罪”的政策，这会导致公司及其高管通过交纳罚款或者承诺改善行为而逃避严重的刑事惩罚。[4]有学者专门比较了暂缓起诉与不起诉在法人犯罪与普通街头犯罪之中的应用情况后认为，街头犯罪人常常因为嫌疑犯盗窃抢劫以及其他普通街头犯罪而遭受监禁刑的处置，即使他们造成的金钱损失相对较小；相反，法人犯罪及其责任人虽然造成了巨大的财产损失，却仍然能够逃避

---

[1] See Memorandum from Mark Filip, Deputy Attorney General to Heads of Dep't Components and U. S. Attorneys, Principles of Federal Prosecution of Business Organizations, at 9 (Aug. 28, 2008), On line at: http: //www. usdoj. gov/dag/readingroom/dag - memo - 08282008. pdf.

[2] 美国众议员 Steve Choen 在 1947 年的众议院主持“关于法人犯罪暂缓起诉和不起诉协议中的责任、透明和一致性听证会”上的讲话，转引自 John A. Gallagher, Legislation Is Necessary for Deferred Prosecution of Corporate Crime, *Suffolk University Law Review*, Vol. 43, No. 2 (2010): p. 447.

[3] Ved P. Nanda, Corporate Criminal Liability in the United States: Is a New Approach Warranted?, *The American Journal of Comparative Law*, Vol. 58 (2010), p. 623.

[4] See e. g., U. S. Department of Justice Soft on Corporate Crime, PRISON LEGAL NEWS, https: // www. prisonlegalnews. org/ (S (xhaead55yclfavvmoyje5x31)) /display Article. aspx? articleid = 24561& Aspx Auto Detect Cookie Support = 1. ; Going Soft on Corporate Crime, New York Times (Apr. 10, 2008), On line at: http: //www. nytimes. com/2008/04/10/opinion/10thu2. html.

监禁或者其他有意义的刑事惩罚。[1] 如此这般，将不利于抑制和规制法人犯罪。司法正义和罪责之抵偿毕竟是刑事司法追求的首要目标，绝不能为了追求效率而牺牲正义。

当然也有学者从更加宽泛的视角指出了法人犯罪暂缓起诉或者不起诉存在的问题。有的学者将暂缓起诉和不起诉，甚至包括整个司法系统，视作“过度挺检”的表现，这种机制将导致检控机关“过度执法”，因为他们能够利用其事实上不受约束的权力去压榨或者强迫对方作出更多让步，这危及到了对抗性司法系统的根本属性。[2] 而且在实际办案过程中，检察官经常会滥用手中的权力，要求公司犯罪辩护律师放弃“律师与当事人保密特权”[3]，而这已经实质性地侵犯了正当程序权利。如果当事人的正当程序权利都如此脆弱，而且如此容易受到侵害，则司法正义将不复存在。总体来说，任何关于法人犯罪暂缓起诉和不起诉的各种弊端，如过度执法或者惩罚不足等，都被其所获得的收益所抵消。暂缓起诉和不起诉的成败取决于对某些适当法人犯罪的处置。[4] 虽然与涉嫌犯罪的法人达成暂缓起诉或者不起诉协议，目的是更好地打击犯罪，尤其是追究法人犯罪中的直接责任人的刑事责任，同时也能够极大地提高刑事司法的效率，并通过提高法人合规管理水平，堵塞制度漏洞，从而预防更多的法人犯罪，但是，以上各种争论的确直指法人犯罪暂缓起诉和不起诉协议的要害。任何认罪协议都应当尊重当事人的主体性，在查清基本事实的基础上，在符合基本的实体正义和程序正义的前提下，基于自愿而进行认罪协商，否则暂缓起诉协议和不起诉协议就变成了赤裸裸的交易，甚至是“用枪指着头”式的胁迫“交易”。在此，自愿性是尊重法人的人格及其主体性的底线性要求。

---

[1] See e. g. , U. S. Department of Justice Soft on Corporate Crime, PRISON LEGAL NEWS, S, https: //www. prisonlegalnews. org/ (S (xhaead55yclfavvmoyje5x31)) /display Article. aspx? articleid = 24561& Aspx Auto Detect Cookie Support = 1. ; Going Soft on Corporate Crime, N. Y. Times (Apr. 10, 2008), On line at: http: //www. nytimes. com/2008/04/10/opinion/10thu2. html.

[2] Christopher A. Wray & Robert K. Hur, Corporate Criminal Prosecution in a Post Enron World: The Thompson Memo in Theory and Practice, *The American Criminal Law Review*, Vol. 43 (2006), p. 1095.

[3] 也被称作“律师和当事人之间的信息披露豁免权”。

[4] Michael Yangming Xiao, Deferred/ Non Prosecution Agreements: Effective Tools to Combat Corporate Crime, *Cornell Journal of Law and Public Policy* 23, No. 1 (2013): p. 236.

三、我国的单位犯罪不起诉制度及其完善

（一）我国单位犯罪不起诉制度的现状

我国刑事诉讼法规定了五种不起诉，包括法定不起诉、存疑不起诉、酌定不起诉、附条件不起诉和特殊案件的不起诉。依照目前刑事诉讼法的规定，除了附条件不起诉是针对未成年人之外，其他几种不起诉都可能涉及单位犯罪的问题，都需要进行探讨和完善，甚至从单位犯罪治理的视角研究扩大附条件不起诉的适用范围，加大力度促进公司、企业等单位的合规治理，以便更好地预防单位犯罪。

1. 法定不起诉

法定不起诉，又称作绝对不起诉，是指刑事诉讼法直接规定的，检察机关应当作出不起诉的情形。因为在此种情况下，检察机关并没有自由裁量权，因此又被称作绝对不起诉。我国《刑事诉讼法》第 177 条第 1 款规定："犯罪嫌疑人没有犯罪事实，或者有本法第 16 条规定的情形之一的，人民检察院应当作出不起诉决定。"《刑事诉讼法》第 16 条规定："有下列情形之一的，不追究刑事责任，已经追究的，应当撤销案件，或者不起诉，或者终止审理，或者宣告无罪：（一）情节显著轻微、危害不大，不认为是犯罪的；（二）犯罪已过追诉时效期限的；（三）经特赦令免除刑罚的；（四）依照刑法告诉才处理的犯罪，没有告诉或者撤回告诉的；（五）犯罪嫌疑人、被告人死亡的；（六）其他法律规定免予追究刑事责任的。"从第 16 条可以看出，除了第四种情形外，其他都存在不起诉的可能。由此观之，法定不起诉是指不构成犯罪或者不需要追诉的情形，易言之，对于没有犯罪事实，或者虽然存在犯罪事实，但是情节显著轻微危害不大的，或者已过追溯时效、被特赦、犯罪嫌疑人、被告人死亡等免于追究刑事责任情形的，检察机关应当作出不起诉决定。对于法人犯罪而言，如果符合法定不起诉条件，无论是对于单位还是直接负责的主管人员或者直接责任人员，检察机关均应作出不起诉决定。法定不起诉实质上是没有犯罪

事实，或者不构成犯罪、不需要追诉的情形。对于单位犯罪的治理而言，恰当地界定罪与非罪的界限，有利于区分犯罪、违法与民事侵权行为，有利于区分单位的刑事、行政与民事责任，有利于支持并鼓励公司法人等单位合法地从事经济活动，积极参与社会生活。

2. 存疑不起诉

存疑不起诉，又称证据不足不起诉，是指在没有充足证据证明犯罪成立、无法排除合理怀疑的前提下，检察机关所作出的不起诉决定。《刑事诉讼法》第175条规定了存疑不起诉："对于二次补充侦查的案件，人民检察院仍然认为证据不足，不符合起诉条件的，应当作出不起诉的决定。"最高人民检察院《人民检察院刑事诉讼规则》[1] 第368条规定："具有下列情形之一，不能确定犯罪嫌疑人构成犯罪和需要追究刑事责任的，属于证据不足，不符合起诉条件：（一）犯罪构成要件事实缺乏必要的证据予以证明的；（二）据以定罪的证据存在疑问，无法查证属实的；（三）据以定罪的证据之间、证据与案件事实之间的矛盾不能合理排除的；（四）根据证据得出的结论具有其他可能性，不能排除合理怀疑的；（五）根据证据认定案件事实不符合逻辑和经验法则，得出的结论明显不符合常理的。"当然，如果事后又发现了新的证据，并且能够证明犯罪的存在并排除合理怀疑，检察机关仍然可以提起公诉。

存疑不起诉并没有完全否定犯罪的成立，只是由于证据不足、不符合起诉条件而作出的不起诉决定，因此存疑不起诉存在着污名化的可能性。对于单位犯罪而言更要防止存疑不起诉对于公司、企业等从事生产经营的单位造成污名化和有罪推定，坚持无罪推定、疑罪从无和未经审判不得定罪的原则。为此，需要完善存疑不起诉的相关程序性规定和操作性说明，制作不起诉决定书并阐述不起诉理由，规范存疑不起诉后重新起诉程序，防止反复提起诉讼，影响公司企业等单位的正常经营活动。

---

[1] 最高人民检察院《人民检察院刑事诉讼规则》，2019年12月2日最高人民检察院第十三届检察委员会第二十八次会议通过，自2019年12月30日起施行。

3. 酌定不起诉

酌定不起诉，又称作相对不起诉或者裁量不起诉，是检察机关在自由裁量权范围内对于虽然构成犯罪但是犯罪情节轻微不需要判处刑罚或者可以免除刑罚的情形，依法斟酌情况而作出的不起诉决定。《刑事诉讼法》第 177 条第 2 款规定："对于犯罪情节轻微，依照刑法规定不需要判处刑罚或者免除刑罚的，人民检察院可以作出不起诉决定。"《人民检察院刑事诉讼规则》第 370 条规定："人民检察院对于犯罪情节轻微，依照刑法规定不需要判处刑罚或者免除刑罚的，经检察长或者检察委员会决定，可以作出不起诉决定。"酌定不起诉的情形主要有：在我国领域外犯罪依照我国刑法规定应当负刑事责任，但在外国已受过刑罚处罚的（《刑法》第 10 条）；又聋又哑的人或者盲人犯罪的（《刑法》第 19 条）；防卫过当；避险过当（《刑法》第 20 条、第 21 条）；犯罪预备（《刑法》第 22 条）；犯罪过程中自动中止犯罪或者自动有效防止犯罪结果发生，没有造成损害的（《刑法》第 24 条）；在共同犯罪中，起次要或辅助作用的从犯的行为（《刑法》第 27 条）；被胁迫参加犯罪的（《刑法》第 28 条）；犯罪嫌疑人自首或有重大立功表现（《刑法》第 67 条、第 68 条）；其他依照刑法规定不需要判处刑罚或者免除刑罚的情形。酌定不起诉从法律上来说是对犯罪嫌疑人作无罪处理，有利于犯罪人的社会复归。

司法实践中对于单位犯罪的案件具有法定从轻、减轻（如自首、立功）或者酌定从宽情节的，检察机关在审查起诉阶段是否可以依照《刑事诉讼法》第 177 条第 2 款的规定作出酌定不起诉决定，存在不同的观点。有学者认为，对单位犯罪具有从宽处罚情节的可以作出不起诉决定，理由是犯罪单位具有法定从轻、减轻或酌定从宽处罚情节，依法不需要判处刑罚或者免除刑罚，当然可以依法作出不起诉决定。有学者对此则持否定态度，理由是单位实施的犯罪行为应负刑事责任的，依刑法规定须缴纳罚金，若作出不起诉决定，对犯罪嫌疑单位起不到惩罚和威慑作用，而且单位犯罪的危害性往往大于个人犯罪。[1]虽然对于检察机关拥有酌定不起诉权存在一定的争论，认为酌定不起诉实质是侵犯了法院的判断权；尤其是单位犯罪承担刑事责任的方式是处以罚金，而罚

---

[1] 赖诗霖、苏志远：《单位犯罪能否适用相对不起诉决定》，载《检察实践》2003 年第 1 期。

金刑的裁量权只能由人民法院行使。检察机关对犯罪嫌疑单位适用酌定不起诉的决定，一定程度上存在越权行使人民法院的审判裁量权之嫌。然而在我国，因为检察机关同属司法机关，对于情节轻微的犯罪赋予检察机关以酌定不起诉权，能够高效地处理一些犯罪情节轻微的刑事案件。而且法律并没有排除单位犯罪适用酌定不起诉的可能性，法律面前人人平等原则要求法律平等地保护自然人被告人与单位被告人的各项诉讼权利，在适用法律上予以平等对待。酌定不起诉对于单位犯罪治理而言具有重要的意义，不但能够避免因受刑罚处罚而被污名化，而且能够更快地恢复生产和经营等活动，有助于经济发展与社会进步。同时检察机关的酌定不起诉权也有助于认罪认罚从宽协议的达成，并督促公司、企业等单位进行内部整改，加强内部监督，促进合规化治理，因此检察机关应当充分利用酌定不起诉权，加强对于单位犯罪的预防。

除此之外，单位犯罪的一方也可以参与刑事和解，并达成和解协议。我国《刑事诉讼法》第 288 条规定："犯罪嫌疑人、被告人真诚悔罪，通过向被害人赔偿损失、赔礼道歉等方式获得被害人谅解，被害人自愿和解的，双方当事人可以和解。"该条第 2 项规定，除渎职犯罪以外的可能判处 7 年有期徒刑以下刑罚的过失犯罪案件，双方当事人可以和解。即便从当前法律规定来看，也存在单位犯罪作为一方主体与被害人达成刑事和解的可能性。《刑事诉讼法》第 290 条规定了"和解协议的效力"，"对于达成和解协议的案件，公安机关可以向人民检察院提出从宽处理的建议。人民检察院可以向人民法院提出从宽处罚的建议；对于犯罪情节轻微，不需要判处刑罚的，可以作出不起诉的决定。人民法院可以依法对被告人从宽处罚"。易言之，达成和解协议的案件，由于犯罪情节轻微、不需要判处刑罚的，检察机关可以酌定不起诉。和解协议能够有效增加刑事诉讼过程中犯罪人与被害人的主体性，通过协商了解彼此关切，协商结果能够兼顾各方利益，不但被害人获得了赔偿，而且有助于涉嫌犯罪的公司、企业等单位正确理解社会定位、履行社会责任。

由于酌定不起诉是对涉嫌犯罪的被告人作无罪处理，因此一旦对涉嫌犯罪的单位作出酌定不起诉决定后，刑事诉讼活动即告终结，不存在因同一事实而遭受再次起诉的可能性。这也是酌定不起诉与附条件不起诉的最大区别之处。相比较而言，附条件不起诉由于存在考察期以及再次提起公诉的可能性，能够更好地督促涉嫌犯罪的单位进行合规化整改，预防单位再次犯罪。

4. 附条件不起诉

附条件不起诉是2012年《刑事诉讼法》修正时正式写入法律的一项制度，又称作暂缓起诉、缓予起诉、暂缓不起诉，[1] 是指检察机关对于已经涉嫌犯罪，具备起诉条件的未成年犯罪嫌疑人，基于其犯罪事实、犯罪情节、社会危害性及犯罪后的表现等因素考虑，暂时不予起诉，而是要求其在一定期限内履行一定的义务，并视其履行义务的情况最终决定是否对其提起公诉的一种起诉裁量制度。[2] 我国2018年《刑事诉讼法》第282条规定："对于未成年人涉嫌刑法分则第四章、第五章、第六章规定的犯罪，可能判处一年有期徒刑以下刑罚，符合起诉条件，但有悔罪表现的，人民检察院可以作出附条件不起诉的决定。人民检察院在作出附条件不起诉的决定以前，应当听取公安机关、被害人的意见。"由此可见，我国的附条件不起诉只能适用于有悔罪表现的未成年人轻罪（1年以下有期徒刑）刑事案件，需要附加6个月以上1年以下考验期，并由检察机关对被附条件不起诉的未成年犯罪嫌疑人进行监督考察，如果没有实施新的犯罪或者发现决定附条件不起诉以前还有其他犯罪需要追诉的，没有违反治安管理规定或者考察机关有关附条件不起诉的监督管理规定情节严重的情形，考验期满后由检察机关作出不起诉决定。

附条件不起诉实质上是一项针对未成年人犯罪的具体刑事政策，是对"惩罚与教育相结合"和"教育、感化、挽救"未成年人刑事政策的延伸和具体化。附条件不起诉可以有效防止未成年人被贴上犯罪标签的负面作用，同时防止短期自由刑所可能带来的"交叉感染"，以未成年犯罪嫌疑人重新社会化和复归社会为旨归，通过一定时间的考验期进行考察的方式，既保持起诉的可能性，又给予未成年犯罪人以一定的监督和管理，督促未成年人改过自新，能够很好地平衡社会公益与未成年人福祉，是一项难能可贵的"治理罪犯"刑事政策，从长远来看也能够更好地"预防犯罪"。因此应当讨论扩大附条件不起诉制度的适用范围，充分发挥附条件不起诉制度的刑事政策杠杆，发挥犯罪人

---

[1] 陈光中、张建伟：《附条件不起诉：检察裁量权的新发展》，载《人民检察》2006年第7期。

[2] 张中剑：《检视与完善：我国未成年人附条件不起诉制度若干问题探讨》，载《中国刑事法杂志》2013年第7期。

的当事人主体性作用，帮助犯罪人主体性地改过自新和复归社会。

附条件不起诉实质是附条件的暂缓起诉，是一种“起诉犹豫”，背后的理论基础是“起诉便宜主义”或者“起诉裁量主义”。“起诉便宜主义就是把起诉裁量权交给检察院，便宜的前提是有足够的证据证明有犯罪嫌疑并且具备起诉条件，在此种情况下检察官可以考虑各种因素而裁量不起诉，无罪的情况包括疑罪不诉和证据不足不起诉都不在便宜的范围内。”❶ 亦即，“起诉便宜主义”是基于法律赋予检察机关一定的起诉裁量权，对于虽然符合起诉条件但是情节轻微，基于刑罚目的尤其是特殊预防和复归社会目的之考量，不必要立即起诉时，由检察机关作出的不起诉决定。附条件不起诉和酌定不起诉，其前提条件都是已经符合起诉条件，但是犯罪情节轻微，二者在适用案件范围上存在一定程度的重合。附条件不起诉针对的是未成年人，且涉嫌刑法分则第四章、第五章、第六章规定的犯罪（侵犯人身权利、民主权利罪、侵犯财产罪、妨害社会管理秩序罪），可能判处 1 年有期徒刑以下刑罚；而酌定不起诉，针对的是犯罪情节轻微，依法不需要判处刑罚或者免除刑罚的。相比较而言，附条件不起诉涉及的犯罪案件会更重一些，但是涉嫌的罪名受到限制，而且适用对象是未成年人。

我国的附条件不起诉制度在前期探索和立法建议过程中对于适用对象、适用条件、考验期等都存在不同意见，❷ 但通常认为 3 年以下有期徒刑的未成年人犯罪案件、具有悔改表现、不致再危害社会、附加不短于可能判处刑期的考验期等核心要件。因此附条件不起诉制度还存在适用范围进一步扩大的可能性与必要性。附条件不起诉制度是起诉便宜主义大潮下，宽严相济刑事政策在刑事诉讼法中的具体应用，属于“审前转处”的一种司法实践模式。“起诉便宜主义是世界刑事诉讼发展的大趋势，绝对的法定主义现在没有，其实质就是在实践中如何把握宽严相济。”❸ 不仅如此，附条件不起诉制度还是“预防犯罪、治理罪犯”的重要刑事政策工具。从这个角度来看，附条件不起诉制度可以从以下四个方面扩大适应范围：首先，将 1 年有期徒刑以下扩大至 3 年有期徒

❶ 陈光中：《关于附条件不起诉问题的思考》，载《人民检察》2007 年第 24 期。
❷ 郭斐飞：《附条件不起诉制度的完善》，载《中国刑事法杂志》2012 年第 2 期。
❸ 陈光中：《关于附条件不起诉问题的思考》，载《人民检察》2007 年第 24 期。

刑以下刑罚的案件。其次，将未成年人犯罪扩展到所有的犯罪人。再次，从自然人犯罪扩展到包括法人犯罪。最后，将附条件不起诉制度所附条件扩展到公司企业等法人进行合规化治理。

在目前法律规定的附条件不起诉制度中，即使是《刑法》第四章、第五章、第六章犯罪中也存在许多单位犯罪，仍然存在单位犯罪可以附条件不起诉的可能性，例如，强迫劳动罪、雇用童工从事危重劳动罪；再如，妨害社会管理秩序罪中的倒卖文物罪；重大环境污染事故罪；非法捕捞水产品罪；非法猎捕、杀害珍贵、濒危生动物罪；非法狩猎罪；非法占用农用地罪；盗伐林木罪；滥伐林木罪；非法收购盗伐、滥伐的林木罪；走私、贩卖、运输、制造毒品罪；制作、复制、出版、贩卖、传播淫秽物品牟利罪；传播淫秽物品罪；组织播放淫秽音像制品罪、采集、供应血液、制作、供应血液制品事故罪、非法提供麻醉药品、精神药品罪等。但是未成年人的限制条件导致附条件不起诉无法充分发挥其制度优势，因此当前需要做的首先就是将附条件不起诉制度的适用范围扩大至单位犯罪。

经过改造和完善的附条件不起诉制度，将公司、企业等单位也作为主体看待，注重发挥犯罪单位和犯罪人的自我教育、自我完善和自我实现的主体性作用，辅以检察机关的监督、帮助与教育，将能够在司法实践中实现单位犯罪治理的目标。

5. 特殊案件不起诉

我国《刑事诉讼法》第182条还规定了特殊案件不起诉，“犯罪嫌疑人自愿如实供述涉嫌犯罪的事实，有重大立功或者案件涉及国家重大利益的，经最高人民检察院核准，公安机关可以撤销案件，人民检察院可以作出不起诉决定，也可以对涉嫌数罪中的一项或者多项不起诉。”这是2018年《刑事诉讼法》修正时新增的一个条款。特殊案件不起诉并非不起诉的常态，而是一种特殊的不起诉制度，针对的是“有重大立功”或者“涉及国家重大利益”的案件，但是需要经最高人民检察院核准。该不起诉制度同样没有排除单位犯罪，虽然经最高人民检察院核准限制着特殊案件不起诉制度的适用范围，但是仍然保留着单位犯罪适用该不起诉制度的可能性。因此检察机关可以充分利用特殊案件不起诉制度，发挥不起诉制度在单位犯罪治理过程中的重要作用。

（二）我国单位犯罪不起诉制度的完善

1. 单位犯罪附条件不起诉制度的改造

在我国单位犯罪治理过程中，存在利用不起诉制度加强单位犯罪治理的可能性。通过拓展我国刑事诉讼法中规定的不起诉制度适用范围，建构和完善相关不起诉制度，以达成不起诉协议的方式促进单位犯罪内部合规治理，最大限度地预防单位犯罪，最大限度地保障经济与社会发展。

以上梳理了我国现行刑事诉讼法规定的五种不起诉制度，包括法定不起诉、存疑不起诉、酌定不起诉、附条件不起诉和特殊案件不起诉。在这些不起诉制度中，除了附条件不起诉只能适用于未成年人之外，其他的各种不起诉制度即使在现行刑事诉讼法不修改的前提下，也均能够适用于单位犯罪。司法机关应当尝试将这些不起诉制度作为替代性争端解决机制的一种，以协商性司法理念为指导，将单位犯罪也纳入认罪认罚从宽司法实践中来，进一步强化单位的主体性地位，促使单位加强内部监管以及进行合规化改造，提高单位的治理化水平。

在此需要特别提出的是附条件不起诉制度的改造与完善。关于附条件不起诉与暂缓起诉的关系，存在不同的看法。"暂缓起诉与附条件不起诉的区别在于实际的落脚点不同：暂缓起诉落脚在'诉'，给人一种最终是要诉的只是暂时缓一缓的感觉；附条件不起诉落脚在'不起诉'，只要满足一定的条件，经过一定的考验期，就不会起诉。"❶ 其实，暂缓起诉与附条件不起诉只是名称不同而已，从实际的执行过程来看，都是需要附加一定的条件才能不起诉；如果经过监督考察犯罪人未能履行所附条件中规定的义务，检控机关仍然可以再行起诉。不过在中文的语境下，附条件不起诉更能体现出该制度的优势，也更能体现出犯罪人在履行义务过程中的主体性选择与努力。

我国《刑事诉讼法》第282条明文规定附条件不起诉制度仅适用于未成年人犯罪，而且还有相当严格的适用条件，只能是涉嫌刑法分则第四章、第五章、第六章规定的犯罪，可能判处1年有期徒刑以下刑罚，符合起诉条件，但

❶ 陈光中：《关于附条件不起诉问题的思考》，载《人民检察》2007年第24期。

有悔罪表现的，检察机关才可以作出附条件不起诉的决定。而且附条件不起诉也并非一种协商制度，而是检察机关根据刑事诉讼法和刑法的规定而作出的决定。美国法人犯罪暂缓起诉制度也是从未成年人的相关不起诉制度中发展起来的，而且创造性地将不起诉制度作为一种协商制度应用于法人犯罪之中，以便促使法人能够进行认罪协商以及自我完善和自我改造，虽然在发展过程中仍然存在诸多问题，但是应当说体现了当代的协商性司法的基本理念。

因此，对于我国的附条件不起诉制度也可以进行相应的改造与完善，以便能够发挥出制度的优势，督促犯罪人加强主体性，进行自我完善和自我改造。更重要的是，附条件不起诉制度可以应用于单位犯罪的认罪认罚从宽司法实践。如果单位能够在调查犯罪中积极配合与合作，在厘清责任的基础上，可以考虑单独处罚自然人，从轻甚至不处罚单位，附加全面的合规化治理的条件，防止对于单位带来刑事处罚之污名化效应。一方面，对于法人不起诉是对其认罪认罚的一种从宽处理，是对悔罪的一种肯定和对提高诉讼效率的一种激励。另一方面，作为一种替代性争端解决机制，可以将涉嫌犯罪的单位承诺进行合规化改造和完善作为从宽处罚的一个条件，并且在今后的案件执行过程中进行督促与检查，不断提升单位合规化治理的整体水平。这样才能契合真正的刑罚目的，不但实现了刑罚之报应与责任抵偿，而且能够更好地预防犯罪，社会也因为团体组织行为不断规范化与合规化而受益。

2. 单位犯罪附条件不起诉制度的具体应用

附条件不起诉制度通过改造，可以适用于单位犯罪，并且在认罪认罚从宽司法实践中发挥重要作用。但是，附条件不起诉制度在认罪认罚从宽的具体应用中应当注意以下几个方面的问题。

一是尊重单位的主体性，注重附条件不起诉协议的自愿性。单位人格是一种法律拟制这样一种性质定位，一方面说明单位不具有真正的人格，而是法律的拟制；另一方面法律又着实要求对于单位以人格来同样对待。因此，在单位犯罪的司法认定与处理过程中，不但将单位的行为视为主体性人格的行为，而且对于单位的具体司法处置过程中也应当尊重单位的主体性。唯有如此，才能够调动单位的主体性，积极主动地配合司法机关遏制单位犯罪，积极主动地履行协议所附条件。附条件不起诉制度的重大优势在于附加一定的条件，所附加条件可以促使单位进行内部改革和制度完善，促进单位进行合规化改造，但是这些均需要单位主体性地去执行和履约。因此，单位犯罪附条件不起诉制度在具体的司法应用中应当特别尊重单位的主体性，自愿认罪认罚，在悔罪和积极赔偿的基础上，积极主动地配合司法机关追究相关犯罪，并承担相应法律责任，履行附条件不起诉协议中所附的条件和义务。在此意义上，应当全面考虑各种相互竞争并充满矛盾的刑罚目的，衡平报应刑与预防刑、社会复归与剥夺犯罪能力等对于刑罚的影响，面向单位将来的主体性表现，以单位的自我改造、自我革命和自我完善为导向，确定是否可以附条件不起诉以及具体所附条件。

二是附条件不起诉制度是一种替代性争端解决机制。为什么要采取替代性争端解决机制，不但因为单位犯罪原因复杂、侦查困难、预防犯罪效果欠佳等，而且单位犯罪倾向于保护其内部工作人员或者进行内部处理，从而难以实现刑罚的报应与威慑，更重要的是难以促使单位改善行为，难以提升单位的合规化管理水平，评估并堵塞制度漏洞，从制度上剥夺单位犯罪再犯罪能力。既然如此，替代性争端解决机制应当全面解决以上难题，尤其是全面采取面向未来的制度性预防犯罪的措施，应当在这个意义上充分理解附条件不起诉制度的设置，并在司法实践中充分实现这样一种制度设计。亦即，控辩双方应当有充分的动机和动力去达成附条件不起诉协议，而且协议的履行将有助于克服传统刑事司法的弊端，并促进单位的合规化管理、遏制单位犯罪。

三是注意克服附条件不起诉制度可能出现的消极后果。对于单位犯罪而言，尤其要特别注意防止适用附条件不起诉制度可能带来的消极后果：一方面，防止检控机关以附条件不起诉制度对单位进行认罪认罚等利益上的引诱，防止检控机关以刑罚制裁对涉嫌犯罪的单位进行威胁与压制，避免单位违反其人格意志而被迫认罪认罚；另一方面，要防止单位为了脱罪而虚与委蛇，表面上积极配合、戴罪立功，私底下抗拒改造、敷衍了事，甚至出现虚假供述、诬告陷害，不但有可能违背基本的程序正义，侵及单位内部职工的合法权益，甚至还有可能构陷他人犯罪。应当制定专门的“单位犯罪附条件不起诉指导意见”，出台详细的实施细则，指导检控机关恰当适用附条件不起诉制度，并在后续的行动中对附条件不起诉协议的执行予以监督，提升涉嫌犯罪单位的合规化治理水平，并将类似的合规化制度作为行业标准予以推行。

四是恰当确定附条件不起诉制度的适用范围。对于美国的暂缓起诉或者不起诉的法人犯罪类型，有学者提出其条件包括以下四个方面：首先，导致的损害结果是金钱损失，而不是环境损害、身体伤害或者其他不可弥补的损失；其次，这种法人犯罪是法定犯而非自然犯；再次，能够比较容易地通过付出金钱代价或者积极的补救计划予以修复；最后，有罪的犯罪人能够在不被监禁的前提下改过自新。[1] 的确，某些造成环境损害、身体伤害或者其他难以挽回或者难以修复之伤害的法人犯罪很难通过金钱赔偿等予以补救，这样的犯罪人被处以监禁刑将更加适当。但是对于那些能够通过罚金刑进行矫正或者可以通过赔偿予以弥补的法人犯罪，如果不适用监禁刑更加有利于社会复归，这类法人犯罪就是适宜于暂缓起诉或者不起诉的法人犯罪类型。[2] 以上观点虽然是针对美国的暂缓起诉或者不起诉的法人犯罪，对于我国的附条件不起诉制度也具有一定的适用性。但是在我国，更应当在认罪认罚从宽制度下来考虑附条件不起诉制度，并作为从宽的一种刑罚替代措施灵活适用。基于附条件不起诉制度的替代刑罚性质，除了犯罪性质和危害后果使得对涉嫌犯罪的单位使用附条件不起诉制度也不至于违背正义之该当之外，也要更加注重涉嫌犯罪单位的社会复归以及剥夺犯罪能力之刑罚目的的实现。为此，需要按照单位犯罪的不同类型和社会复归以及剥夺犯罪能力的需要进行区别对待。

五是构建单位合规化治理相关制度，加强单位内部管理。从认罪认罚从宽制度的适用上来看，目前并没有限定适用范围，亦即所有的刑事案件都可以适用认罪认罚从宽。[3] 但是对于单位犯罪附条件不起诉还应当符合不起诉制度本身的规定，因此，对于严重的单位犯罪不能适用认罪认罚从宽制度，只有不严重的单位犯罪才可以适用附条件不起诉制度。控辩双方可以以协商性司法作为制度基础对所附条件进行具体的协商，对于所附条件具体执行的监督与考察，

---

[1] Michael Yangming Xiao, Deferred/ Non Prosecution Agreements: Effective Tools to Combat Corporate Crime, *Cornell Journal of Law and Public Policy*, Vol. 23, No. 1 (2013): p. 236.

[2] Michael Yangming Xiao, Deferred/ Non Prosecution Agreements: Effective Tools to Combat Corporate Crime, *Cornell Journal of Law and Public Policy*, Vol. 23, No. 1 (2013): p. 236.

[3] 最高人民法院、最高人民检察院、公安部、国家安全部、司法部《关于适用认罪认罚从宽制度的指导意见》第5条第2款规定，“认罪认罚从宽制度没有适用罪名和可能判处刑罚的限定，所有刑事案件都可以适用，不能因罪轻、罪重或者罪名特殊等原因而剥夺犯罪嫌疑人、被告人自愿认罪认罚获得从宽处理的机会。”

考察内容与考察期限等都需要进行详细的规定，并作为认罪认罚协议的一部分。

单位犯罪附条件不起诉制度具有重大的制度优势，是借鉴美国暂缓起诉和不起诉制度的理论与实践，对于我国刑事诉讼法中已经规定的仅适用于未成年人犯罪的附条件不起诉制度进行改造而来。单位犯罪附条件不起诉制度不仅仅是作为认罪认罚从宽制度的具体执行制度，也不仅仅是为了提供刑罚的替代措施，而是一种目的导向的制度设计，即以单位合规化治理为目标，帮助单位制定规章制度，以引导单位不断完善内部治理。这也是剥夺犯罪能力刑罚目的的具体体现。为此，需要在单位内部设立合规官，具体负责本单位的合规化治理，帮助单位完善内部监督制度，探讨在关系国计民生的重要单位内部构建吹哨人制度，防止单位为了一己私利铤而走险，作出无可挽回的重大危害后果。这才是单位犯罪附条件不起诉制度的根本目的之所在。

第九章 认罪认罚从宽制度中的被害人参与

许多刑事案件的发生存在一个犯罪人与被害人的互动过程，亦即门德尔松所谓的“刑事伙伴”的关系，[1]“在所有的犯罪案件中，除所谓无被害人的犯罪，必然存在犯罪人、被害人及其双方的相互作用”，[2] 因此，对于犯罪的成立与刑事责任的追究需要重返犯罪现场，具体考量互动关系中的犯罪人与被害人，以刑事政策为杠杆恰如其分地评价犯罪人的刑事责任。不仅如此，刑事案件的最终解决也需要被害人的深度参与，否则犯罪人将无法完全复归社会。

被害人教义学和被害人参与理论是被害人学的两大分支，对于审视被害人在实体法与程序法中的地位与作用提供了全新的视角，因此应当以主体性理论为指导深入研究认罪认罚从宽制度中的被害人，为认罪认罚从宽制度的构建与完善提供具有可操作性的意见和建议。

一、被害人教义学与被害人权利运动的最新发展

（一）被害人教义学对于犯罪论体系的完善

1. 被害人的概念与加权责任

自 20 世纪 40 年代以来，德国犯罪学研究逐渐出现和分离出以被害人为研

---

[1] William G. Doerner, Steven P. Lab. *Victimology* (*third edition*). Anderson Publishing Co. 2002. p. 7.

[2] 郭建安：《犯罪被害人学》，北京大学出版社 1997 年版，第 129 页。

究对象的被害人学，并对刑法学和犯罪构成理论产生了深远的影响，被害人教义学或者被害人解释学应运而生，不但持续发展了被害人学的理论，尤其是犯罪人与被害人互动理论和被害人共同责任理论，而且回应了刑法教义学或者刑法解释学[1]的诉求，完善了刑法解释的理念与实践。

被害人的概念存在广狭之分。从最广泛的意义上来说，被害人既然是犯罪恶害的承受者，一般说来只要有犯罪就会有被害人，不存在没有被害人的犯罪。广义的被害人概念除了自然人、法人和社会组织之外，还包括社会与国家，欧洲议会的艾格拉·迪佐拉、斯蒂芬·谢弗等都采此观点[2]；狭义的被害人在外延上涵盖自然人、法人以及社会组织等单位，而不包括国家或社会。[3]本书采取的是最狭义的被害人概念，即法益遭受犯罪行为侵害的自然人及其近亲属。之所以采取最狭义的被害人概念，是因为我国刑法以及刑事诉讼法中所表述的被害人都是仅指个体法益遭受损害的自然人，更重要的是彰显人的主体性要求，尊重被害人的当事人地位，尊重诉讼程序中被害人的选择与决断。被害人学的产生与发展渊源于犯罪学，被害人学最新研究成果和刑法教义学对于被害人角色更是持续关注。

被害人学的确立与发展主要在于发现了犯罪人与被害人之间的互动关系，被害人学的概念由德国的汉斯·冯·亨蒂于1941年在《论犯罪者与被害者的相互作用》（*Remarks on the Interaction of Perpetrator and Victim*）一文中首先提出，并认为犯罪人与被害人之间是一种动态的而非静态的关系，被害人不再是消极的客体，在犯罪产生过程中和在减少犯罪过程中可能会成为积极的主体。[4] 在几乎每一个刑事案件中都存在两个主体，即犯罪人与被害人，而且犯罪人与被害人之间确实存在一种互动关系，在某些情况下互为诱因，甚至相互促进。被害人学大师门德尔松更贴切地将其定义为“刑事伙伴”关系。易言之，在某种意义上被害人决定并且塑造了罪犯，甚至在某些情境下由于被害人

---

[1] 张明楷认为刑法教义学就是刑法解释学，只是对德语 Strafrechtsdogmatik 的不同译法而已，因而被害人教义学就是被害人解释学（Viktimodogmatik）。参见张明楷：《也论刑法教义学的立场——与冯军教授商榷》，载《中外法学》2014 年第 2 期。

[2] ［德］汉斯·约阿希德·施耐德主编：《国际范围内的被害人》，许章润等译，中国人民公安大学出版社 1992 年版，序第 5 页、导论第 5 页。

[3] 刘军：《刑法学中的被害人研究》，山东人民出版社 2010 年版，第 11－17 页。

[4] 康树华：《比较犯罪学》，北京大学出版社 1994 年版，第 444 页。

的主体性行为，会出现被害人与犯罪人的角色互换。试想一下，被害人与犯罪人本是“刑事伙伴关系”，被害人作为伙伴关系的重要组成部分，却未能得到应有的重视，这是一个多么大的缺失，此举必然会忽略被害人的行为对犯罪人刑事责任的影响（如被害人承诺、被害人过错、被害人谨慎义务、被害人自陷风险等），最终导致对犯罪人刑事责任评价的不适当。正如郭建安教授所说：“在所有的犯罪案件中，所谓无被害人的犯罪，必然都存在着犯罪人和被害人二者间的相互作用。”[1] 大陆法系国家对于被害人的研究多聚焦于被害人教义学，亦即被害人在实体法或者刑法中的地位与作用，探究被害人是如何以及在多大程度上影响犯罪的成立，影响对于被告人刑事责任的追究，甚至提出了被害人有责任性、被害人责任、被害人罪过、被害人分担责任、责难等概念[2]以及被害人过错、被害人谨慎义务、被害人承诺和被害人自陷风险等影响犯罪人刑事责任的理论，意图全面真实地考察事件的前因后果，构建被害人教义学在刑法解释中的运用的规则，进而恰当地界定犯罪人的刑事责任。

在规范的立场上，被害人的责任就是一种加权责任。依据犯罪人与被害人在犯罪过程中的互动作用，而赋予二者一个加权值，并最后决定犯罪人应当承担的刑事责任。基于加权责任理论，即可明晰被害人行为与行为人犯罪行为之间的关系，并且对于判断行为人的刑事责任以及被害人的责任，建立了一个标准。需要明确的是，加权责任理论中的责任，并不是规范层面中的刑事责任，而是在事实层面上界定被害人的行为本身对犯罪过程的作用与影响，从而达到最终目标，即更准确地评价行为人的刑事责任。加权责任可以分为零加权责任、正加权责任和负加权责任。[3] 零加权责任，即被害人单纯地处于被动地位，对犯罪行为不负责任的情形，在此情形中，不必考虑被害人的加权责任。正加权责任，则是要将视角反转，站在犯罪人的角度思考，即如果被害人已经尽到了足够的谨慎义务，并且采取了足够的防范措施，但是犯罪人仍然排除各种障碍，继续实施犯罪行为，此时就应当赋予行为人正加权值，加重其刑事责任。例如，盗窃犯明知这户人家安有防护装置，但其排除障碍，继续实施盗窃

---

[1] 郭建安：《犯罪被害人学》，北京大学出版社 1997 年版，第 129 页。
[2] 郭建安：《犯罪被害人学》，北京大学出版社 1997 年版，第 153 页。
[3] 刘军：《论被害人加权责任的概念》，载《求是学刊》2010 年第 37 卷，第 2 期。

行为，此时就应该赋予其正加权值，加重其刑事责任。负加权责任，是指由于被害人的行为本身，而导致对行为人犯罪行为的可谴责性降低，有时可能会导致因果关系中断，从而使得行为人应当承担的刑事责任降低，甚至是免除的情形。例如在“于欢案”[1] 中，于欢与被害人的角色就是逆向转化关系，于欢由本来的被害人转化成了犯罪人的角色；而被害人在犯罪过程中有直接的过错行为，包括严重侮辱于欢母子人格尊严的行为、强制限制于欢母子人身自由并伴有挑衅攻击行为，使得其不法侵害的现实危险性不仅存在，而且不断积累升高，从而促使于欢实施了犯罪行为来进行反抗。也就是说，被害人的行为对于欢的犯罪过程的发展，实际上起到了一种加功和促进的作用。因此，在事实层面上讲，被害人应当对自己的“加功行为”承担一定的责任，这个责任在此就是负加权责任，即因为被害人的“加功行为”而导致了于欢犯罪行为可谴责性的降低，所以应当赋予被害人负加权责任，来减降于欢的刑事责任。因此一审法院判决是极不妥当的。二审法院在审理过程中，最大限度地回归了犯罪现场，对犯罪事实与情节进行了全面细致的考察，最后作出了客观公正的判决。目前，在我国规范法律层面，虽然还没有被害人责任这一概念，此判决书中也没有具体界定被害人的责任，但却基于被害人的负加权责任，对于欢的刑事责任进行了减降，减轻了对于欢的刑罚，因此可以说，对于被害人主体性行为的地位和作用，本案二审判决正是最好的回应。

由此可见，在刑法的视野中行为是由两个主体中心构成的，即犯罪人与被害人。两个行为主体一明一暗，从刑法的视角来看犯罪人行为是明线而被害人行为是暗线，二者存在互动关系，既相互依存、相互作用又可能相互转化，因此，为了更好地界定犯罪人的刑事责任，被害人的主体行为以及加权责任的概念也应当予以重视，并在犯罪人刑事责任评估的过程中予以体现，从而最大限度地实现主体行为之该当。只有对被害人主体行为的地位和作用有了充分的认识和把握，对其加权责任进行恰如其分的界定与评估，才可以在事实层面上客观真实地反映被害人行为在犯罪进程中的不同地位和作用，同时，也才能够在规范层面对犯罪人刑事责任的界定产生影响。

被害人学的研究以犯罪与被害的关系为出发点，如被害性的问题、被害人

---

[1] 山东省聊城市中级人民法院刑事附带民事判决书（2016）鲁15刑初33号。

与犯罪人的互动等，同时关注被害人损害赔偿、被害人的国家补偿等问题，但是其落脚点还是预防犯罪与被害，仍然属于犯罪学领域的对策研究。当被害人学的研究成果经由刑事政策杠杆进入刑法领域，考虑被害人共同责任或者加权责任时，便产生了被害人教义学。事实层面的犯罪人与被害人的互动关系，甚至某种程度或者某种类型的被害性，不但能够经由刑事政策的考量而实质影响刑法解释，影响定罪和量刑，而且唯有正确认识这种主体间的互动关系，才能够恰当地匹配犯罪人的刑事责任，最终实现正义之该当。

2. 被害人权利自主与法益保护的平衡

被害人教义学给我们的启示在于，不但应当尊重犯罪人的主体性，而且应当对被害人以主体视之。被害人承诺极好地诠释了被害人的权利自主与法益保护之间的平衡。“自我决定权主要是指个人对自己的利益按自己意愿进行自由支配的权利。它意味着个人是自己命运的决定者和自己生活的作者。公民在自己的生活范围之内自立为王，不受国家、社会以及他人等外界因素的干涉。”❶

自1953年德国刑法学者吉尔德斯（Geerds）提出应当区分阻却违法性的承诺（同意；Einwilligung）与阻却构成要件的承诺（合意；Einverstandnis）的观点以来，在德国该观点一直居于通说地位。按照耶赛克的观点，所谓的同意是指按照刑法条文的规定如果行为与权利人的意思是一致的，被保护的法益同样会遭受侵害，但是基于权利人的意思表示，该同意被视为合法化事由来对待；所谓的合意是指构成要件该当的行为，根据刑法条文的规定直接而且仅仅指向被害人意思，在存在被害人同意的情况下，其行为完全不必考虑，即该行为在传统社会秩序范畴内不存在典型的不法，因而也就意味着不存在构成要件该当的行为。❷

依之，所谓的同意是指权利人对法益的自主支配权，即从国家法和公共利益的立场权利人究竟能够在多大范围内自由处分自己的法益。如此，同意必受权利人之权利内涵、权利人的意思表示以及意思能力的限制。首先是国家法益

---

❶ 车浩：《自我决定权与刑法家长主义》，载《中国法学》2012年第1期。

❷ ［德］汉斯·海因里希·耶赛克、托马斯·魏根特：《德国刑法教科书》，徐久生译，中国法制出版社2001年版，第450页。

和社会法益对个人权利的限制，典型的如战时自伤的行为，虽然通常情况下自我健康可由权利人自由处分，然而在战时由自我伤害而导致的战斗力丧失或者减损必将危害国家法益，为国家法评价为无价值，在此被害人同意本身就成为构成要件该当的行为。其次是行为之前必须得到被害人明确表示同意（包括明示和默示），且为行为人所确知。在刑法领域不承认事后同意，虽然此种情形为民法所认可，而且行为人对被害人同意的认知是阻却违法性的标志，否则无法阻却行为人的主观违法意识，因而具备可罚性。再次是权利人具有意思表示的能力。其认识的内容包括行为的性质和行为的后果，以及国家法对权利人意思表示的认可。精神与年龄是被害人认识能力和意思表示能力的标志，国家法对权利人的年龄要求尤其严格，典型的如奸淫幼女的行为，如果是幼女则无论权利人是否表示同意均不阻却违法性。可见，在刑法领域权利人对法益的自主支配权是受到诸多限制的。“现代刑法已经完全不是以保护私人利益为目的，至少不是通过维护社会秩序来保护私人利益，受害人的同意并不能阻止犯罪对社会的扰乱，所以，虽有受害人的同意，仍不能阻止社会对违法行为实行制裁……但是，在特殊情况下，由于有受害人表示的同意，基于另外的原因，可以使犯罪消失，并引起行为人不受惩罚。”❶ 所谓合意因为是对行为是否符合构成要件的判断，因而具有纯事实的特征，采意思表示说，无须被害人明确表示，即使未能正确理解行为指向的法益也不发生损害。典型的如婚外自愿的性行为，由于强奸行为是对被害人意志的违背，因此如果介入了被害人同意的情形，即只要是合乎被害人意志的性交行为，即使存在受到欺骗等情形，如医生答应免除其医疗费等，也不构成强奸罪，因为这种情形下不存在国家所意欲保护的法益；而且即使有强制但是由于合乎被害人意志也不具备构成要件该当的条件，被排除出司法判断之外，如被害人同意的性虐待等。

上述区分被害人同意与合意的观点在德国仍然处于通说的地位，但是这种学说在传入日本后并未为日本学者所接受，而且自 20 世纪 70 年代以来德国学者也对这种观点作出了激烈的批评，认为所有有效的承诺都阻却构成要件，被害人承诺成为特殊的消极构成要件的要素，亦即主张构成要件一元论。❷ 虽然

---

❶ ［法］斯特法尼等：《法国刑法总论精义》，罗结珍译，中国政法大学出版社 1998 年版，第 371 页。

❷ 张明楷，《外国刑法纲要》，清华大学出版社 1999 年版，第 178－179 页。

这种区分已经受到挑战，认为被害人同意与合意都是阻却构成要件的行为，但实质二者还是有显著的不同的。总的来说，对于同意的理论解释包括法律行为说、利益放弃说、法的保护放弃说、保护客体部分脱落说、法政策说或利益衡量说以及优越利益说等❶，但无论哪种学说都认为在同意的场合，被害人的法益原初是需要刑法保护的，只是介入了权利人自主支配权，才为国家法所容认，因此应当将被害人同意归入正当化事由而排除其违法性，如耶赛克等就认为，被害人同意归入阻却违法性事由是恰当与正确的。❷ 但是，对于合意的场合，需要刑法保护的法益根本就不存在。对于犯罪构成或者犯罪构造也存在动态地进行理解的观点。❸ 刑法的动态性，不但体现在作为公共理性的刑法的生成过程，而且体现在诉辩审三方以及众多潜在的论辩者共同参与的主体性论辩与回应之中。与此相对应，刑事司法也应具有更多的回应性，刑罚理论不再局限于报应主义与功利主义的论争，还在于尊重各方当事人的理性选择，在法律许可的范围内实现动态之该当与均衡。

3. 被害人教义学对于犯罪成立的影响

即使客观上存在需要动用刑法保护的法益，而被害人主观上也并未放弃刑法保护，但是从社会功利的视角，仍然需要考察“被害人自我保护可能性”，进而申明刑法对于被害人利益的“需保护性”和“应保护性”，构建被害人教义学在刑法解释中的理念与规则。

被害人自我保护可能性是被害人教义学的核心概念和基础概念，是指法益享有者在无国家刑法保护的帮助下，运用自己的力量保护其法益不受影响或者阻止其法益受到损害的能力。❹ 被害人自我保护可能性是被害人学进入刑法教义学的“过门砖”，渊源于刑法的辅助性原则或者最后手段原则，亦即只有在其他手段不足以保护法益的时候才能动用刑法，否则便是超过了必要限度，在这个意义上刑法是作为其他法律的保障法而存在的。既然如此，如果被害人能

❶ 张明楷：《外国刑法纲要》，清华大学出版社 1999 年版，第 179－180 页。

❷ ［德］汉斯·海因里希·耶赛克、托马斯·魏根特：《德国刑法教科书》，徐久生译，中国法制出版社 2001 年版，第 453 页。

❸ 刘军：《刑法学中的被害人研究》，山东人民出版社 2010 年版，第 233 页。

❹ 申柳华：《德国刑法被害人信条学研究》，中国人民公安大学出版社 2011 年版，第 428 页。

够对其法益进行自我保护，那么便不需要动用刑法。例如在诈骗罪的场合，哈赛默（Raimund Hassemer）将诈骗罪划定成关系型犯罪，需要犯罪人与被害人的互动配合来达成犯罪结果，所以被害人在这种侵害模式中有着决定性的影响。因此，诈骗罪就要从两方面进行考量：一方面要考虑犯罪人行为的危险程度，另一方面需要考虑被害人的自我保护。只有当犯罪人的欺诈行为足够狡猾，使得被害人完全无法自我保护（即没有产生具体怀疑）的情况下，才需要动用刑法来进行保护。反之，如果被害人具有自我保护的可能性，对犯罪行为产生了具体的怀疑，但是却怠于进行自我保护或者试图投机取利而处分财产，就不属于刑法规定的基于陷入认识错误的情形，从而排除了构成要件该当性。

判断被害人的需保护性则需要判断被害人在法益受到侵害前或者受到侵害时个人的、具体的情境，只有当危险的强度达到普遍、具体的状态时，才发动刑法进行保护。[1] 因此判断被害人的需保护性，必须综合被害人的保护可能性和社会相当行为对危险强度的影响。大体可以从以下三个方面来讨论：一是，如果被害人没有自我保护可能性而受到法益侵害，此时被害人的需保护性应得到提升，需要发动刑法来保护其法益。例如，我国刑法将携带凶器盗窃、入户盗窃等情形列为盗窃罪的法定加重情节，究其原因还是在于当犯罪人携带武器或者入户实施盗窃时，其人身危险性相较于普通盗窃的情形更强，被害人受到更严重的法益侵害可能性加大。因而在此情况下，被害人的需保护性随着犯罪人行为的危险程度增加而提升。二是，如果被害人不具有社会相当性的行为对犯罪活动的发生起到了原因力的作用时（如被害人过错、被害人自陷风险），则其需保护性就会降低，某种程度上应当对自己的行为负责。例如，在“于欢案”中，虽然于欢的捅刺行为导致了被害人死亡，但其行为是由被害人极端的挑衅、侮辱行为所致，因而被害人的需保护性大大降低，于欢的罪责也得以减降。三是，被害人需保护性完全丧失。例如，被害人具有保护可能性，但是其却放弃对自身法益的保护，此时被害人需保护性就完全丧失，不必发动刑法对其法益进行保护。再如，如果被害人本身就是侵害法益行为的发动者，则被害人需保护性也会引起不法行为而不断减降直至丧失。

[1] 申柳华：《德国刑法被害人信条学研究》，中国人民公安大学出版社2011年版，第236页。

当然还有与刑法教义学中的“应罚性”相对称的，被害人的“应保护性”也是被害人教义学中的重要概念，亦即，犯罪人的行为是否构成犯罪还要看被害人利益是否值得动用刑法进行保护，如果被害人的法益过于细微、自我放弃刑法的保护或者事后追认等，其实也不应动用刑法予以保护，从而使得犯罪行为在违法性上不值得处罚。

被害人教义学从被害人的角度切入犯罪论体系，认为不仅犯罪人而且被害人在犯罪事件中的地位和作用对于是否成立不法也非常关键。这种对成立不法与否所进行的全新视角的解释，极大地丰富了刑法教义学的知识体系，限缩了犯罪成立的范围，从而成为刑法辅助性原则在具体犯罪成立上的具体化。被害人教义学的核心原则与理论基础，源于刑法总则层面的刑法辅助性原则及最后手段性原则。“辅助性原则终究根植于社会契约论，人民只想在保护彼此自由的必要限度内放弃自由，这倒是早已由贝卡利亚几乎逐字地写在刑法上。最初市民本身也必须保留他对于法益的支配，并当他的力量不是足够自保时，他才需要国家。”[1] 即公民与国家订立契约，将自己的一部分权利交给国家，形成刑罚，这是因为公民个人的力量在有些时候不足以保护自身的法益。因而当公民有能力保护自己的法益时，国家就不必动用刑法进行保护。相反，只有当公民的力量不足以或者难以期待其去自我保护时，国家才会介入保护。[2] 这也就是说，如果被害人可以自我保护，但是其疏于保护，或者放弃法益使自己陷入危险中，此时被害人不值得也不需要被保护，国家也就无须行使刑罚权对行为人进行处罚。

因此，在考量被害人及其主体行为是否成立犯罪的影响时，应当首先判断被害人是否具有保护的可能性，其次判断是否具有需保护性，其需保护性与保护可能性程度如何，最后再根据主体该当性对被害人的责任进行界定，使之对自己的行为负责。此方式的价值主要在于：一是加入被害人视角对犯罪人的定罪量刑进行考察，过程更为细致全面，结果更加公平公正，更加符合刑法的价值追求，且有利于限缩刑罚权的扩张；二是通过双主体和互动关系的视角来考

---

[1] ［德］许乃曼：《刑事不法之体系：以法益概念与被害者学作为总则体系与分则体系间的桥梁》，载许玉秀、陈志辉等编译：《不移不惑献身法与正义——许迺曼教授刑事法论文选集》，新学林出版股份有限公司2006年版，第210页。

[2] 车浩：《被害人教义学在德国：源流、发展与局限》，载《政治与法律》2017年第10期。

察犯罪人的行为，本身就建构了一种全新的刑法解释学思维范式。根据犯罪人与被害人的互动行为进一步细致地划分，其实可以将被害人的主体行为分为被害人过错、被害人谨慎义务、被害人承诺以及被害人自陷风险等四种类型，[1]并且无论是在构成要件、违反性还是有责性等都需要考虑被害人对于犯罪成立的实质性影响。[2]被害人教义学第一次将被害人纳入刑法的犯罪论体系给予考虑，完善了刑法教义学的知识和体系。只有从犯罪人与被害人双主体的角度出发，对犯罪人与被害人的主体行为进行全面的考量，才能真正还原现场事实，真正理解犯罪人与被害人互动关系理论在刑法教义学中的规范意义。

综上可以看出，犯罪学的研究表明，被害人的主体行为实然地影响着犯罪的进程，应然地也须纳入刑法学的规范研究，从而将其应用于刑法解释过程之中，最大限度地还原犯罪现场事实，更好地完善刑事法律理论，维护司法公正；另外，正确地将被害人的主体性行为纳入规范分析，反过来必将塑造互动中的犯罪人与被害人的双主体行为模式，从而引导社会行为向一个更加理性的方向发展。因此，重塑被害人在刑法解释学中的主体地位，将具体犯罪构成同被害人主体行为的影响因素相结合，动态地解释法律条文，逆向地思考犯罪人刑事责任的匹配对于主体行为模式的影响，将具有非常重要的现实意义。

在认罪认罚从宽协商过程中必须厘清犯罪人与被害人的互动关系，还原案件事实，正确划定刑事责任与加强责任的关系，才能够有效赔偿并达成谅解，恢复受创的社会关系。同时这也是保障认罪认罚从宽协商不走板不走样，确保在实现刑罚正义的前提下提高诉讼效率的要求。

（二）被害人权利运动对于刑事司法改革的影响

1. 被害人权利运动的滥觞

与大陆法系国家发展了被害人教义学不同，在英美法系国家则更加关注被害人在刑事诉讼程序中的地位与作用，并且出现了所谓的被害人的权利运动，

[1] 刘军、王艺：《被害人教义学及其运用》，载《法律方法》2018 年第 2 期。

[2] 刘军、王艺：《被害人教义学及其运用》，载《法律方法》2018 年第 2 期。

亦被称作“重新发现被害人”过程。

纵观历史，被害人的地位历经了一个从自治到衰落再到复归的过程。现代社会的犯罪观首先将犯罪看作是对国家的侵害、是对国家权威的挑战，刑事司法体系则是以被告人为中心进行建构的，这无疑是刑法家长主义的集中体现，但是国家对刑罚权的把持和独占并非从一开始就具有正当性基础，因为在西方直到中世纪以前犯罪还是首先被视为对个人法益的侵害，甚至看作是侵权行为由私人自己解决。[1] 现代司法制度的建立，部分是因为监禁成为流行的惩罚形式，部分是因为维持公共秩序的警察数量的增加，其结果便是国家垄断了惩罚权，被害人在调查和惩罚犯罪方面的权力不断萎缩，被害人再也无法从参与司法制度中直接受益。随之，犯罪观念也发生了变化，犯罪不再被视为对私人利益的侵犯而被视为是对社会秩序的破坏和对国家利益的侵犯，对犯罪的追诉也便成了国家的权力和职责，被害人参与司法制度被认为与这种犯罪观念不相一致甚至成为对这种犯罪观念的挑战，由此被害人在司法体制中的作用就只剩下告诉和作证了。[2] 被害人由权利的主体变成了与自身利益无干的“另外一个证人”或者是“旁边的人”，一个“被遗忘的人”。然而 20 世纪 40 年代逐渐提出犯罪人与被害人的互动关系，促使被害人学独立发展；20 世纪 60 年代被害人权利运动的肇始彻底改变了被害人作为证人或者旁观者的尴尬地位，有力地提升了被害人的主体性，确立了被害人在刑事诉讼中的当事人地位。

被害人权利运动是一个从 20 世纪 60 年代才开始被关注的政治现象，并首先在英美法系国家出现和发展起来。[3] 在美国，被害人权利运动肇始于何时尚无定论，但一般认为滥觞于 20 世纪 60 年代，标志性事件就是 1965 年加利福尼亚州出台的美国第一个关于被害人的法令，即《暴力犯罪被害人国家补偿

---

[1] 刘军：《刑法学中的被害人研究》，山东人民出版社 2010 年版，第 245 页。

[2] Karen L. Kennard, The Victim's Veto: A Way to Increase Victim Impact on Criminal Case Dispositions. *California Law Review*, Vol. 77, No. 2 (Mar., 1989), pp. 420 – 421.

[3] Shirley S. Abrahamson, "Redefining Roles: The Victims' Rights Movement," Utah Law Review 1985, no. 3 (1985), p. 518.

法》(1965 Cal. Stat. 3641[1])。1975 年在加利福尼亚州弗雷斯诺(Fresno)成立了“国家被害人援助组织”(National Organization for Victim Assistance,NO-VA),成为第一个协调被害人主张的全国性被害人保护组织。随着被害人权利受到越来越多的关注,与被害人有关的各种援助组织也像雨后春笋般大量出现,截至 1984 年,美国已经成立 2000 多个政府和私人被害人援助组织,极大地推进了被害人权利保护力度。[2] 1981 年,时任里根总统于 4 月 19 日设立“被害人权利周”以正式结束被害人被遗忘的局面,并发表著名的宣言书,再次强调被害人权利的重要性,提高对被害人权利的关注,认为被害人权利应当成为刑事司法工作人员的关注焦点。[3] 此后,每年 4 月美国联邦都会举办“被害人权利周”活动。1982 年,里根总统成立的调查犯罪被害人的特别委员会(Presidential Task Force)[4],就被害人权利问题形成最终报告,该报告提交了超过一百条以被害人为导向的改革建议,并提议修改宪法第六修正案增加被害人权利的条款,措辞如下:“在任一刑事诉讼的重要阶段被害人都应当被告知出席并听取其意见。”[5] 而 1986 年司法部后继的一个报告显示,当时特别委员会的建议有 75%得到贯彻,许多州议会都承认了被害人权利。1982 年美国联邦出台了《被害人与证人保护法案》(Victimand Witness Protection Act),以保护被害人和证人免遭威胁和报复;1984 年的《综合犯罪控制法案》(Comprehensive Crime Control Act)也拟定了许多以被害人为导向的条款,其中的《假释改革法案》(Bail Reform Act)要求在假释听证中必须考虑被告人的人身危险性对社区的威胁,而《犯罪被害人法案》(Victims of Crime Act)则要求建

---

[1] 这一法律后来被 1967 Cal. Stat. 3707 所替代,加利福尼亚州现在的被害人补偿程序,被编纂于加利福尼亚州法典汇编,C A L. G O V' T C O D E § § 13960 – 74 (West 1980 & Supp. 1984)。Frank Carrington & George Nicholson, The Victim's Movement: An Idea Whose Time Has Come, *Pepperdine Law Review*, Vol. 11 (1984), p. 2.

[2] Frank Carrington & George Nicholson, The Victim's Movement: An Idea Whose Time Has Come, *Pepperdine Law Review*, Vol. 11 (1984), p. 1.

[3] Frank Carrington & George Nicholson, The Victim's Movement: An Idea Whose Time Has Come, *Pepperdine Law Review*, Vol. 11 (1984), p. 2.

[4] 该委员会于 1980 年早期由里根总统成立。

[5] Karen L. Kennard, The Victim's Veto: A Way to Increase Victim Impact on Criminal Case Dispositions, *California Law Review*, Vol. 77, No. 2 (Mar., 1989), p. 423.

立犯罪被害人基金，这一基金将占国家补偿数额的35%。❶ 而今在美国，被害人享有广泛的权利，包括参加诉讼活动的权利，申请国家补偿的权利，参与刑事诉讼并发表意见的权利，有关诉讼活动各种权利以及结果被告知的权利，免受胁迫和侵扰的权利，要求被告人赔偿的权利，要求归还作为证物的私人物品的权利，要求加速审判的权利，以及要求强制执行上述权利的权利，等等。❷ 被害人权利运动在美国发展迅猛，成绩斐然，被害人的权利不断扩展并从制度上予以保障。

被害人权利运动在美国迅猛发展主要原因是对于被害人苦难处境的关注，而且由于美国20世纪60年代暴力犯罪的不断增多，被害人的处境更加困难，许多被害人无法得到赔偿或者补偿，生活陷入困境；同时，越来越多的人认识到，在当今社会每一个人都有可能成为潜在的被害人，从而也有可能成为刑事司法系统中不情愿的参加者，许多无辜的被害人因为犯罪强力介入而改变了生活轨迹；更重要的是，在美国的司法系统运行过程中对于被告人权利似乎过度保护了，某种程度上甚至近乎丧失理智地放纵，与此相反，被害人的权利却被过度忽视，被害人的苦难处境难以缓解，在作证过程中不断重复痛苦回忆。❸ 从某种意义上说，正是由于暴力犯罪的不断增加和无辜被害人的困境，导致了在美国出现被害人权利运动；当然，这也与美国公众权利意识不断提高有极大关系，甚至可以说美国的每一次民权运动都导致美国社会不断进步。被害人权利运动以来，被害人权利不断扩展，被害人作为一个证人或者旁观者的角色被彻底改变，保障被害人权利、支援和援助被害人、防止二次被害等陆续被提出；另外，刑事案件的侦破有赖于被害人的告发，而刑事司法的运作也有赖于被害人的作证，客观上也有必要不断增加被害人参与刑事司法的程度，并在制度设计上考虑被害人对于刑事案件的实质性影响，以鼓励被害人参与到刑事司法中来。被害人权利运动从实质意义上提升了被害人权利保障的水平，刑事诉

---

❶ Karen L. Kennard, The Victim's Veto: A Way to Increase Victim Impact on Criminal Case Dispositions, *California Law Review*, Vol. 77, No. 2 (Mar., 1989), pp. 423-424.

❷ 关于当今美国被害人的权利可以参见美国“犯罪被害人中心网站”提供的犯罪被害人相关法律法规，http://www.victimlaw.info/victimlaw/pages/victims Right.jsp#right3，最近访问日期：2010年9月30日。

❸ Frank Carrington & George Nicholson, The Victim's Movement: An Idea Whose Time Has Come, *Pepperdine Law Review*, Vol. 11 (1984), p. 4.

讼程序更加公平公正，刑事司法运作更加顺畅，权利的保障更加均衡。

英国于20世纪90年代中期开始实施对被害人作证的改革，通过了1996年《被害人宪章》、1998年《为正义发言》、1999年《青少年司法法案》和1999年《刑事案件证据法案》等法律法规，引入了一系列在庭审程序和证据规则方面的新举措以保护被害人的各项权利，如被害人赔偿、被害人国家补偿、“一站式服务”、获悉信息的权利、量刑参与权等。[1] 被害人权利运动在英美法系国家的迅猛发展，也逐渐影响到其他国家，不但与被害人利益直接相关的被害人赔偿以及国家补偿等已经达成共识，而且被害人在刑事诉讼中的当事人地位也逐渐获得确立，当前的被害人享有广泛的诉讼权利，利益获得了比较充分的保护，并有力地促进了刑事法治建设与司法公平与公正。

在德国，虽然早在1877年刑事诉讼法中便赋予了被害人控告权，然而直到20世纪80年代被害人才真正地受到重视，并引发一系列的司法改革。1984年德国第55届法律人大会设定的主题就是“犯罪被害人之法律地位”，1986年德国修改刑事诉讼法并制定了《被害人保护法》[2]，以便改善刑事程序中被害人的地位，保护和帮助被害人。该法规定了诸多被害人参与刑事诉讼程序的权利，如被害人有权通过律师查阅卷宗；被害人在刑事诉讼中，尤其是作为证人被传讯时，有权聘请律师；以及涉及被害人隐私方面的保护措施等。德国联邦后续还制定出台了《确立刑事程序中犯罪人和被害人冲突和解法案》（1999年）、《被害人权利改革法》（2004年）以及《被害人权利改革法第二法案》（2009年）等，德国刑事被害人保护的法律体系不断得到完善。其中的《被害人权利改革法第二法案》进一步拓展了被害人律师的在场权，该法规定在警察询问被害人过程中以及询问任何证人时，允许被害人律师在场。当前德国刑事诉讼法中，被害人享有控诉权、以私诉权制约公诉权、上诉权、知悉权、免受“二次伤害”的权利、提起附带民事诉讼的权利、获得国家赔偿权、获得

---

[1] 谷青：《英国被害人参与刑事司法程序概述》，载《中国司法》2006年第3期。

[2] 1986年12月18日，德国联邦颁布了第一部改善犯罪被害人在刑事诉讼法中地位的法律（Das Erste Gesetzzur Verbesserungder Stellungdes Verletztenim Strafverfahren），1987年4月1日，颁布了第二部改善被害人在刑事诉讼中地位的法律（Das Zweite Gesetzzur Verbesserungder Stellungdes Verletztenim Strafverfahren），这两部法律都可以被称作“被害人保护法”，目的是改善刑事被害人在刑事诉讼程序中的法律地位，保护和帮助被害人。参见徐久生：《德国犯罪学研究探要》，中国人民公安大学出版社1995年版，第174页。

援助权等广泛的权利，[1] 而且还在不断得到扩展。被害人在刑事诉讼法中的当事人地位得到了确立，被害人的权利得到了全面而有效的保护。

2. 被害人权利运动对司法改革的促进

被害人权利运动的直接效果就是被害人保护的理念得到了有效提升，不但被害人的程序性权利获得了全面的保障，而且为了防止被害人“二次被害”采取了诸多的程序性措施。不仅如此，被害人在实体方面的权利，或者说能够对案件结果产生实质性影响的处分权也得到了长足的发展。被害人已经由一个证人或者是旁观者，上升为刑事诉讼的当事人，在一定程度上甚至能够实质性地影响刑事程序的进程和实体性处置，因此在西方国家被害人可谓真正是“归来”了。

被害人权利运动的蓬勃发展从三个方面促进了司法制度改革：一是通过国家补偿基金或者犯罪人的赔偿以弥补被害人在犯罪过程中所受到的损害；二是提高被害人参与司法的满意度，制度安排使被害人参加诉讼更加便利和舒适，且试图降低或者消除被害人被司法体制排斥在外的感觉，如为被害人和犯罪人分别提供独立的休息室等；三是进一步的改革力图保证参与司法的被害人对案件结果能够产生实质和有效的影响，无论是宽容还是惩罚，在量刑阶段的被害人影响陈述就是其中之一。[2] 易言之，被害人权利运动从司法参与、司法便利和被害补偿三个方面都有力地促进了司法体制改革。“刑事诉讼为国家所独占，私人诉讼不予许可。但如果不建立在刑事诉讼中反映出犯罪被害人的意思的制度，则刑事诉讼法便会游离于国民之外而失去信赖。”[3] 更重要的是，被害人权利运动使得被害人的主体性在刑事司法过程中得到充分重视，不但因为自身利益能够参与到刑事诉讼程序中来，而且在辩诉交易、认罪协商等过程中可以表达意见，并一定程度上拥有了实体性的决定权。以主体性的视角来看待被害人权利运动，对于司法改革最重要的促进，集中体现在被害人参与量刑过程中。

---

[1] 胡敬：《刑事被害人权益保障问题研究》，吉林人民出版社2014年版，第53－55页。

[2] Karen L. Kennard, The Victim's Veto: A Way to Increase Victim Impact on Criminal Case Dispositions, *California Law Review*, Vol. 77, No. 2 (Mar., 1989), p. 418.

[3] ［日］大谷实：《刑事政策学》，黎宏译，法律出版社2000年版，第309－310页。

在英美法系国家被害人参与量刑的主要表现是被害人影响陈述，亦即，在英美法系国家刑事诉讼程序中的量刑阶段，由被害人就其在犯罪过程中所遭受的资金、人身以及感情等方面所受到的冲击和创伤进行陈述，提供给陪审团或者法官作为量刑参考。1981 年，澳大利亚南澳大利亚州率先提出在量刑阶段考虑被害人影响陈述，并将被害人引入刑事诉讼程序，1988 年南澳大利亚州通过了《刑法量刑法》（Criminal Law Sentencing Act），其中第 7 条规定被害人影响材料须由检察官提交给到法庭（缓刑官准备的预审报告被害人影响材料可以作为提交法庭的选项之一）。❶ 在美国，绝大多数的州和联邦司法系统允许法官或者陪审团在量刑阶段审查判决前报告，其中包括被害人影响陈述。该陈述内容涵盖了被害人在金钱、身体、精神等方面承受的来自犯罪的各种冲击，而且一些州允许被害人或者其代表人出席量刑听证会并直接发表意见，这种方式被称作“被害人告谕”。❷ 在英国，1996 年《被害人宪章》启动了被害人个人陈述计划在英格兰和威尔士进行试点，并于 2001 年 10 月正式实施。澳大利亚、新西兰等国的被害人影响陈述允许被害人明确表达他们希望对被告人得到何种判刑结果以及是否希望被告人获得假释，而奥地利和意大利则允许被害人在刑事诉讼程序的任一阶段进行口头的被害人影响陈述。❸ 被害人影响陈述是被害人参与刑事司法过程的重要途径，当然目前还仅仅限于对于量刑的参与。不过被害人影响陈述的发展也并非一帆风顺，被害人影响陈述在刑事案件量刑程序中的适用也曾经引起争论与质疑，美国联邦最高法院在布斯诉马里兰州案（Booth v. Maryland）❹ 和佩恩诉田纳西州案（Payne v. Tennessee）❺ 中对于死刑案件是否适用被害人影响陈述的态度曾经出现过反复，并最终确认了不但在普通案件中而且在死刑案件中也可以适用被害人影响陈述。❻ 现在普遍认为，被害人影响陈述并没有妨碍被告人获得正当法律程序的权利，也没有影响

❶ Edna Erez, The Effect of Victim Impact Statementson Sentencing Patternsand Outcomes: The Australian Experience, *Journal of Criminal Justice*, Vol. 23, 1995, pp. 364 – 365.

❷ Karen L. Kennard, The Victim's Veto: A Way to Increase Victim Impact on Criminal Case Dispositions, *California Law Review*, Vol. 77, No. 2 (Mar., 1989), p. 427.

❸ 谷青：《英国被害人参与刑事司法程序概述》，载《中国司法》2006 年第 3 期。

❹ Boothv. Maryland, 482 U. S. 496 (1987).

❺ Payne v. Tennessee, 501 U. S. 808, (1991).

❻ 刘军：《刑法学中的被害人研究》，山东人民出版社 2010 年版，第 259 – 262 页。

被告人直面不利证人的宪法权利。

被害人影响陈述不仅在英美法系国家刑事司法制度中广泛应用，而且日本、荷兰等大陆法系国家也已经陆续采用。日本《刑事程序中保护被害人等附带措施的法律案》于2000年（平成十二年）3月17日向国会提出。提出该法律案的理由是："为保护犯罪被害人等，有必要作为刑事程序的附带措施，而规定审判长有义务采取措施帮助犯罪被害人等旁听公审程序，确立使犯罪被害人等能够阅览和抄录公审记录的制度，以及在刑事诉讼程序中导入民事和解制度。"该法于2000年5月12日通过，并于19日以法律第75号公布，其中专条规定了公审程序的旁听权、公审笔录的阅览及抄录权、损害赔偿请求权、刑事程序中民事争议的和解权等。与该法同时颁布的还有《修改刑事诉讼法及检察审查会法部分条文的法律》对刑事诉讼法进行了修改，并直接赋予了被害人请求陈述被害心情及其他有关被告案件意见的权利，详细规定了被害人等陈述意见的程序。[1] 在可预见的将来，被害人影响陈述将会被越来越多的国家刑事诉讼程序所采纳，也必将推动被害人权利运动蓬勃发展，从而使得被害人权利得到更好的保障。

被害人权利运动深刻地影响到了刑事立法与刑事司法，被害人在刑事诉讼法中当事人地位的确立，也使得更多的被害人参与到刑事司法过程中来。不少学者在承认被害人权利运动对于刑事政策日益增长的影响的前提下，对于被害人权利运动的影响也提出了反思。如罗宾逊认为，被害人权利运动所提出的各种理念更多地应当体现于刑事立法之中，而非影响刑事司法过程，更非对司法判决直接产生影响。依之，刑事司法判决更多地需要专业人士的专业判断，而被害人保护组织通常都是法律专业的门外汉，对于刑事司法过程不宜参与过多；被害人则更应置身事外，因为被告人的刑事责任与刑罚依赖于谴责可能性大小，包括违法性和有责性等影响刑事责任大小的各种要素，都需要诉诸刑事司法专业人士进行专业判断，而不能凭运气取决于被害人谅解还是仇恨。[2] 应当说罗宾逊对于被害人运动及其对于司法改革的影响的这些评价切中肯綮，同

---

[1] 《日本刑事程序中保护被害人等附带措施的法律》，宋英辉译，载樊崇义主编：《诉讼法学研究》（第3卷），中国检察出版社2002年版，第450－452页。

[2] Paul H. Robinson, Should the Victims' Rights Movement Have Influence over Criminal Law Formulation and Adjudication, 33 Mc George L. Rev. 749 (2002), p. 749.

时也的确能够引起人们的反思。然而，被害人刑事诉讼并不是要代替专业人士的专业判断，而是通过正当法律程序表达被害人的正当诉求，更何况即使是专业人士也只有在信息全面的前提下才能够作出恰如其分的判断。“事实上，被害人身为犯罪的直接受害者，无疑属于案件的重要利害关系人。根据‘利害关系人应有效参与其案件审判过程’的‘程序正义’原则，被害人理应有权参与裁判制作过程，有权就案件处理发表意见并始终保有其尊严。”[1] 被害人的主体性要求刑事诉讼程序的设定充分考虑被害人的诉求，并从制度上保障被害人各项权利的充分实现，让被害人能够以当事人的身份参与到刑事诉讼中来，唯有如此才是对被害人人格的最大尊重。

二、认罪认罚从宽制度中被害人参与的问题分析

被害人在我国刑事诉讼程序中长期处于被边缘化的地位，不仅是普通程序而且在简易程序中也常常扮演着可有可无的角色，程序的适用与否与被害人并无直接关联，刑事诉讼的进程被害人无权置喙，直到刑事和解以及刑事速裁程序出现之后，被害人对于程序的适用才具有了一定程度的影响能力。[2] 美国学者霍华德·泽尔（Howard Zehr）说过：“这真是绝妙的讽刺，也是一场终极的悲剧。那些直接遭受犯罪侵害的人们反而不是解决犯罪方案中的组成部分，实际上，他们甚至没有被纳入我们对这一问题的理解的框架之中。”[3] 因此应当重新审视刑事诉讼中被害人地位的演变，以便从整体上对被害人的地位与角色进行把握。

（一）我国刑事诉讼中被害人地位的演变

在我国被害人学的研究还非常薄弱，既没有关注被害人教义学，也未曾经

---

[1] 康黎：《英美法系国家量刑程序中的“被害人影响陈述”制度介评》，载《环球法律评论》2010 年第 6 期。

[2] 胡江洪、杨柳幸：《如何从宽：刑事被害人在认罪认罚从宽制度中的量刑参与权研究——基于重新审视被害人地位的修正性叙述》，载《深化司法改革与行政审判实践研究——全国法院第 28 届学术讨论会获奖论文集》（上），第 870 页。

[3] Howard Zehr. *Changing Lenses*: *A New Focus for Crimeand Justice*. Herald Press, 1990, p. 32.

历被害人权利运动，但是我国也受到被害人学的理论研究与立法实践的影响，不仅在实体法层面做了诸多的探讨，被害人过错、被害人谨慎义务、被害人同意等在司法实践中能够影响定罪和量刑，[1] 而且在程序法层面被害人的权利保障和参加诉讼的程序规定等也在不断完善，这集中体现在我国刑事诉讼中被害人当事人地位的演变之中。

被害人在我国刑事诉讼中的地位存在从“诉讼参与人”到“当事人”的演变过程。1979 年《刑事诉讼法》第 58 条规定，“诉讼参与人”是指当事人、被害人、法定代理人、辩护人、证人、鉴定人和翻译人员。在此刑事诉讼法明确地将被害人列于当事人之后，并与其他诉讼参与人并列。1996 年修订《刑事诉讼法》[2] 第 82 条则将被害人列为“当事人”，并与自诉人、犯罪嫌疑人、被告人、附带民事诉讼的原告人和被告人等并列，后续 2012 年和 2018 年《刑事诉讼法》两次修改均沿用了这一次对于被害人当事人地位的界定。[3] 被害人正式成为刑事诉讼的一方和主体，成为与刑事诉讼有直接关系的人，成为与诉讼结果和诉讼的利害密切相关的人。

当前的刑事诉讼法是根据 2018 年 10 月 26 日第十三届全国人民代表大会常务委员会第六次会议《关于修改〈中华人民共和国刑事诉讼法〉的决定》所作的第三次修正，因此我国刑事诉讼法历经三次修改，存在四个不同的版本。纵观刑事诉讼法的历次修改，不仅是关于被害人“当事人”地位的法律确定，而且对于被害人以及当事人的各种权利和程序性规定也不断予以充实和完善，权利范围不断扩展，权利能力不断加强，目前已经形成较为完善的事关被害人的法律体系。有的法律条文直接针对被害人，是对被害人法律地位的强调，有的法律条文则规定适用于所有当事人。由于当事人包含“被害人、自诉人、犯罪嫌疑人、被告人、附带民事诉讼的原告人和被告人”，亦即，包括了绝大多数刑事犯罪中都会存在的两个主体[4]，从而这些法律规定也是针对被

---

[1] 刘军：《刑法学中的被害人研究》，山东人民出版社 2010 年版，第 151 页以降。

[2] 以下涉及不同时期修订的《刑事诉讼法》均简称为××××年《刑事诉讼法》，如果没有特别指明，则文中所称的刑事诉讼法为当前有效的《刑事诉讼法》。

[3] 2012 年《刑事诉讼法》第 106 条和 2018 年《刑事诉讼法》第 108 条之规定，现行《刑事诉讼法》第 106 条规定，“当事人是指被害人、自诉人、犯罪嫌疑人、被告人、附带民事诉讼的原告人和被告人”。

[4] 恰如门德尔松所称的“刑事伙伴”。

害人的，对于被害人各种诉讼权利的保障更加均衡和全面。具体表现在以下几个方面。

1. 被害人的程序性权利

被害人的程序性诉讼权利是指由被害人享有的、能够对诉讼程序施加影响的诉讼权利。刑事诉讼顺利进行，有赖于被害人的主体性参与，赋予被害人程序性权利有助于调动被害人参与刑事诉讼的积极性，而且刑事司法的运作也有赖于被害人的报案、控告或者告诉，被害人对于刑事诉讼的监督、异议和上诉等有利于刑事诉讼更加公平公正地展开，有利于实现正当法律程序。

被害人的程序性权利，是指被害人能够影响告诉、侦查、起诉和审判等程序进行的诉讼权利。程序正义的核心要素被解释为“利害关系人充分地、有效地参与司法裁判的制作过程”，并使得这一裁判程序符合中立性、对等性、合理性、及时性和终局性等基本程序要求。[1] 由于被害人的程序性权利能够实质性地影响刑事诉讼程序进行，对于被告人权利和被害人权利的均衡保障便成为首要考虑的内容，同时也成为制约被害人权利范围广狭的重要考量因素。

一是告诉权，包括报案、控告和提起自诉的权利。《刑事诉讼法》第110条规定了被害人对刑事案件的报案权、控告权。被害人对侵犯其人身、财产权利的犯罪事实或者犯罪嫌疑人，有权向公安机关、人民检察院或者人民法院报案或者控告。公安机关、人民检察院或者人民法院对于报案、控告、举报，都应当接受。对于不属于自己管辖的，应当移送主管机关处理，并且通知报案人、控告人、举报人；对于不属于自己管辖而又必须采取紧急措施的，应当先采取紧急措施，然后移送主管机关。此外，《刑事诉讼法》第114条还规定了提起自诉权。对于自诉案件，被害人有权向人民法院直接起诉。

刑事司法的运作有赖于被告人的报案、控告和告诉，刑事案件的侦破极大地依赖被害人的告发；一个国家和地区的案件黑数反映了公民对于司法机关的信任程度，反映了刑事法律对于被害人权利的保障程度。因此，应当通过完善法律制度鼓励被害人到司法机关报案和告发；完善各种便利被害人告发的制度，公安机关、人民检察院和人民法院不得以任何理由敷衍推诿，应当改造司

[1] 陈瑞华：《刑事审判原理论》（第二版），北京大学出版社2003年版，第20页。

法机关设施更加有利于接收被害人告发。

二是提起附带民事诉讼的权利。1979 年《刑事诉讼法》就规定了被害人提起附带民事诉讼的权利，2012 年《刑事诉讼法》增加了被害人死亡或者丧失行为能力的，被害人的法定代理人、近亲属有权提起附带民事诉讼，2018 年《刑事诉讼法》第 101 条沿用了这一规定，没有文字上的变化。

三是申请审判人员、检察人员、侦查人员回避的权利。《刑事诉讼法》第 29 条、第 30 条、第 31 条分别规定了当事人及其法定代理人有权要求审判人员、检察人员、侦查人员回避的各种情形，也包括由于审判人员、检察人员、侦查人员的不当行为而被要求回避的情形，以及决定是否回避的程序和申请复议等事宜。当然被害人可以申请回避的人员还包括书记员、翻译人员和鉴定人等。被害人申请回避的权利能够保障刑事司法工作中侦查、起诉和审判符合最基本的形式正义要求，同时也能够极大地促进刑事司法的公平公正。

四是申请补充鉴定或重新鉴定的权利。《刑事诉讼法》第 148 条规定："侦查机关应当将用作证据的鉴定意见告知犯罪嫌疑人、被害人。如果犯罪嫌疑人、被害人提出申请，可以补充鉴定或者重新鉴定。"

五是受限制的上诉权。我国刑事诉讼法并没有赋予被害人就刑事裁决部分上诉的权利，但是规定了附带民事诉讼的上诉权。《刑事诉讼法》第 227 条规定，附带民事诉讼的当事人和他们的法定代理人，可以对地方各级人民法院第一审的判决、裁定中的附带民事诉讼部分提出上诉。由于当事人包括被害人，从而被害人获得了受限制的上诉权，但只能就司法裁判中附带民事诉讼的部分提出上诉。由此也可以看出，我国被害人的程序性权利还存在进一步提升和完善的空间。

六是被害人请求抗诉的权利。我国刑事诉讼法没有赋予被害人上诉权，但是赋予了被害人请求抗诉的权利。《刑事诉讼法》第 229 条规定，被害人及其法定代理人不服地方各级人民法院第一审的判决的，自收到判决书后 5 日以内，有权请求人民检察院提出抗诉。人民检察院自收到被害人及其法定代理人的请求后 5 日以内，应当作出是否抗诉的决定并且答复请求人。

被害人的程序性权利过多过大，有可能会干扰刑事司法的正常运作，影响到被告人获得公正审判的权利，破坏以被告人为中心建构起来的刑事司法体系。尤其是上诉权，作为利害关系人的被害人会基于自身利益的考虑存在滥用诉权的可能，因此被害人通常没有被赋予上诉权。不过为了平衡被害人权利的保障，维护诉讼被害人当事人的地位，作为一种间接的救济手段，被害人请求抗诉的权利经过检察机关根据案件的实际情况充分考量是否提出抗诉，既保障了刑事诉讼的顺利进行，同时也是保证被害人权利的一种行之有效的方式。

七是提出申诉、申请再审的权利。刑事诉讼法规定了诸多被害人提出申诉的权利，如《刑事诉讼法》第 180 条、第 282 条规定的被害人对不起诉决定和附条件不起诉决定不服的，可以 7 日以内向上一级人民检察院申诉。《刑事诉讼法》第 252 条规定，当事人及其法定代理人、近亲属，对已经发生法律效力的判决、裁定，可以向人民法院或者人民检察院提出申诉。被害人在此只有申诉的权利，由人民法院和人民检察院依照审判监督程序决定是否再审。

审判监督程序是我国刑事诉讼法的特殊规定，虽然存在诸多争论，然而基于我国公众实体公正和实质正义的追求，有必要对认定事实和适用法律确有错误、影响公正审判以及存在枉法裁判等行为的司法案件启动审判监督程序。因此赋予包括被害人在内的当事人提出申诉申请再审的权利，秉持“实事求是、有错必纠、有错必改”的精神，有利于保障司法公平公正，树立司法裁判的权威。

2. 参与庭审的权利

由于刑事诉讼法确定了被害人的当事人地位，刑事诉讼法中关于当事人的有关规定，同样适用于被害人。其中集中体现于被害人参与庭审的权利，具体可以包括：被害人陈述的权利、被害人发问的权利（第 191 条）；要求证人、鉴定人出庭作证的权利（第 192 条）；调查核实证言、鉴定结论（第 194 条）；调查核实物证、证据文书（第 195 条）；调取新证据的权利（第 197 条）；法庭辩论和最后陈述权（第 198 条）；获得判决书的权利（第 202 条）；法庭笔录的审阅、要求补正的权利（第 207 条）等。当然，还包括开庭前审判人员就审判相关的问题听取当事人意见（第 187 条），以及对证人证言的法庭质证的相关权利，《刑事诉讼法》第 61 条规定，证人证言必须在法庭上经过公诉人、被害人和被告人、辩护人双方质证并且查实以后，才能作为定案的根据。这些规定有力地保障了被害人能够充分地、实质性地参与庭审过程，确保自身利益获得法律保障。

从以上列举可以看出，我国刑事诉讼法对于当事人参与庭审权利的规定周全而完善，不但被告人的权利得到了全面保障，被害人也能够充分参与庭审，获得相关信息并表达相应意见，被害人的主体性受到了应有的尊重。

3. 知情权和意见表达权

一是知情权。刑事诉讼法中的知情权，是指当事人知悉、获取案件相关信息的权利。享有知情权是当事人行使其他诉讼权利和保障自身利益的前提性条件，没有知情权就无法保障当事人行使诉讼权利。另一方面，当事人享有知情权，相应地，法律就应当规定满足当事人知情权的义务主体及其作为规定。相比较而言，我国对于被害人知情权的规定相对薄弱和滞后，知情权的范围也比较有限。例如，我国《刑事诉讼法》第46条规定的被害人委托诉讼代理人的权利，“自案件移送审查起诉之日起”，易言之，在公诉案件中被害人真正参与刑事诉讼的时间为自案件移送审查起诉之日，参与时间过于滞后。当然，在侦查阶段也存在当事人知情权的问题，如《刑事诉讼法》第148条规定，侦查机关应当将用作证据的鉴定意见告知犯罪嫌疑人、被害人。而且，如果犯罪嫌疑人、被害人提出申请，可以补充鉴定或者重新鉴定。例如：《刑事诉讼法》第173条规定，人民检察院审查案件应当听取被害人及其诉讼代理人的意见。《刑事诉讼法》第187条规定，庭审前应当对回避、出庭证人名单、非法证据排除等与审判相关的问题等听取当事人的意见。《刑事诉讼法》第190条规定，当事人获知案由、合议庭组成人员、其他诉讼参与人的名单等信息的权利，告知有权申请回避。《刑事诉讼法》第180条规定，决定不起诉的人民检察院应当将不起诉决定书送达被害人。《刑事诉讼法》第282条规定，人民检察院在作出附条件不起诉的决定以前，应当听取公安机关、被害人的意见。刑事诉讼法的这些规定都有效地保障了被害人作为当事人的知情权，确保了刑事诉讼程序公平公正地顺利进行。

二是意见表达权。无论是侦查机关、检察机关还是审判机关在不同的诉讼阶段就相关信息和案情进展依照法律所履行的告知义务，有力地保障了当事人的知情权，同时也使得当事人尤其是被害人的意见表达成为可能。不同于知情权，意见表达权是对于涉及自身利益的事项表达态度的权利，如果不服相关决定，还可以依照法律向相关机关提出申诉或者要求抗诉等。

意见表达权有的是仅仅针对被害人的，有的则是针对当事人的。因为表达事项的不同，意见表达权的效力和作用也存在很大的差异。有的意见表达需要接受申诉的机关进行裁量并作出决定。例如，《刑事诉讼法》第113条规定，被害人认为公安机关对应当立案侦查的案件而不立案侦查，向人民检察院提出的，人民检察院应当要求公安机关说明不立案的理由；《刑事诉讼法》第305条规定，强制医疗异议权，被害人及其法定代理人对于不负刑事责任的精神病人强制医疗决定不服的，可以向上一级人民法院申请复议。有的意见表达能够排除诉讼程序的适用。例如《刑事诉讼法》第223条第5项规定，被告人与被害人或者其法定代理人没有就附带民事诉讼赔偿等事项达成调解或者和解协议的。而有的意见表达甚至能够直接决定诉讼的进程。例如《刑事诉讼法》第282条第3款规定，未成年犯罪嫌疑人及其法定代理人对人民检察院决定附条件不起诉有异议的，人民检察院应当作出起诉的决定。亦即，检察机关在此情形下没有决定权，只能作出起诉的决定。有的意见表达是直接针对司法机关及其工作人员的。例如《刑事诉讼法》第117条规定，对于司法机关及其工作人员采取强制措施、退还取保候审保证金、查封、扣押、冻结财物等相关的违法行为有权向该机关申诉或者控告。由此可以看出，意见表达权在某种程度上是对司法机关是否依法办案的一种监督，同时也是刑事诉讼法对于被告人和被害人权利平衡保障的具体体现。

当然，这还是一种对立思维，即将被告人与被害人看作利益冲突的双方，除此之外，被告人与被害人还存在和解的可能。《刑事诉讼法》第288条规定了当事人的刑事和解权，究其实质也是一种意见表达权。该条文规定，对于因民间纠纷引起的侵犯人身权、民主权、财产权的轻罪案件（可能判处3年有期徒刑以下刑罚的），以及除渎职犯罪以外的可能判处7年有期徒刑以下刑罚的过失犯罪案件，犯罪嫌疑人、被告人真诚悔罪，通过向被害人赔偿损失、赔礼道歉等方式获得被害人谅解，被害人自愿和解的，双方当事人可以和解。刑事和解权也可以看作一种综合的意见表达权，是对实体权利和诉讼权利的统一表达。

为了更好地保障当事人的知情权和意见表达权，可以适当扩大当事人知情权的范围，平衡保障当事人的权利和利益，分阶段保障当事人尤其是被害人的知情权，在保障刑事诉讼顺利进行的前提下，尽早地通知当事人案件有关信息与进展情况。

4. 被害人保护相关规定

我国刑事诉讼法还从不同侧面对被害人的权益做了一定的特殊保护，包括人身健康和财产等方面的保护，以增加被害人参与刑事诉讼的信心与能力。“保护犯罪被害人的刑事政策上的意义在于，维持、确保国民对包括刑事司法在内的法秩序的信赖，由此而对预防犯罪和维持社会秩序作出贡献。”[1] 保护被害人其实就是保护社会机体的脆弱部分，同时也是保护社会上的每一位公民，因为每一个人都是潜在的被害人，都有可能被害，尤其是在当今社会大流动和全球化社会，很多被害人会毫无征兆地被害，毫不知情地卷入刑事犯罪案件之中，成为无辜的被害人。

一是获得和请求特殊保护的权利。被害人权利运动的成果，除了在刑事诉讼程序中规定了便利被害人参加诉讼的各种规定、防止被害人“二次被害”之外，还有一个重要的贡献就是还要防止被害人“再次被害”，这种担忧在有组织犯罪中表现尤甚。为此，世界各国刑事诉讼法都加强了对于证人、鉴定人和被害人的特殊保护。我国《刑事诉讼法》第 64 条对此也作了专门规定，对于危害国家安全犯罪、恐怖活动犯罪、黑社会性质的组织犯罪、毒品犯罪等案件，证人、鉴定人、被害人因在诉讼中作证，本人或者其近亲属的人身安全面临危险的，人民法院、人民检察院和公安机关应当采取诸如不公开个人信息、出庭作证不暴露外貌和真实声音、禁止特定人员接触、关于人身和住宅的专门性保护措施等。证人、鉴定人、被害人认为因在诉讼中作证，本人或者其近亲属的人身安全面临危险的，可以向人民法院、人民检察院、公安机关请求予以保护。对于被害人的特殊保护，无疑是我国刑事诉讼制度的重大进步，表明我国刑事诉讼法对于被害人权利保障达到了更高水平。

二是被害人保护的其他规定。我国刑事诉讼法对于被害人的保护日臻完善，也体现在诸多方面，例如，将“可能对被害人实施打击报复的”作为应

---

[1] ［日］大谷实：《刑事政策学》，黎宏译，法律出版社 2000 年版，第 309 页。

当逮捕的考量因素。《刑事诉讼法》第 81 条规定，对有证据证明有犯罪事实，可能判处徒刑以上刑罚的犯罪嫌疑人、被告人，采取取保候审尚不足以防止发生下列社会危险性的，为应当予以逮捕的条件，其中就包括“可能对被害人实施打击报复的”。又如，《刑事诉讼法》第 245 条规定，对于被查封、扣押、冻结物品，如果是被害人合法财产应当及时返还等。再如，对于未成年被害人的特殊保护等，《刑事诉讼法》第 281 条规定，对于未成年人刑事案件，在讯问和审判的时候，应当通知未成年犯罪嫌疑人、被告人的法定代理人到场。《刑事诉讼法》第 56 条规定，采用暴力、威胁等非法方法收集的证人证言、被害人陈述，应当予以排除。这也是加强被害人保护的重要法律制度，通过排除暴力或者威胁等非法方法收集被害人陈述，从而保护被害人，防止被司法工作人员在刑事诉讼中暴力取证的情形出现。另外，《刑事诉讼法》第 132 条对于被害人人身检查也做了详细的规范化规定。可见，我国当前的刑事诉讼法从不同的侧面均对于被害人的权益加强了保护，被害人在我国刑事诉讼法中已经正式“复归”，被害人当事人的地位得以更加巩固。

以上概述了我国刑事诉讼法中被害人地位的演变，列举了当前刑事诉讼法中被害人的程序性权利、参与庭审的权利、知情权和意见表达权以及对被害人的特殊保护等，这些都充分说明，被害人在我国刑事诉讼法中的当事人地位已经全面确立，全面复归。

当然，如果从主体性理论的视角看待被害人在刑事诉讼中的地位和作用，仍然存在诸多亟待完善的地方，包括以下方面：便利被害人参与诉讼的措施还严重不足，甚至可能导致被害人“二次被害”的情形出现，极大地妨碍了被害人参加刑事诉讼的积极性；被害人获得赔偿的权利并没有得到足够的重视，被害人因遭受犯罪侵害而陷入困境的遭遇没有得到及时纾解；被害人的国家补偿尚未纳入刑事诉讼法的规定，被害人社会援助制度几乎空白；保障被害人权益的救济权利尚不健全，被害人没有独立的上诉权，各种程序上的异议权等制度也有待完善。随着认罪认罚从宽司法改革顺利进行，更多的被害人权利保障问题逐渐暴露，为此需要对认罪认罚从宽制度中被害人诉讼地位的演变进行专项梳理，以便从总体上对被害人权利保障问题进行把握和分析，进而提出完善意见和建议。

（二）认罪认罚从宽制度中被害人参与存在的问题

1. 认罪认罚从宽制度中被害人诉讼地位的演变

认罪认罚从宽司法改革聚焦于刑事诉讼程序简化与刑事诉讼效率提高，被追诉人的程序性权利得到较好保障，犯罪嫌疑人、被告人认罪认罚的自愿性、真实性与合法性等研究比较深入。与此形成鲜明对比的是，刑事被害人在认罪认罚从宽制度中的主体性地位鲜有涉及，对于被害人权利的保障严重不足，被害人被严重忽视。

2016 年 11 月 16 日印发的最高人民法院、最高人民检察院、公安部、国家安全部、司法部《关于在部分地区开展刑事案件认罪认罚从宽制度试点工作的办法》（以下简称《试点办法》），是我国第一个关于认罪认罚从宽制度的规范性文件，其中第 3 条、第 7 条、第 14 条和第 17 条等专门就被害人相关问题作出了规定，对于被害人在认罪认罚从宽制度中的地位予以明确，对于被害人在认罪认罚从宽程序中的权益予以相应的保障，具体包括以下几个方面：一是，保障被害人的合法权益。《试点办法》第 3 条明确提出“保障被害人合法权益”，与“保障犯罪嫌疑人、被告人依法享有的辩护权和其他诉讼权利”和“维护社会公共利益”并列，体现了在认罪认罚从宽制度设计中对于各方权利与利益的平衡保障。这其中，对于犯罪嫌疑人、被告人主要是保障其诉讼权利，毕竟犯罪嫌疑人、被告人作为刑事诉讼程序中被追诉的一方，对于其诉讼权利的保障至关重要，也是保障其其他合法权益的前提性条件。而对于被害人则明确提出是“合法权益”，并在后续的条文中予以具体规定。除了各项诉讼权利之外，《试点办法》第 14 条还规定了对于被查封、扣押、冻结的财物如果属于被害人的应当依法返还。二是，听取被害人意见。《试点办法》第 7 条规定，“办理认罪认罚案件，应当听取被害人及其代理人意见”，该条文以“应当”的形式对听取被害人意见予以规定，为保障被害人合法权益提供了程序和实体上的支撑。三是，获得赔偿权。《试点办法》第 7 条规定，“将被追诉人是否与被害人达成和解协议或者赔偿被害人损失，取得被害人谅解，作为量刑的重要考虑因素”。这一规定表明“取得被害人谅解”是认罪认罚从宽的重要考量因素，也是考察被追诉人是否悔罪的重要表现，而且在很大程度上促使被追诉人采取措施与被害人达成和解或者赔偿被害人损失，从而使得被害人获得赔偿的权利落到实处。四是，适用速裁程序的否决权。速裁程序的适用能够极大地提高诉讼效率，缓解被追诉人在诉讼程序中的负累，因此认罪认罚案件适用速裁程序是有利于被追诉人的程序性规定。但是《试点办法》赋予了被害人适用速裁程序的否决权，第 17 条第 4 项规定“被告人与被害人或者其代理人没有就附带民事赔偿等事项达成调解或者和解协议的”不适用速裁程序。这一强制性规定不但能够有效地促使被追诉人与被害人及其代理人就附带民事赔偿等事项达成和解或者调解，而且在一定程度上赋予了被害人程序选择的权利，从而能够更好地保障被害人的合法权益。

可以说《试点办法》对于认罪认罚从宽制度快速实施起到了极大的推动作用，对于被害人在刑事诉讼程序中当事人地位予以进一步确定，对于被害人的合法权益的保障也提到了更高的程度。2018 年《刑事诉讼法》的修改对于《试点办法》合理的部分予以了吸收，对认罪认罚从宽制度进行了完善并在法律上予以确认。《刑事诉讼法》第 223 条第 5 项对于被害人在适用速裁程序中的否决权予以了确认。除此之外，《刑事诉讼法》第 173 条还规定，犯罪嫌疑人认罪认罚的检察机关应当听取被害人及其诉讼代理人的意见并记录在案，对于听取意见的内容进行了详细规定，包括涉嫌的犯罪事实、罪名及适用的法律规定；从轻、减轻或者免除处罚等从宽处罚的建议；认罪认罚后案件审理适用的程序；其他需要听取意见的事项。但是《刑事诉讼法》并没有吸收《试点办法》第 7 条中规定的“将被追诉人是否与被害人达成和解协议或者赔偿被害人损失，取得被害人谅解，作为量刑的重要考虑因素”，而且对于听取被害人意见的形式、效力以及针对被害人意见如何处理的问题均未作出回应。

由于认罪认罚从宽案件将适用简易程序或者速裁程序，因此这两个程序中的被害人地位也直接影响着认罪认罚从宽制度中的被害人。速裁程序本身就是与认罪认罚从宽司法改革相伴而生，2014 年 6 月 27 日，全国人大常委会作出《关于授权最高人民法院、最高人民检察院在部分地区开展刑事案件速裁程序试点工作的决定》，并于 2018 年 10 月 26 日通过了《关于修改〈中华人民共和国刑事诉讼法〉的决定》，将速裁程序纳入 2018 年《刑事诉讼法》中。其中作了相应的调整，《试点办法》中将适用速裁程序的案件类型限制为可能判处 1 年以下有期徒刑的 11 个罪名，而此次修法则将适用速裁程序的案件范围进行了扩大，可能判处3年以下有期徒刑都可以适用速裁程序，亦即，“基层人民法院管辖的可能判处三年有期徒刑以下刑罚的案件，案件事实清楚，证据确实、充分，被告人认罪认罚并同意适用速裁程序的，可以适用速裁程序”（《刑事诉讼法》第222条）。可以说，基层人民法院管辖的大多数刑事案件在符合其他条件的前提下，都可以适用速裁程序。与简易程序相比较，速裁程序增加了两个不适用的条件，即“被告人是未成年人的”和“被告人与被害人或者其法定代理人没有就附带民事诉讼赔偿等事项达成调解或者和解协议的”。“被告人是未成年人的”不适用速裁程序是为了更好地保障未成年人的权利，而“没有就附带民事诉讼赔偿等事项达成调解或者和解协议”则是考虑到了认罪认罚从宽案件中被害人权益的保障问题，同时这也是考察被告人认罪悔罪态度的一个重要标准，还是犯罪人复归社会的前提性条件，更重要的是，这一条款实质上等同于赋予了被害人否定刑事速裁程序启动的权利，彰显了被害人的诉讼主体地位，当然客观上也能够促使被告人与被害人就赔偿问题达成调解或者和解协议。

应当说随着被害人在刑事诉讼中当事人地位的确立，认罪认罚从宽制度在设计之初就考虑到了被害人合法权益的保护，在一定程度上较好地保障了被害人的诉讼权利，被害人的当事人地位得到了进一步的巩固。然而，以上这些仅有的规定与被害人诉讼当事人的地位并不匹配，对被害人权利保障的规定也并不周延，被害人在刑事诉讼程序中的主体性更加无法体现。对于被害人的意见是否能实质影响认罪认罚从宽制度的适用，被害人具体享有哪些诉讼权利，又该用怎样的配套制度来进行保障与救济，在《刑事诉讼法》与《试点办法》中均没有具有可操作性的规定。从主体性理论的视角看待认罪认罚从宽制度中的被害人，在立法上还存在非常大的完善空间。

2. 认罪认罚从宽制度中的被害人参与存在的问题

确立被害人当事人地位，有力地保障了被害人各项权利的实现，而且各项法律制度也已经落实，对于认罪认罚从宽制度中被害人参与的问题也提供了解决方案。但是从主体性理论的视角看待以上问题，无论是被害人当事人地位的确立、各项诉讼权利的保障以及认罪认罚从宽制度中被害人参与等问题，刑事诉讼制度设计的出发点和目标都是更好地发挥刑事诉讼中被害人的主体性，而且也唯有如此才能够有效地保障刑事诉讼的公平与正义。由此认罪认罚从宽制度中被害人参与仍存在诸多问题。

一是被害人参与缺乏程序性保障。在认罪认罚从宽案件的具体办理过程中被害人诸多权益难以得到保障的原因在于，被害人参与缺乏程序性保障，听取被害人意见程序阙如。学界对于被害人是否应当作为认罪认罚从宽制度参与主体还存在很大争议：有的学者认为，在认罪协商时应当征得被害人的同意，接受赔礼道歉和物质补偿；[1] 有的学者认为，为防止因被害人主观情感变化而导致协商过程随意变更损害诉讼程序的确定性，被害人不宜作为认罪认罚从宽司法程序的主体，更不宜对其产生实质性的影响。[2] 被害人不仅在事实层面上作为犯罪人的“刑事伙伴”，而且刑事诉讼中作为当事人一方，因此，理应参与认罪认罚从宽协商，并给予一定的程序性保障。

《刑事诉讼法》和《试点办法》明确规定了应当听取被害人的意见，《刑事诉讼法》第 173 条还具体规定了听取意见的内容，并要求记录在案。听取意见的内容包括涉嫌的犯罪事实、罪名及适用的法律规定；从轻、减轻或者免除处罚等从宽处罚的建议；认罪认罚后案件审理适用的程序；其他需要听取意见的事项。以上法律规定的听取意见内容涵盖了从事实到法律、从实体到程序、从定罪到量刑，涉及的所有重要问题都予以体现，第 4 项的兜底性条款则涵盖了所有重要的需要听取意见的事项，对于包括被害人在内的当事人权益的保障已经非常健全。然而遗憾的是，刑事诉讼法并没有规定听取被害人意见的具体程序和操作流程，加之目前有一些认罪认罚从宽办案比例的要求，导致办案过程中司法工作人员听取被害人意见流于形式。而且因为刑事诉讼法只是规定了听取意见并记录在案，所以有的办案人员并未真心听取被害人意见，对于认罪认罚从宽案件的事实认定与程序适用以及其他可能影响被害人权益的情形，避重就轻甚至有意隐瞒部分内容，仅仅从形式上征求被害人意见，记录在案交差完事。这种做法严重地影响到了被害人的合法权益，导致认罪认罚从宽案件的办理偏离了正义的轨道，因此有必要加强被害人参与的程序性保障。

二是被害人对于从宽处罚的建议缺乏实质性影响。我国刑事诉讼法虽然已

[1] 陈国庆：《试论构建中国式的认罪协商制度》，载《环球法律评论》2006 年第 5 期。
[2] 陈卫东：《认罪认罚从宽制度研究》，载《中国法学》2016 年第 2 期。

经为被害人规定了诸多的诉讼权利，如被害人的控告权与告诉权、提起附带民事诉讼的权利、申请回避的权利、申请补充鉴定和重新鉴定的权利、受限的上诉权、请求抗诉的权利、提出申诉和申请再审的权利、知情权和意见表达权等，然而认罪认罚从宽案件将适用速裁或者简易程序，法庭审判受到了极大简化，速裁程序一般不进行法庭调查、法庭辩论，甚至没有明示适用速裁程序审理的公诉案件人民检察院应当派员出席法庭。简易程序和速裁程序中根本没有被害人的位置，简易程序自不必说，启动简易程序甚至无须征求被害人意见；即使在速裁程序中规定了被害人否定性条款，亦即，如果“被告人与被害人或者其法定代理人没有就附带民事诉讼赔偿等事项达成调解或者和解协议”则不能适用速裁程序，但是这并不代表着法律赋予了被害人刑事速裁程序的启动权，而只是对检察机关与被告人达成协议选择适用速裁程序的限制；而且即使被告人与被害人没有达成赔偿的调解或者和解协议，也并不能阻止检察机关与被告人达成认罪认罚从宽协议，并对被告人予以从宽量刑，只是在程序上不能选择刑事速裁程序，但是仍然可以选择适用简易程序和普通程序。

无论简易程序还是速裁程序都是为了在保障被告人权利和司法裁判公平公正的前提下提高诉讼效率而设计的诉讼程序，都是对普通程序的简化。问题是这种程序上的简化导致被害人根本无法参与诉讼程序，因此在普通程序下被害人参与庭审的各项权利也就无法实现，被害人陈述、发问、质证、要求证人鉴定人出庭作证、调查核实证言和鉴定结论、调查核实物证和证据文书、调取新证据、法庭辩论和最后陈述权等能够实质性影响定罪量刑的诉讼权利均被搁置，导致被害人无法参与认罪认罚从宽案件的庭审，有可能会影响到被害人的权益。

为了弥补认罪认罚从宽制度的这一缺憾，《刑事诉讼法》第 173 条规定了检察机关应当听取被害人及其诉讼代理人对于定罪、量刑以及适用程序等方面的意见，但是刑事诉讼法并没有规定如果被害人提出不同意见将如何处置，而且刑事诉讼法并没有规定被害人能够参与认罪认罚从宽协商，而且没有赋予被害人上诉权，从而无法实质性地影响司法机关对于认罪认罚从宽的认定与适用。另外还有一个矛盾需要引起注意，认罪认罚从宽与速裁程序二者并不对等。刑事速裁程序仅适用于判处 3 年有期徒刑以下刑罚的案件，而认罪认罚从宽却可以适用于所有的刑事案件，甚至可以适用于所有的诉讼阶段，这就导致被害人只能在刑事速裁程序的启动中拥有一定程度的否定权，对于适用其他诉讼程序的刑事案件就毫无话语权了；而且被害人在提起公诉之前对于刑事诉讼的影响微乎其微，因此在其他诉讼阶段如果存在认罪认罚从宽，那么被害人将毫无发言权。虽然刑事诉讼法历经三次修改，被害人的权利得到了全方位的保障，但是在认罪认罚从宽司法改革以及简易程序和速裁程序的制度设定过程中效率优先的价值引导下，被害人再一次被严重地忽视，重新回到旁观者的角色，被害人在刑事诉程序过程中的主体性更加无从谈起。

三是很难避免强行调解或和解的现象。由于被害人的主体性地位没有受到重视，因此被害人参与刑事诉讼难以感受到其本应受到的尊重，不但无法起到正面教育被告人的作用，而且因为身不在事中，其配合司法机关与被告人就赔偿事项达成调解或者和解协议的主观愿望不强。有的被害人感觉轻微刑事案件收到的赔偿较少，不愿意达成赔偿的调解或者和解协议，甚至有意使案件无法适用速裁程序从而惩罚被告人；有的被害人因为素质问题可能会漫天要价，如果无法满足其预想中的利益，则不愿意与被告人达成调解或者和解协议。以上存在的这些难题，导致具体办案过程中被追诉人与被害人和解或者调解协议难以达成；而司法工作人员为了能够适用速裁程序，提高办案效率，抑或是完成办案指标，甚至出现为了达成和解协议对被害人进行威逼利诱的现象。这些都严重背离了认罪认罚从宽以及速裁程序制度设计的初衷。

2012 年《刑事诉讼法》修改加入了刑事和解程序，2018 年《刑事诉讼法》全盘继承，第 288 条规定，犯罪嫌疑人、被告人真诚悔罪，通过向被害人赔偿损失、赔礼道歉等方式获得被害人谅解，被害人自愿和解的，双方当事人可以和解。刑事和解程序适用的案件范围是因民间纠纷引起，涉嫌刑法分则第四章、第五章规定的犯罪案件，可能判处 3 年有期徒刑以下刑罚的犯罪和除渎职犯罪以外的可能判处 7 年有期徒刑以下刑罚的过失犯罪案件。因此，刑事和解程序通常仅适用于因民间纠纷引起的侵犯人身权利、民主权利和财产权利的轻罪案件以及除渎职罪以外的 7 年以下过失案件。虽然案件适用范围较小，然而却是被害人权利复归的重要体现。恢复性司法的理念贯穿其中，国家不再想当然地垄断刑罚权，而是将犯罪视作对社会关系的破坏，刑罚的最终目的就是恢复这种遭受破坏的社会关系，从而将国家、被告人、被害人甚至是社区都作为主体纳入刑事司法程序中来，体现了对于被害人权利主体的承认，以及对被害人权益的保护。在刑事和解程序中，一方面，被害人作为协商的一方能够直接与被告人进行讨价还价，不但被害人的主体性而且被告人的主体性也受到了尊重。被告人的真诚悔罪体现了被告人对于自己错误行为的认识，以及对于给被害人所造成损失与困境的理解，并通过真诚地赔偿损失、赔礼道歉等方式表达忏悔之意；另一方面，被害人通过犯罪人的真诚悔罪，感受到了人格尊严受到尊重，在心灵上和精神上也得到了抚慰，在看到被告人已经受到教育和悔罪的前提下，接受其赔礼道歉和赔偿损失，从而能够原谅被告人并给予被告人洗心革面的机会，自愿达成和解协议，从而使得被告人重新回归到一个没有仇恨的社会，实现复归社会的刑罚目的。这种“刑事诉讼的私力合作模式”[1] 充分体现了被告人与被害人双方的主体性。在此过程中，被告人真诚悔罪和被害人达成谅解是刑事和解的重要前提性条件，更重要的是，只有分清案件是非曲直，被告人的真诚悔罪才有基础，而获得被害人的谅解也才有可能，因此刑事和解尊重被告人与被害人双方为刑事诉讼的主体，信赖双方能够通过沟通达成新的协议，不但提高了诉讼效率而且保证了诉讼公平，减少了当事人尤其是被害人因为主体性没有得到尊重，或者质疑刑事判决的公正性而走上上访或者信访之路。

当然刑事和解并非是一个独立的诉讼程序，达成刑事和解协议之后司法机关还要依照其他诉讼程序才能对被告人作出从宽处罚的决定。《刑事诉讼法》第 290 条规定，对于达成和解协议的案件，公安机关可以向人民检察院提出从宽处理的建议。人民检察院可以向人民法院提出从宽处罚的建议；对于犯罪情节轻微，不需要判处刑罚的，可以作出不起诉的决定。人民法院可以依法对被告人从宽处罚。在认罪认罚从宽制度确定以后，刑事和解可以作为认罪认罚从宽的一种特殊情形，而且可以作为适用速裁程序的一个条件。当然，《刑事诉讼法》第 223 条规定的“被告人与被害人或者其法定代理人没有就附带民事诉讼赔偿等事项达成调解或者和解协议的”不适用速裁程序，其中的和解协议与刑事和解的规定有相当大的差异。前者只是单纯的就民事赔偿问题达成和解，而后者却要求被告人真诚悔悟和获得被害人的谅解，而且适用的刑事案件范围也大有不同。相比较而言，刑事和解更加尊重被告人与被害人的主体性，

---

[1] 陈瑞华：《刑事诉讼的私力合作模式》，载《中国法学》2006 年第 5 期。

更加注重被告人与被害人的主体性选择，因而要求也就更高，相应地从宽幅度也应该更大。

被告人认罪认罚与被害人获得经济赔偿并不能直接挂钩，应当避免对被告人与被害人强行调解或者和解。2017 年 12 月 23 日，周强在第十二届全国人民代表大会常务委员会第三十一次会议上作《最高人民法院、最高人民检察院关于在部分地区开展刑事案件认罪认罚从宽制度试点工作情况的中期报告》，其中谈到认罪认罚从宽制度试点工作中存在的问题时提出，实践中存在“将‘认罚’与赔偿被害人经济损失简单等同起来”的情形。[1] 这就说明认罪认罚与刑事诉讼中的其他程序，尤其是刑事和解、审前调解、简易程序、速裁程序等并不存在必然联系，应当避免为了适用认罪认罚从宽而强行调解或者和解。

四是认罪认罚从宽案件存在规避适用简易程序或者速裁程序的现象。对于存在被害人的刑事案件，在适用认罪认罚从宽时需要听取被害人的意见，适用速裁程序还需要达成调解或者和解协议，虽然这一类案件在认罪认罚从宽案件中所占比例并不甚多，但是需要协调的主体较多，仍然会给司法工作人员增加许多工作难度和办案负担，耗时耗力，而且还不一定能达到预想中的效果，因而司法实践中还存在规避适用速裁程序和刑事和解程序的情形。对于认罪认罚从宽的案件，司法工作人员更加倾向于单方面与犯罪嫌疑人、被告人协商，可以省略诸多环节，容易达成预想中的协议。另外，司法实践中司法工作人员也并不热衷使用简易程序或者速裁程序，因为简易程序或者速裁程序的审限缩短，对于已经积压许多刑事案件的司法工作人员来说，带来了更多的压力，因此即使是认罪认罚从宽案件，司法工作人员也往往倾向于使用普通程序，这样可以有更多的办案时间进行充分的协调。虽然司法机关可以下达适用简易程序或者速裁程序指标，要求适用认罪认罚从宽的案件有一定的数量或者比例适用简易程序或者速裁程序，但是这却可能更加背离认罪认罚从宽制度设计的初衷。

应当说认罪认罚从宽案件基于诉讼效率的考虑，在制度设计中被害人已经

---

[1] 《最高人民法院、最高人民检察院关于在部分地区开展刑事案件认罪认罚从宽制度试点工作情况的中期报告》，载人大新闻网，http：//npc. people. com. cn/n1/2017/1225/c14576 – 29726965. html，最后访问日期：2020 年 3 月 6 日。

被严重忽视，刑事和解与速裁程序是仅有的被害人可以主张权利的程序，然而仍然有学者主张进一步剔除被害人对于认罪认罚从宽案件处理的影响，以便快速推进认罪认罚从宽案件，更高地提高诉讼效率。如有学者就主张“将退缴赃款赃物、积极赔偿损失、赔礼道歉，取得被害人或者近亲属谅解、达成和解协议等剔除出从宽处罚的条件”，确立“犯罪人自愿认罪认罚，同意适用速裁程序的，应当依法从宽处理”的原则，[1] 如此规定，则“认罪认罚”与“从宽”之间的联系更加直接与明确，更能发挥速裁程序以及认罪认罚从宽的激励效应，能够从整体上提升刑事诉讼效率。毋庸讳言，如果仅仅考虑提高诉讼效率则被害人权利和利益完全可以不予考虑，但是这种无视犯罪人与被害人互动关系、忽视被害人权利的制度设计，由于公平与正义的缺席，即使促进了诉讼效率又能如何？这样的判决司法权威何在？被害人以及社会上一般人能够认同此种司法判决吗？犯罪人能够顺利地复归社会吗？认罪认罚从宽能够有效地预防犯罪吗？认罪认罚从宽制度的设计的确是为了提高诉讼效率，缓解司法机关的办案压力，但是只能在维护公平正义前提下才能考虑提高诉讼效率，任何制度如果践踏公平正义必将被变革或者舍弃。

五是被害人并未获得平等的法律援助。2003 年《法律援助条例》[2] 第 11 条第 2 项和第 3 项分别规定了公诉案件中的被害人以及自诉案件中的自诉人及其法定代理人等“因经济困难没有委托诉讼代理人的”可以向法律援助机构申请法律援助。该条第 1 项同时规定了犯罪嫌疑人在被侦查机关第一次讯问后或者采取强制措施之日起，因经济困难没有聘请律师的，可以申请法律援助。然而我国《刑事诉讼法》第 35 条、第 36 条、第 39 条、第 278 条、第 293 条、第 240 条均规定了法律援助，但是没有一条涉及被害人的法律援助问题。而且我国《刑事诉讼法》第 36 条新设立了值班律师制度，犯罪嫌疑人、被告人没有委托辩护人，法律援助机构没有指派律师为其提供辩护的，由值班律师为犯罪嫌疑人、被告人提供法律咨询、程序选择建议、申请变更强制措施、对案件处理提出意见等法律帮助。值班律师制度本来是为了认罪认罚从宽案件中的犯

[1] 刘方权：《认罪认罚从宽制度的建设路径——基于刑事速裁程序试点经验的研究》，载《中国刑事杂志》2017 年第 3 期。

[2] 《法律援助条例》国务院令第 385 号。

罪嫌疑人、被告人获得法律帮助而设立的，现在已经扩展到所有的犯罪嫌疑人与被告人，而且获得律师帮助的事务范围也得到了扩大。虽然值班律师制度已经超出了认罪认罚从宽案件的范围，但是进一步扩大犯罪嫌疑人、被告人获得的律师帮助，能够更好地保障犯罪嫌疑人和被告人的权利，保障刑事司法公平公正。

然而相比较而言，被害人的法律援助以及获得律师帮助的权利在刑事诉讼法中被严重忽视了，这不能不说是一种遗憾。被害人因犯罪所遭受的痛苦以及陷入的困境，可能会使其根本无心或者无力聘请律师，而且这种处境会加重被害人所陷入的困境。因此，应当探讨在刑事诉讼法中加入被害人获得法律援助和律师帮助的权利，相应的法律援助将会使得被害人感受到自己受到重视，获得同情与尊重，而且也能够使得刑事诉讼武装更加平等，刑事诉讼程序更加公平，也才能更好地维护当事人各方的权利与利益。

从以上分析可以看出，认罪认罚从宽的制度设计更加倾向于保障犯罪嫌疑人与被告人的权利，被害人在认罪认罚从宽中的地位与作用在制度设计之初就没有考虑全面。当前在认罪认罚从宽制度大量适用的前提下，被害人在刑事诉讼中的地位堪忧。被害人对于认罪认罚从宽以及量刑建议缺乏实质性影响，被害人参与刑事诉讼缺乏程序性保障，从而重新回归到一个旁观者的地位，甚至因为认罪认罚案件简化程序，直接导致被害人参与庭审的权利被严重弱化，加之其他程序上被害人权利保障不足，被害人在刑事诉讼中的主体性地位以及与之相关的制度设计，需要重新审视并提出完善意见和建议。

三、认罪认罚从宽制度中被害人参与的制度完善

（一）被害人权利宣言与刑事被害人保护法

虽然我国刑事诉讼法已经体系性地规定了诸多被害人权利，并从制度上予以保障。然而刑事诉讼法毕竟是为了规范刑事诉讼活动而制定的法律，亦即，对审判机关、检察机关和侦查机关等司法机关，在当事人以及诉讼参与人的参加下，依照法定程序追究被追诉人刑事责任问题的诉讼活动进行规范的专门性

法律。其目的是保证准确、及时地查明犯罪事实，正确应用法律，惩罚犯罪分子，保障无罪的人不受刑事追究，教育公民自觉遵守法律，积极同犯罪行为作斗争，维护社会主义法制，尊重和保障人权，保护公民的人身权利、财产权利、民主权利和其他权利，保障社会主义建设事业的顺利进行（《刑事诉讼法》第2条）。因此刑事诉讼法对于被害人权利的保障也只能基于刑事诉讼法本身的目的，无法起到宣示被害人权利、体系性规定关于被害人权利的保护和救济措施。因此有必要制定专门的《刑事被害人权利保障法》或者《刑事被害人保护法》以增强保护、救援与支持。《刑事被害人权利保障法》的名称突出被害人权利保障，可以包括实体法和程序法上的各种权利的保障；而《刑事被害人保护法》的名称，则保护被害人权益的范围可能更加宽泛一些，除了被害人权利保障之外，还可以有关于被害人国家补偿、社会援助、对被害人的特殊保护以及被害人权益的促进等法律规定。相比较而言，《刑事被害人保护法》更加系统与全面，能够与其他法律一道加强被害人权利保障，促进被害人权益，救助被害人，并为被害人筑起一道保护的屏障，防止发生犯罪被害、“再次被害”和“二次被害”，帮助被害人恢复之前平静的生活。

概而言之，《刑事被害人保护法》的主要内容可以包括：被害人保护法目的与任务、基本原则、权利主体与义务主体、被害人权利、保护措施、法律救济、法律责任等。其中被害人权利是被害人保护法的主要内容，可以大体区分为被害人的诉讼权利，被害人获得赔偿、国家补偿、社会援助的权利，被害人获得诉讼便利的权利，被害人的司法保护以及未成年人被害人特殊保护等，进一步分类明确被害人的权利，厘清被害人权利保护的义务主体，强化被害人保护措施，使被害人保护更加具体化，更加具有可操作性。

制定“被害人保护法”的意义重大，有学者认为“被害人保护法”对于被害人在刑事诉讼中地位的改善（诉讼参与权的扩大）是积极的和有益的，它至少给予了被害人在刑事诉讼中挫败被告人归罪于被害人的阴谋的机会。[1]其实“被害人保护法”的意义远不止于此，制定“被害人保护法”不但能够起到宣示被害人权利而促进被害人权利的作用，而且明确了权利主体其实也就

---

[1] ［德］汉斯·约阿希德·施耐德主编：《国际范围内的被害人》，许章润等译，中国人民公安大学出版社1992年版，第423－428页。

明确了义务主体。"被害人保护法"规定的被害人权利，国家有义务制定相应的规划与计划，采取包括立法、司法、行政等多方举措，调动国家与社会资源，动员公民更多地参与，将这些被害人权利保障落到实处。

当前我国刑事法治仍然处在不断建设与完善之中，适应我国国情的司法改革仍然在不断尝试与推进，甚至可以说，改革一直在路上，只有进行时而没有完成时。然而，每次司法改革所需要解决的问题并不相同，甚至可能出现价值取向上的冲突，而且往往无法完全调和与平衡。例如，我国目前正在推行的认罪认罚从宽司法改革是以追求诉讼效率为价值取向的，因此在制度设计上对于被害人权利的保障明显不足，而且这种矛盾难以协调，因为一旦过多考虑被害人的利益诉求以及程序上的要求，那么必然会影响到诉讼效率，甚至有走回到普通程序老路的可能。像这种价值取向非常明确的司法改革，对于被害人的利益是否就不再考虑了呢，或者说如果推向极端，是否只要追求效率而舍弃正义呢？回答当然是否定的。如果真的是这样，司法改革必然会背离改革目标，走向失败，因为任何司法改革正义都不可缺席。正如罗尔斯在《正义论》中开宗明义所讲的，"正义是社会制度的首要美德，正如真理之于思想体系。一种理论不管多么雅致和简洁，如果不是真的就必须被抛弃或修正；同样，法律和制度不管如何高效和有序，如果不正义，就必须被改革或废除"❶。因此，即使是认罪认罚从宽司法改革也应当在制度建构中注重底线性的正义要求。对于被害人的权利保障而言，如果能够制定出台一部统一的《刑事被害人保护法》，则可以规定一些基本的原则和权利是不可逾越的，强调诉讼当事人的主体性，从而在将来的司法改革或者制度建构过程中，不要忘却身陷困境和亟须帮助的刑事被害人，不能突破正义的底线性要求。

（二）认罪认罚从宽被害人权利保障的完善建议

1. 赋予并完善被害人知情权

被害人作为当事人应当赋予并完善其相应的知情权，这不仅是对于被害人主体性的尊重，更是认罪认罚从宽协商的前提和基础。通过赋予并完善被害人

❶ [美] 约翰·罗尔斯：《正义论》，何怀宏等译，中国社会科学出版社2001年版，第3页。

知情权，能够有效地促使被告人与被害人达成谅解，修复受损的社会关系，使犯罪人回归到一个没有仇恨的社会，避免社会矛盾的激化和衍生刑事案件的发生。对于认罪认罚从宽而言，在不同的刑事诉讼阶段可以赋予被害人程度不同的知情权。在启动认罪认罚从宽协商阶段，应当及时全面地向被害人通报案件认定事实、法律适用和从宽处罚的规定，并就损害赔偿等事宜进行协商。为此应当保障被害人庭审旁听权和阅卷权。被害人及其代理人能够自案件审查起诉之日起查阅、摘抄和复制与案件有关的诉讼文书及案卷材料。唯有如此，才能够保障当事人的主体性，平等被告人、被害人和公诉机关的武装，促使认罪认罚从宽协商公正有效地进行。

被害人知情权的重要性还在于，司法机关在办理认罪认罚从宽案件时应当履行告知义务，不仅仅是告知被害人相应的权利，如委托诉讼代理人的权利、申请回避的权利、申请抗诉的权利、申诉和告诉权等，还应当告知被害人相应阶段的被害人应当知晓的案件进展情况。目前达成的共识是，认罪认罚从宽可以在诉讼过程的任一阶段进行，而且根据其对于诉讼效率的贡献从宽的幅度也可以不同，如果是在侦查阶段即认罪认罚与到了审判阶段才认罪认罚，从宽的幅度应该有所区别，以便鼓励犯罪嫌疑人、被告人积极达成认罪认罚从宽协议。然而，由于不同诉讼阶段的诉讼任务、证明要求、证据标准等均有很大的不同，应当防止犯罪嫌疑人、被告人蒙骗司法机关恶意认罪认罚从宽，投机取巧、避重就轻，同时也应当防止司法机关为了完成认罪认罚从宽任务指标，或者为了尽快结案快速推进诉讼程序，而对认罪认罚从宽案件便宜从事，甚至放纵犯罪。因此，对于认罪认罚从宽案件恰当处理的一个制约性因素就是被害人对于诉讼过程的监督，被害人基于自身利益的考虑必然会密切关注认罪认罚从宽案件的事实认定、法律适用、从宽奖励等处理意见，从而有利于认罪认罚从宽案件的恰当处理。

知情权是认罪认罚从宽案件得以恰当处理的前提性条件，也是被害人其他权利能否实现的基础性权利，没有知情权就没有被害人权利。应当明确司法机关有义务将案件相关信息及其他程序性权利告知被害人，征求被害人意见，并将告知的内容以及被害人具体意见记录在案。简易程序中并未提及被害人的知情权，应当加以完善。

2. 赋予被害人意见表达权和程序异议权

当前的《刑事诉讼法》和《试点办法》只是规定了应当听取被害人及其诉讼代理人的意见，但是如何处理并保证被害人的意见能够被有效地听取却并没有法律上的进一步规定，从而导致司法实践办案过程中听取被害人意见常常流于形式，不但起不到实质性的监督作用，而且被害人的权利和合法利益也常常被漠视，据此应当赋予被害人意见表达权和程序异议权，以便被害人意见能够实质性地影响认罪认罚从宽案件的处理。被害人对于认罪认罚从宽的认定与适用、从宽幅度及其依据等不但能够提出意见，而且对于适用认罪认罚从宽案件的事实认定、法律是适用以及相应的速裁或者简易程序等也能够提出异议，确保司法机关工作人员能够重视被害人意见并予以回应，从而更好地保障被害人合法权益。应当在诉讼程序上保障被害人的意见表达，并将被害人的意见表达和程序异议上升为一项诉讼权利。

当然，为了顺利推进认罪认罚从宽司法改革，确保提高诉讼效率，认罪认罚从宽案件中的被害人参与应当作如下限制：一是，认罪认罚从宽协商程序的启动不以被害人的同意为前提，以便快速启动认罪认罚从宽协商。二是，程序上保证被害人参与认罪认罚从宽协商。保证被害人主体性地参与认罪认罚从宽协商，是正义的底线性要求，但是认罪认罚从宽协商结果却不以被害人同意作为限制。司法机关与犯罪嫌疑人、被告人仍然可以在事实清楚、证据确实充分的前提下进行认罪认罚从宽协商，并依据犯罪嫌疑人、被告人对于诉讼效率的贡献决定从宽的奖励幅度。在确保被害人知情权的前提下，赋予被害人意见表达权和程序异议权，并记录在案，以便将来有案可查，便于程序监督和事后监督。唯有如此才有可能全面实现认罪认罚从宽司法改革与制度设计的目标。

3. 赋予被害人上诉权

被害人上诉权属于一种程序救济上的权利，是否赋予被害人上诉权也是一个历久弥新的问题。鉴于当前各国刑事诉讼法对于被告人权利的保障已经比较完备，而且随着被害人权利运动的风起云涌，被害人权利保障被更多地纳入考虑之中，尤其是作为程序上终极救济权利的被害人上诉权也不断被提出并得到深入讨论。

学者普遍认为，为了平衡保障被害人的权利应当赋予被害人程序上救济的权利，但是赋予何种程序上救济的权利却存在较大的争议。有学者认为应当赋予被害人及其代理人申请人民检察院抗诉的权利；[1] 有学者认为，应当赋予被害人及其代理人上诉的权利。[2] 我国刑事诉讼法仅规定了被害人关于附带民事诉讼的上诉权，并没有赋予被害人就刑事裁决部分上诉的权利（《刑事诉讼法》第 227 条），但是规定了被害人请求检察机关提出抗诉的权利（《刑事诉讼法》第 229 条）。应当说，目前刑事诉讼法规定的被害人“受限的上诉权”和“请求抗诉权”都无法满足对于被害人权利与利益的保障，对于认罪认罚从宽的案件更是如此。在上文的分析中我们可以看出，为了提高诉讼效率，相比普通程序，认罪认罚从宽案件中的被害人权利已经被严重忽视，甚至重回“旁观者”的境地，因此，更应当赋予被害人相应的程序救济，防止司法机关滥用权力、私相授受，与犯罪嫌疑人、被告人达成明显违背司法正义的从宽协议。

当然，对于赋予被害人上诉权也存在诸多的疑虑，尤其是制度设计上存在两个难以解决的难题：一是，赋予被害人上诉权，就会造成一审是公诉案件而二审却变成自诉案件的混乱局面。二是，如果被害人提起上诉，而公诉机关提起抗诉，二审中形成被害人一方的上诉和检察机关抗诉共存的局面，混淆自诉与公诉，审判程序变得复杂，有损国家公诉制度；而且因为被害人一方诉讼能力有限，会导致其在二审程序中出现举证上的困难，影响二审程序顺利进展。[3] 相比较被告人与被害人权利的平衡保障，以及对于司法机关的监督与制约而言，这些困难其实都不值一提，因为可以从制度设计上予以解决。被害人行使上诉权与检察机关行使抗诉权可以适用相同的标准，亦即，“人民法院第一审的判决、裁定确有错误的”才能提起上诉，而且被害人上诉应当提出“确有错误”的事实依据，如果被害人提出上诉没有事实依据，只是单纯地不服裁判，则二审法院可以驳回上诉，如此便可以很好地限制被害人的上诉权。

---

[1] 毕文丽、孙秀明：《认罪认罚从宽制度中被害人合法权益保障问题研究》，载《检查调研与指导》2018 年第 2 辑。

[2] 姜福先、张明磊：《论刑事公诉案件被害人的上诉权》，载《中国刑事法杂志》2005 年第 3 期。

[3] 姜福先、张明磊：《论刑事公诉案件被害人的上诉权》，载《中国刑事法杂志》2005 年第 3 期。

赋予被害人上诉权意义重大，在认罪认罚从宽案件中更是如此。不但承认被害人在刑事诉讼中的主体性地位，人格尊严得到了保障，而且作为终极救济权利的上诉权，被害人能够自己行使权利，而不用非得借助检察机关的抗诉权，可以有效地制约和监督司法机关依法办案，防止司法机关公器私用，枉法裁判。另外，赋予被害人上诉权能够解决被害人因为不服司法判决而持续上访的情形出现。程序正义在一定程度上能够匡扶实质正义，而且只有穷尽了司法救济，才能够确保实现正义。

4. 保障实现被害人损害赔偿权

被害人及其家属获得公平的赔偿，不仅是被害人的权利，更是社会正义的底线性要求。赔偿的范围不仅包括受到犯罪侵害而遭受的直接物质性损害，还应当归还被犯罪侵占的财产、因被害而产生的费用、恢复权利等，甚至还应当包括一定程度的精神损害赔偿。

目前我国刑事诉讼法已经规定了被害人请求损害赔偿的权利，损害赔偿请求权实现的途径也可以多种多样，可以采取附带民事诉讼的方式，或者与被告人达成和解或者调解协议的方式等，实现损害赔偿请求权。在任一诉讼阶段，如果进行认罪认罚从宽协商，就都应当告知被害人，尽量保障被害人的知情权与参与权。对于被害人提出的损害赔偿请求应当记录在案，并主动予以回应。犯罪嫌疑人、被告人对被害人损害赔偿的意愿，可以作为启动认罪认罚从宽协商的重要依据；实现被害人损害赔偿权，应当作为适用速裁程序和简易程序的条件，并在具体量刑过程中予以实质性考量。

实现被害人损害赔偿权如何影响量刑目前仍是处于探讨之中的事项。依据当前刑事诉讼法的规定，被告人对被害人的赔偿、被害人谅解等仅仅是作为量刑的酌定情节，虽然被告人与被害人或者其法定代理人没有就附带民事诉讼赔偿等事项达成调解或者和解协议的将无法适用速裁程序，但是刑事诉讼法并未限制这种情况下可以适用简易程序，更何况还有诸多适用普通程序的认罪认罚从宽的案件，无法从制度上激励被告人主动对被害人进行赔偿，或者采取其他方式求得被害人的谅解。因此，应当进行制度完善，将是否得到被害人谅解、是否赔偿被害人作为影响从宽的重要因素，并采取具有层次差异的量刑从宽。

认罪认罚从宽的核心不仅仅是对诉讼效率的追求，还是对于被追诉人认罪悔罪的嘉奖，更是对被害人谅解的肯认。因此，在认罪认罚从宽协商过程中，被告人应当通过向被害人道歉、赔偿损失、达成和解等方式努力求得被害人的谅解，从而达成认罪认罚从宽协商的三方合意。在此过程中，司法工作人员在查明案件事实的基础上可以通过调解的方式甚至责令被告人道歉、具结悔过或者赔偿损失，以期与被害人达成和解或者调解协议，顺利推进认罪认罚从宽协商以及审理程序。认罪认罚从宽协商如果有被害人参与并能够达成三方合意，被害人获得赔偿，达成谅解协议，将能够在提高诉讼效率的同时，顺利实现多层次的刑罚目的，恢复因为犯罪发生而受创的社会关系，并使犯罪人复归到一个没有仇恨的社会。

当然，依据当前刑事诉讼法关于认罪认罚从宽的规定，认罪认罚从宽协商达成并不以被害人的合意为必要。不过认罪认罚从宽协商过程，至少应当尊重被害人的主体性，保障被害人对于诉讼过程的深度参与；如果不能达成与被害人的协议，应当在适用程序以及量刑从宽的幅度上区别对待。即使犯罪嫌疑人、被告人与被害人不能就损害赔偿达成协议，被害人赔偿权仍然可以通过提起附带民事诉讼的方式予以实现。问题在于，如果被告人最终确实因为客观原因无法赔偿被害人，而被告人却因为认罪认罚而获得了从宽处理，那么被害人的境遇将愈加困难，而且也容易引起社会上一般人对于被害人的同情之心，难以缓解对于犯罪的痛恨之情，社会的不公平感会愈加强烈。这是认罪认罚从宽案件办理过程中需要特别考虑的事项。

5. 建立和完善刑事被害人司法救助制度

刑事案件办理过程中存在被告人没有赔偿能力或者赔偿能力不足致使被害人及其近亲属无法获得实际赔偿的现象，不但可能导致被害人生活陷入困境，无法平复被害人及社会上一般人对于犯罪的痛恨之情，甚至可能激化社会矛盾，影响社会安全稳定，因此有必要建立和完善刑事被害人司法救助制度，对无法获得赔偿的被害人由国家给予一定的补偿，并倡导社会组织采取措施进行一定的社会援助，包括心理辅导、精神支持和物质帮扶。

我国已经初步建立了刑事被害人救助体系，2014 年 1 月 17 日，中央政法委、财政部、最高人民法院、最高人民检察院、公安部、司法部联合出台了《关于建立完善国家司法救助制度的意见（试行）》；最高人民检察院于 2016

年8月16日印发了《人民检察院国家司法救助工作细则（试行)》，至此我国刑事被害人司法救助制度基本建立，极大地缓解了社会矛盾，有利于改善民生，健全社会保障体系。但是仍然存在诸多有待完善的部分：一是，救助方式过于单一，国家司法救助以支付救助金为主要方式，同时要求救助金额不得超过应当判决的赔偿数额。因此我国的司法救助主要针对的是实际损害的救助，对于身体残疾、重伤或者死亡的案件，被害人及其近亲属精神亦遭受重大打击，应当规定司法救助可以包括一定数额的精神抚慰金，以便更加全面地对被害人提供司法救助。个别地方财政吃紧，存在司法救助金难以落实的现象，属地救助的原则有待进一步接受检验。美国的《犯罪被害人法案》则要求建立犯罪被害人基金,[1] 其实这是一种值得借鉴的解决救助资金难题的方案。二是，我国目前的司法救助制度，虽然规定了救助方式在采取救助金的同时应当与思想疏导、宣传教育相结合，与法律援助、诉讼救济相配套，与其他社会救助相衔接，但是在司法实践中其他救济方式涉及部门过多，规定不具有可操作性，很难配套使用并起到实际的救助作用。另外，检察机关在办理司法救助的过程中如何履行职责，及时、公正地救助当事人等都有待进一步完善。

6. 重视被害人免受“二次被害”的权利

“二次被害”不同于“再度被害”或者“重复被害”。“再度被害”或者“重复被害”是指被害人再次遭受犯罪侵害的现象，而“二次被害”是指希望对被害人给予帮助的警察、法官、亲友等人员对被害人的态度和行为使被害人觉得自己被拒绝、背叛并感到失望，使其心理上再次受到伤害。[2] 虽然对于“二次被害”概念的广狭仍然存在较大的争议，但是均认为“二次被害”并非真正意义上的“被害”，亦即被害人并非再次遭受犯罪侵害，而是指由于国家（主要指司法机关)、社会以及个人对于被害人的行为、态度等正式或者非正式的反应导致被害人所承受的身心压力和物质等方面的损失。“被害人权利运动”使我们认识到，被害人不仅遭受犯罪的侵害，而且有可能持续遭受来自

---

[1] Karen L. Kennard. The Victim's Veto: A Way to Increase Victim Impacton Criminal Case Dispositions. *California Law Review*, Vol. 77, No. 2 (Mar., 1989), pp. 423 – 424.

[2] Andrew Karmen. *Crime Victims: An Introduction to Vcitimology* (*third edition*). Wadsworth Publishing Company, 1996. p. 2.

不同方面的压力与伤害，甚至一些原本善意的帮助行为也有可能带来不适甚至伤害，一些貌似无意的行为可能给被害人带来相当程度的冒犯，因此应当重视被害人免受“二次被害”的权利，以便从更广泛的意义上帮助被害人渡过难关。

由于遭受犯罪行为侵害，被害人的身体、心理等受到伤害，感情上遭受痛苦，物质或者经济等方面也会受到损害，本身已经陷入悲惨境地。但是在案件的侦办过程中，由于需要配合司法机关办案而需要不断回忆痛苦经历，或者暴露其隐私，每一次回忆都可能是一次伤害；不仅如此，为了甄别案件还可能遭受司法系统工作人员的怀疑与质问，不友善或者责难，甚至发生有辱人格尊严的讯问或者谈话；另外，冷冰冰的司法设施也给被害人带来很多的痛苦与不便，甚至给予被害人不公平的待遇。这些都会使被害人遭受“二次伤害”，不仅精神上遭受痛苦，心理上感受到压力，而且在社会评价上遭受伤害，甚至遭受指责和不公平待遇，使被害人感觉自己遭受背叛、被歧视、被排挤或者被抛弃。被害人“二次被害”的表现多种多样，伤害的来源可能来自司法机关、社会甚至被害人的亲友。免受这种层面的“二次被害”需要通过革新社会观念，加强被害人的社会援助予以解决。目前被害人遭受“二次伤害”最大的来源是司法机关，因此，应当确立被害人免受“二次被害”的权利，进行相应的司法改革，设立一系列便利被害人参与刑事司法活动的条件，促进被害人权利的保障。

因此应当进行司法改革，建立并完善相关司法制度，提供被害人参与司法便利条件，体现同情、帮助与尊重被害人，满足被害人参与司法和免受“二次伤害”的需要。1985 年 11 月 29 日联合国大会第 40/34 号决议通过了《为罪行和滥用权力行为受害者取得公理的基本原则宣言》（以下简称《受害者宣言》），[1] 其中第 6 条规定，应通过下述方法，便利司法和行政程序来满足受害者的需要：“（a）让受害者了解它们的作用以及诉讼的范围、时间、进度和对他们案件的处理情况，在涉及严重罪行和他们要求了解此种情况时尤其如此；

[1] 《为罪行和滥用权力行为受害者取得公理的基本原则宣言》（联合国大会第 40/34 号决议），载联合国网站，https：//www. un. org/zh/documents/treaty/files/ A – R E S – 40 – 34. shtml，最后访问日期：2020 年 3 月 12 日。

(b) 让受害者在涉及其利益的适当诉讼阶段出庭申诉其观点和关切事项以供考虑，而不损及被告并符合有关国家刑事司法制度；(c) 在整个法律过程中向受害者提供适当的援助；(d) 采取各种措施，尽可能减少对受害者的不便，必要时保护其隐私，并确保他们及其家属和为他们作证的证人的安全而不受威吓和报复；(e) 在处理案件和执行给予受害者赔偿的命令时，避免不必要的拖延。”总而言之，就是要提供各种便利被害人参加刑事诉讼的设施和条件，以为被害人取得公理和公平待遇，包括告知被害人参与刑事诉讼的基本程序、目前所处司法阶段、被害人的诉讼权利、允许被害人获知的案件信息等，设立单独的被害人询问室、休息室，提供舒适的便利设施，采取宜人的语言态度，为被害人提供法律援助，保护被害人隐私与安全，为受到威胁的被害人提供特殊保护，积极为被害人获得赔偿提供便利与帮助，等等。这些制度和措施能够最大限度地降低或者消除被害人被司法体制排除在外的感觉，最大限度地提高被害人参与司法的积极性和满意度，最大限度地保障被害人权益。

为此，还应当加大对于司法工作人员的培训，以便被害人免受“二次伤害”的权利能够真正落到实处。联合国《受害者宣言》第 16 条规定，应对警察、司法、医疗保健、社会服务及其他有关人员进行培训，使他们认识到受害者的需要，并使他们对准则有所认识以确保适当和迅速地援助。当然，不同机构的工作人员其培训内容也应当有所区别，尤其应当加强对于警察机关工作人员的培训，因为他们通常最早接触被害人，对被害人的处置将会极大地影响被害人今后参与刑事诉讼的积极性。因此，对于警察机关工作人员的培训应当全面而具体，培训的内容不仅包括被害人学的知识体系、被害人参与司法的法律规定、被害人权利及其保障等，还应当包括对于被害人的基本护理、心理抚慰、特殊处置等方面的要求，对于不同类型犯罪案件的被害人应当区别对待。司法机关应当出台与被害人交流的基本操作规程，规定询问被害人的主体、着装、时间、地点、用语、权利告知、询问安全需求、提出预防建议等各种要求，司法工作人员必须严格按照操作规程询问、交流并制作询问笔录，防止对被害人造成二次伤害。对于严重违反操作规程故意侵害被害人权益的行为，应当认定为司法不当行为，应当设立专门机构接受被害人及其家属或者委托的诉讼代理人的投诉、申诉和控告，并提供相应的内部审查或者司法救济途径，对于已经造成被害人实质性伤害的情形，还应当考虑对被害人进行专门的司法救助，为被害人所遭受的不公待遇进行补偿，甚至是国家赔偿。

综上所述，被害人作为刑事诉讼的当事人，理应尊重其主体性，保障被害人权利，确保被害人参与认罪认罚从宽案件处理，保障被害人权利能够在程序上获得救济。保障被害人权利还有利于认罪认罚从宽协议的真实性、自愿性与合法性审查，也有利于限制司法权力，防止权力滥用与司法不公，确保公正与效率辩证统一，促进认罪认罚从宽司法改革深入开展。

参考文献

一、中文参考文献

[1] 张明楷：《刑法学》（第五版），法律出版社 2016 年版。

[2] 吴润仪编：《汉字详解字典》，四川人民出版社 2001 年版。

[3] 全国人大常委会法制工作委员会刑法室：《关于修改〈中华人民共和国刑事诉讼法〉的决定：条文说明、立法理由及相关规定》，北京大学出版社 2012 年版。

[4] 郎胜主编：《中华人民共和国刑事诉讼法修改与适用》，新华出版社 2012 年版。

[5] 卢云主编：《法学基础理论》，中国政法大学出版社 1994 年版。

[6] [英] 边沁：《道德与立法原理导论》，时殷弘译，商务印书馆 2000 年版。

[7] [英] 约翰·穆勒：《功利主义》，徐大建译，商务印书馆 2014 年版。

[8]《马克思恩格斯选集》（第Ⅰ卷），人民出版社 2012 年版。

[9] [德] 康德：《道德形而上学原理》，苗力田译，上海人民出版社 2012 年版。

[10] 林钰雄：《刑事诉讼法》（下册），中国人民大学出版社 2005 年版。

[11] 林俊益：《程序正义与诉讼经济——刑事诉讼法专题研究》，元照出版有限公司 1997 年版。

[12] 詹建红：《刑事诉讼契约研究》，中国社会科学出版社 2010 年版。

[13] 魏振瀛、徐学鹿主编：《北京大学法学百科全书：民法学、商法学》，北京大学出版社 2004 年版。

[14] 刘军：《罪刑均衡的理论基础与动态实现》，法律出版社 2018 年版。

[15] [美] H. C. A. 哈特：《惩罚与责任》，王勇、张志铭、方蕾译，华夏出版社 1989 年版。

[16] [美] 道格拉斯·胡萨克：《刑法哲学》，姜敏译，中国法制出版社 2015 年版。

[17] [德] 汉斯·海因里希·耶赛克、托马斯·魏根特：《德国刑法教科书》，徐久生译，中国法制出版社 2017 年版。

[18] 高铭暄、马克昌主编：《刑法学》（第七版），北京大学出版社、高等教育出版社 2016 年版。

[19] [美] 斯蒂芬诺斯·毕贝斯：《庭审之外的辩诉交易》，杨先德、廖钰译，中国法制出版社 2018 年版。

[20] [美] 艾伦·豪切斯泰勒·斯黛丽、南希·弗兰克：《美国刑事法院诉讼程序》，陈卫东、徐美君译，中国人民大学出版社 2002 年版。

[21] [德] 黑格尔：《法哲学原理》，范扬、张企泰译，商务印书馆 1961 年版。

[22] [英] 休谟：《道德原则研究》，曾晓平译，商务印书馆 2001 年版。

[23] 李龙主编：《西方法学经典命题》，江西人民出版社 2006 年版。

[24] [英] 麦高伟、路加·马什：《英国的刑事法官：正当性、法院与国家诱导的认罪答辩》，付欣译，商务印书馆 2018 年版。

[25] [美] 保罗·罗宾逊：《正义的直觉》，谢杰、金翼翔、祖琼译，上海人民出版社 2018 年版。

[26] 李交发：《中国诉讼法史》，湘潭大学出版社 2016 年版。

[27] [法] 福柯：《规训与惩罚》，刘北成、杨远婴译，生活·读书·新知三联书店 2012 年版。

[28] 张文显：《二十世纪西方法哲学思潮研究》，法律出版社 2006 年版。

[29] 郎胜、滕炜：《关于修改刑事诉讼法的决定释义》，中国法制出版社 1996 年版。

[30] 陈瑞华：《刑事证据法学》，北京大学出版社 2012 年版。

[31] [德] 托马斯·魏根特：《德国刑事诉讼程序》，岳礼玲、温小洁译，中国政法大学出版社 2004 年版。

[32] 中国社会科学院语言研究所词典编辑室编：《现代汉语词典》，商务印书馆 2012 年版。

[33] 沈德咏主编：《中国特色社会主义司法制度论纲》，人民法院出版社 2009 年版。

[34] 王兆鹏：《美国刑事诉讼法》，北京大学出版社 2014 年版。

[35] [美] 伟恩·R. 拉费弗、杰罗德·H. 伊斯雷尔、南西·J. 金：《刑事诉讼法》，卞建林、沙丽金译，中国政法大学出版社 2003 年版。

[36] 马跃：《美国刑事司法制度》，中国政法大学出版社 2004 年版。

[37] 美国量刑委员会编：《美国量刑指南：美国法官的刑事审判手册》，逄锦温等译，法律出版社 2006 年版。

[38] [美] 卡罗尔·S. 斯泰克：《刑事程序故事》，吴宏耀译，中国人民大学出版社 2012 年版。

[39] 陈瑞华：《刑事辩护的理念》，北京大学出版社 2017 年版。
[40] [英] 丹宁勋爵：《法律的正当程序》，李克强等译，法律出版社 2015 年版。
[41] [法] 贝尔纳·布洛克：《法国刑事诉讼法》，罗结珍译，中国政法大学出版社 2009 年版。
[42] [瑞士] 萨拉·J. 萨默斯：《公正审判：欧洲刑事诉讼传统与欧洲人权法院》，朱奎彬、谢进杰译，中国政法大学出版社 2011 年版。
[43] [德] 克劳思·罗科信：《刑事诉讼法》（第 24 版），吴丽琪译，法律出版社 2003 年版。
[44] 陈瑞华：《刑事诉讼的中国模式》，法律出版社 2018 年版。
[45] 林钰雄：《刑事诉讼法》（下），元照出版有限公司 2013 年版。
[46] [德] 康德：《道德形而上学奠基》，杨云飞译，人民出版社 2013 年版。
[47] [美] 斯蒂芬诺斯·毕贝斯：《刑事司法机器》，姜敏译，北京大学出版社 2014 年版。
[48] [德] 康德：《法的形而上学原理》，沈叔平译，商务印书馆 1991 年版。
[49] [英] 罗素：《西方哲学史》（下卷），马元德译，商务印书馆 1976 年版。
[50] [德] 康德：《纯粹理性批判》，蓝公武译，商务印书馆 1960 年版。
[51] 夏征农、陈至立主编：《辞海》（第六版），上海辞书出版社 2009 年版。
[52] 刘军：《刑法学中的被害人研究》，山东人民出版社 2010 年版。
[53] [美] 戴维·J. 博登海默：《公正的审判：美国历史上刑事被告的权利》，杨明成、赖静译，商务印书馆 2009 年版。
[54] 张明楷：《外国刑法纲要》，清华大学出版社 2007 年版。
[55] [德] 米夏埃尔·帕夫利克：《人个体主体公民——刑罚的合法性研究》，谭淦译，中国人民大学出版社 2011 年版。
[56] [德] 拉德布鲁赫：《法学导论》，米健等译，中国大百科全书出版社 1997 年版。
[57] [德] 拉伦茨：《法学方法论》，陈爱娥译，商务印书馆 2003 年版。
[58] [奥] 凯尔森：《法与国家的一般理论》，沈宗灵译，中国大百科全书出版社 1996 年版。
[59] [日] 板仓宏：《现代社会与新刑法理论》，劲草书房 1980 年版。
[60] 王良顺：《单位犯罪论》，中国人民公安大学出版社 2008 年版。
[61] 高铭暄：《中国刑法解释》（上卷），中国社会科学出版社 2005 年版。
[62] [日] 石田文次郎：《祁克》，三省堂 1935 年版。
[63] 何勤华：《西方法学史》，中国政法大学出版社 1996 年版。
[64] 郭建安：《犯罪被害人学》，北京大学出版社 1997 年版。

[65]［德］汉斯·约阿希德·施耐德主编：《国际范围内的被害人》，许章润等译，中国人民公安大学出版社 1992 年版。
[66]康树华：《比较犯罪学》，北京大学出版社 1994 年版。
[67]［德］汉斯·海因里希·耶赛克、托马斯·魏根特：《德国刑法教科书》，徐久生译，中国法制出版社 2001 年版。
[68]［法］斯特法尼等：《法国刑法总论精义》，罗结珍译，中国政法大学出版社 1998 年版。
[69]张明楷：《外国刑法纲要》，清华大学出版社 1999 年版。
[70]申柳华：《德国刑法被害人信条学研究》，中国人民公安大学出版社 2011 年版。
[71]徐久生：《德国犯罪学研究探要》，中国人民公安大学出版社 1995 年版。
[72]胡敬：《刑事被害人权益保障问题研究》，吉林人民出版社 2014 年版。
[73]［日］大谷实：《刑事政策学》，黎宏译，法律出版社 2000 年版。
[74]陈瑞华：《刑事审判原理论》（第二版），北京大学出版社 2003 年版。
[75]［美］约翰·罗尔斯：《正义论》，何怀宏等译，中国社会科学出版社 2001 年版。
[76]胡红洪：《双向式完善：刑事被告人认罪认罚从宽制度的实体规范与程序优化之维》，载《尊重司法规律与刑事法律适用研究——全国法院第 27 届学术讨论会获奖论文集》（上），人民法院出版社 2016 年版。
[77]汪建成：《以效率为价值导向的刑事速裁程序论纲》，载《政法论坛》2016 第 1 期。
[78]陈卫东：《认罪认罚从宽制度研究》，载《中国法学》2016 年第 2 期。
[79]刘广三、李艳霞：《论认罪认罚从宽制度的立法完善——以实证研究为视角》，载《山东大学学报（哲学社会科学版）》2017 年第 4 期。
[80]黄京平：《认罪认罚从宽制度的若干实体法问题》，载《中国法学》2017 年第 5 期。
[81]张建伟：《认罪认罚从宽处理：内涵解读与技术分析》，载《法律适用》2016 年第 11 期。
[82]陈光中、马康：《认罪认罚从宽制度若干重要问题探讨》，载《法学》2016 年第 8 期。
[83]朱孝清：《认罪认罚从宽制度的几个问题》，载《法治研究》2016 年第 5 期。
[84]陈瑞华：《"认罪认罚从宽"改革的理论反思——基于刑事速裁程序运行经验的考察》，载《当代法学》2016 年第 4 期。
[85]孙长永：《认罪认罚从宽制度的基本内涵》，载《中国法学》2019 年第 3 期。
[86]闫召华：《虚假的忏悔：技术性认罪认罚的隐忧及其应对》，载《法制与社会发展》2020 年第 3 期。
[87]孙谦：《最高人民检察院司法解释研究》，载《中国法学》2016 年第 6 期。

[88] 邵劭:《论认罪认罚从宽制度的完善》,载《杭州师范大学学报(社会科学版)》2017 年第 4 期。
[89] 赵恒:《"认罪认罚从宽"内涵再辨析》,载《法学评论》2019 年第 4 期。
[90] 曹东:《论检察机关在认罪认罚从宽制度中的主导作用》,载《中国刑事法杂志》2019 年第 3 期。
[91] 李茂武:《论"可以 P"与"可以不 P"的关系》,载《江汉大学学报》2001 年第 4 期。
[92] 喻中:《再论"可以 P"与"可以不 P"的关系——兼与李茂武、黄士平先生商榷》,载《江汉大学学报(社会科学版)》2004 年第 1 期。
[93] 万毅:《刑事诉讼法文本中"可以"一词的解释问题》,载《苏州大学学报(法学版)》2014 年第 2 期。
[94] 孟建柱:《完善司法管理体制和司法权力运行机制》,载《人民日报》2014 年 11 月 7 日,第 6 版。
[95] 杨立新:《认罪认罚从宽制度理解与适用》,载《国家检察官学院学报》2019 年第 1 期。
[96] 山东省高级人民法院刑三庭课题组:《关于完善刑事诉讼中认罪认罚从宽制度的调研报告》,载《山东审判》2016 年第 3 期。
[97] 刘军:《意志如何是自由的?》,载《山东大学学报(哲学社会科学版)》2011 年第 4 期。
[98] 魏晓娜:《完善认罪认罚从宽制度:中国语境下的关键词展开》,载《法学研究》2016 年第 4 期。
[99] 陈瑞华:《认罪认罚从宽制度的若干争议问题》,载《中国法学》2017 年第 1 期。
[100] 熊秋红:《认罪认罚从宽的理论审视与制度完善》,载《法学》2016 年第 10 期。
[101] 赵恒:《论从宽的正当性基础》,载《政治与法律》2017 年第 11 期。
[102] 左卫民:《认罪认罚何以从宽:误区与正解——反思效率优先的改革主张》,载《法学研究》2017 年第 3 期。
[103] 周光权:《论刑法与认罪认罚从宽制度的衔接》,载《清华法学》2019 年第 3 期。
[104] 刘伟丽:《认罪认罚从宽制度的刑法学思考》,载胡卫列等主编:《认罪认罚从宽制度的理论与实践——第十三届国家高级检察官论坛文集》,中国检察出版社 2017 年版。
[105] 刘军:《论罪刑之该当性》,载《法学论坛》2011 年第 1 期。
[106] 赵恒:《论量刑从宽——围绕认罪认罚从宽制度的分析》,载《中国刑事法杂志》

2018 年第 4 期。
［107］熊秋红：《比较法视野下的认罪认罚从宽制度——兼论刑事诉讼“第四范式”》，载《比较法研究》2019 年第 5 期。
［108］张明楷：《论犯罪后的态度对量刑的影响》，载《法学杂志》2015 年第 2 期
［109］黄春燕：《宽严相济刑事政策古今考辨》，载《南京社会科学》2018 年第 2 期。
［110］贺小军：《改革开放以来我国被追诉人认罪案件处理之图景》，载《中国刑事法杂志》2020 年第 2 期。
［111］赵秉志、张伟珂：《新中国刑法司法 70 年：回顾与前瞻》，载《法律适用》2019 年第 19 期。
［112］陈瑞华：《司法过程中的对抗与合作——一种新的刑事诉讼模式理论》，载《法学研究》2007 年第 3 期。
［113］李奋飞：《论“交涉性辩护”——以认罪认罚从宽作为切入镜像》，载《法学论坛》2019 年第 4 期。
［114］李奋飞：《论“确认式庭审”——以认罪认罚从宽制度的入法为契机》，载《国家检察官学院学报》2020 年第 3 期。
［115］张建伟：《协同型司法：认罪认罚从宽制度的诉讼类型分析》，载《环球法律评论》2020 年第 2 期。
［116］孔令勇：《被告人认罪认罚自愿性的界定及保障——基于“被告人同意理论”的分析》，载《法商研究》2019 年第 3 期。
［117］闫召华：《听取意见式司法的理性建构——以认罪认罚从宽制度为中心》，载《法制与社会发展》2019 年第 4 期。
［118］高童非：《契约模式抑或家长模式？——认罪认罚何以从宽的再反思》，载《中国刑事法杂志》2020 年第 2 期。
［119］拜荣静、罗景文：《认罪、认罚自愿性的有效审查机制》，载《苏州大学学报（哲学社会科学版）》2020 年第 2 期。
［120］杨帆：《认罪自愿性的边界与保障》，载《法学杂志》2019 年第 10 期。
［121］闫召华、李艳飞：《认罪认罚自愿性研究》，载《河南财经政法大学学报》2018 年第 2 期。
［122］万毅：《论检察官在刑事程序中的主导地位及其限度》，载《中国刑事法杂志》2019 年第 6 期。
［123］孙谦：《检察机关贯彻修改后刑事诉讼法的若干问题》，载《国家检察官学院学报》2018 年第 6 期。

[124] 贾宇：《认罪认罚从宽制度与检察官在刑事诉讼中的主导地位》，载《法学评论》2020 年第 3 期。

[125] 张建伟：《检察机关主导作用论》，载《中国刑事法杂志》2019 年第 6 期。

[126] 韩旭：《认罪认罚从宽制度实施检察机关应注意避免的几种倾向》，载《法治研究》2020 年第 3 期。

[127] 钟简参：《从“做饭、端饭与吃饭”说起——从餐厅主导看检察作用》，载《法制日报》2019 年 10 月 9 日，第 5 版。

[128] 魏晓娜：《结构视角下的认罪认罚从宽制度》，载《法学家》2019 年第 2 期。

[129] 陈辉、汪进元：《论“监、检、审”三机关间的分工、配合与制约关系》，载《南京社会科学》2018 年第 5 期。

[130] 韩大元、于文豪：《法院、检察院和公安机关的宪法关系》，载《法学研究》2011 年第 3 期。

[131] 董斌：《认罪认罚案件能否上诉、抗诉》，载《人民检察》2019 年第 10 期。

[132] 王志远：《以审判为中心的诉讼模式核心要义：评价中心主义》，载《法律科学（西北政法大学学报）》2020 年第 4 期。

[133] 张建伟：《审判中心主义的实质内涵与实现途径》，载《中外法学》2015 年第 4 期。

[134] 陈卫东《认罪认罚从宽制度的理论问题再探讨》，载《环球法律评论》2020 年第 2 期。

[135] 沈德咏：《论以审判为中心的诉讼制度改革》，载《中国法学》2015 年第 3 期。

[136] 顾永忠：《一场未完成的讨论：关于“以审判为中心”的几个问题》，载《法治研究》2020 年第 1 期。

[137] 朱孝清：《认罪认罚从宽制度中的“主导”与“中心”》，载《检察日报》2019 年月 5 日，第 3 版。

[138] 刘军、潘丙永：《认罪认罚从宽主体性协商的制度构建》，载《山东大学学报（哲学社会科学版）》2020 年第 2 期。

[139] 桂梦美、张蕾：《有效辩护理念的本体展开》，载《浙江工商大学学报》2018 年第 3 期。

[140] 赵旭光：《环境犯罪选择性追诉及其抗辩》，载《首都师范大学（社会科学版）》2017 年第 1 期。

[141] 裴炜：《英国认罪协商制度及对我国的启示》，载《比较法研究》2017 年第 6 期。

[142] 黄河：《德国刑事诉讼中协商制度浅析》，载《环球法律评论》2010 年第 1 期。

[143] 李昌盛：《德国刑事协商制度研究》，载《现代法学》2011 年第 6 期。

[144] 周维明：《德国刑事协商制度的最新发展与启示》，载《法律适用》2018 年第 13 期。
[145] [德] 约阿希姆·赫尔曼：《协商性司法——德国刑事程序中的辩诉交易?》，程雷译，载《中国刑事法杂志》2004 年第 2 期。
[146] 印波：《以宪法之名回归法律文本：德国量刑协商及近期的联邦宪法判例始末》，载《法律科学》2017 年第 5 期。
[147] 吕天奇、贺英豪：《法国庭前认罪协商程序之借鉴》，载《国家检察官学院学报》2017 年第 1 期。
[148] 缐杰、傅侃、王杰：《法国庭前认罪程序对我国建立认罪认罚从宽制度的启示》，载《中国检察官》2017 年第 4 期。
[149] 李卫东：《恢复性司法视野下的被害人量刑参与权》，载《学习与探索》2015 年第 11 期。
[150] 陈瑞华：《刑事诉讼的公力合作模式——量刑协商制度在中国的兴起》，载《法学论坛》2019 年第 4 期。
[151] 苗力田：《德性就是力量——从自主到自律（代序）》，载 [德] 康德：《道德形而上学原理》，苗力田译，上海人民出版社 2005 年版。
[152] 邓晓芒：《关于 Person 和 Persönlichkeit 的翻译问题——以康德、黑格尔和马克思为例》，载《哲学动态》2015 年第 10 期。
[153] 刘军：《为什么"刑法是一种绝对命令"》，载《东岳论丛》2010 年第 2 期。
[154] 刘少军：《认罪认罚从宽制度中的被害人权利保护研究》，载《中国刑事法杂志》2017 年第 3 期。
[155] 周新：《认罪认罚从宽制度试点的实践性反思》，载《当代法学》2018 年第 2 期。
[156] 胡铭：《认罪协商程序：模式、问题与底线》，载《法学》2017 年第 1 期。
[157] 操奇：《发展 21 世纪马克思主义的三个维度》，载《探索》2019 年第 6 期。
[158] 夏庆波：《主体性与社会性之间：马克思主义实践观的当代价值》，载《内蒙古社会科学（汉文版）》2012 年第 5 期。
[159] 霍桂桓：《论实践的主体超越性——社会个体生成论的实践哲学概要》，载《哲学研究》2005 年第 1 期。
[160] 吴思远：《论协商性司法的价值立场》，载《当代法学》2018 年第 2 期。
[161] 张景义等：《聚焦国内"辩诉交易"第一案》，载《人民法院报》2002 年 8 月 8 日，第 3 版。
[162] 陈瑞华：《美国辩诉交易程序与意大利刑事特别程序之比较》，载《政法论坛》1995 年第 3 期。

[163] 卞建林、谢澍:《认罪认罚从宽与台湾地区刑事协商之比较研究》，载《法学杂志》2018 年第 5 期。

[164] 王飞:《论认罪认罚协商机制的构建——对认罪认罚制度试点中的问题的检讨与反思》，载《政治与法律》2018 年第 9 期。

[165] 张洋:《认罪认罚从宽并非法外从宽、一律从宽》，载《人民日报》2016 年 9 月 5 日，第 4 版。

[166] 卞建林、谢澍:《职权主义诉讼模式中的认罪认罚从宽——以中德刑事司法理论与实践为线索》，载《比较法研究》2018 年第 3 期。

[167] 马明亮、张宏宇:《认罪认罚从宽制度中被追诉人反悔问题研究》，载《中国人民公安大学学报（社会科学版）》2018 年第 4 期。

[168] 洪浩、方姚:《论我国刑事公诉案件中被追诉人的反悔权——以认罪认罚从宽制度自愿性保障机制为中心》，载《政法论丛》2018 年第 4 期。

[169] 秦宗文:《认罪认罚案件被追诉人反悔问题研究》，载《内蒙古社会科学（汉文版）》2019 年第 3 期。

[170] 何静:《认罪认罚案件中被追诉人的反悔权及其限度》，载《东南大学学报（哲学社会科学版）》2019 年第 4 期。

[171] 朱孝清:《如何对待被追诉人签署认罪认罚具结书后反悔》，载《检察日报》2019 年 8 月 28 日，第 3 版。

[172] 张全印:《刑事诉讼中被告人认罪认罚撤回权的立法探究》，载《理论导刊》2017 年第 11 期。

[173] 孙记:《论诚实信用原则在我国刑事诉讼中的确立》，载《兰州学刊》2017 年第 1 期。

[174] 朱孝清:《认罪认罚从宽制度的几个问题》，载《法学杂志》2017 年第 9 期。

[175] 张智辉:《认罪认罚与案件分流》，载《法学杂志》2017 年第 6 期。

[176] 苗生明、周颖:《认罪认罚从宽制度适用的基本问题——〈关于适用认罪认罚从宽制度的指导意见〉的理解和适用》，载《中国刑事法杂志》2019 年第 6 期。

[177] 曾国东:《刑事案件认罪认罚从宽制度的定位分析——基于检察视域的实证研究》，载《东方法学》2017 年第 6 期。

[178] 秦宗文:《以引诱、欺骗方法讯问的合法化问题探讨》，载《江苏行政学院学报》2017 年第 2 期。

[179] 龙宗智:《欺骗与刑事司法行为的道德界限》，载《法学研究》2002 年第 4 期。

[180] 江平、龙卫球:《法人本质及基本构造研究——为拟制说辩护》，载《中国法学》

1998 年第 3 期。
［181］卢鹏：《法律拟制正名》，载《比较法研究》2005 年第 1 期。
［182］洪灶发：《单位犯罪刑事责任之依据新探——以“添附人格说”为中心的体系建构》，载《理论界》2014 年第 6 期。
［183］畦鸿明、陈爱武：《非法人组织的困境及其法律地位》，载《学术研究》2004 年第 2 期。
［184］刘军：《该当与危险：新型刑罚目的对量刑的影响》，载《中国法学》2014 年第 2 期。
［185］吴景芳：《刑罚与量刑》，载《法律适用》2004 年第 2 期。
［186］朱建华：《单位犯罪主体之质疑》，载《现代法学》2008 年第 1 期。
［187］赖诗霖、苏志远：《单位犯罪能否适用相对不起诉决定》，载《检察实践》2003 年第 1 期。
［188］陈光中、张建伟：《附条件不起诉：检察裁量权的新发展》，载《人民检察》2006 年第 7 期。
［189］张中剑：《检视与完善：我国未成年人附条件不起诉制度若干问题探讨》，载《中国刑事法杂志》2013 年第 7 期。
［190］陈光中：《关于附条件不起诉问题的思考》，载《人民检察》2007 年第 24 期。
［191］郭斐飞：《附条件不起诉制度的完善》，载《中国刑事法杂志》2012 年第 2 期。
［192］张明楷：《也论刑法教义学的立场——与冯军教授商榷》，载《中外法学》2014 年第 2 期。
［193］刘军：《论被害人加权责任的概念》，载《求是学刊》2010 年第 37 卷第 2 期。
［194］车浩：《自我决定权与刑法家长主义》，载《中国法学》2012 年第 1 期。
［195］［德］许乃曼：《刑事不法之体系：以法益概念与被害者学作为总则体系与分则体系间的桥梁》，载许玉秀、陈志辉等编译：《不移不惑献身法与正义——许迺曼教授刑事法论文选集》，新学林出版股份有限公司 2006 年版。
［196］车浩：《被害人教义学在德国：源流、发展与局限》，载《政治与法律》2017 年第 10 期。
［197］刘军、王艺：《被害人教义学及其运用》，载《法律方法》2018 年第 2 期。
［198］谷青：《英国被害人参与刑事司法程序概述》，载《中国司法》2006 年第 3 期。
［199］康黎：《英美法系国家量刑程序中的“被害人影响陈述”制度介评》，载《环球法律评论》2010 年第 6 期。
［200］胡江洪、杨柳幸：《如何从宽：刑事被害人在认罪认罚从宽制度中的量刑参与权研

究——基于重新审视被害人地位的修正性叙述》，载《深化司法改革与行政审判实践研究——全国法院第28届学术讨论会获奖论文集》（上）。
[201] 陈国庆：《试论构建中国式的认罪协商制度》，载《环球法律评论》2006年第5期。
[202] 陈瑞华：《刑事诉讼的私力合作模式》，载《中国法学》2006年第5期。
[203] 刘方权：《认罪认罚从宽制度的建设路径——基于刑事速裁程序试点经验的研究》，载《中国刑事杂志》2017年第3期。
[204] 毕文丽、孙秀明：《认罪认罚从宽制度中被害人合法权益保障问题研究》，载《检查调研与指导》2018年第2辑。
[205] 姜福先、张明磊：《论刑事公诉案件被害人的上诉权》，载《中国刑事法杂志》2005年第3期。
[206]《左传·昭公二十年》。
[207]《大清会典事例》卷846。
[208] 日本《刑事程序中保护被害人等附带措施的法律》，宋英辉译，载樊崇义主编：《诉讼法学研究》（第3卷），中国检察出版社2002年版。
[209] 仲崇玉：《法人人格学说研究》，西南政法大学2006年博士学位论文。

二、外文参考文献

[1] Bryan A. Garner, *Black's Law Dictionary* (*ninth edition*), West Publishing Co. 2009.
[2] Wayne R. Lafave & Jerold H. Israel, *Criminal Procedure*, West Publishing 1992.
[3] David O. Friedrichs, *Trusted Criminals: White Collar Crime in Contemporary Society*, New York. Wadsworth Company, 1996.
[4] William G. Doerner, Steven P. Lab, *Victimology* (*third edition*), Anderson Publishing Co. 2002.
[5] HowardZehr, *Changing Lenses: A New Focus for Crime and Justice*, Scottdale: Herald Press, 1990.
[6] Andrew Karmen, Crime Victims: *An Introduction to Vcitimology* (*third edition*), Wadsworth Publishing Company, 1996.
[7] RobertShiels, High Court of Justiciary – Sentence Discount: Early Guilty Plea, *Journal of Criminal Law*, Vol. 71, Part 2 (2006).
[8] Albert W. Alschuler, The Prosecutor's Role in Plea Bargaining, *University of Chicago Review*, Vol. 36, Issue 1 (Fall, 1968).
[9] Albert W. Alschuler, Plea Bargaining and its History, *Law & Social Review*, Vol. 13, Issue 2 (Winter, 1979).

[10] Jennifer L. Mnookin, Uncertain Bargains: The Rise of Plea Bargaining in America, *Stanford Law Review*, Vol. 57, Issue 5 (April, 2005).

[11] John Paul Ryan, James J. Alfini, Trial Judges' Participation in Plea Bargaining: An Empirical Perspective, *Law & Society Review*, Vol. 13, Issue 2 (1979).

[12] Stuart L. Gasner, Special Performance of Unfulfillable Plea Bargains, *University of Michigan Journal of Law Reform*, Vol. 14, Issue 1 (1980).

[13] Mark H. Haller, Plea Bargaining: The Nineteenth Century Context, *Law & Society Review*, Vol. 13, Issue 2 (Winter, 1979).

[14] J. M. Beattie, Scales of Justice: Defense Counsel and the English Criminal Trial in the Eighteenth and Nineteenth Centuries, *Law and History Review*, Vol. 9, Issue 2 (1991).

[15] Alisdair A. Gillespie, The Righttoa Newton Hearing, *Journal of Criminal Law*, Vol. 74, Issue 1 (2010).

[16] Christoph Safferling & Elisa Hoven Foreword, Plea Bargaining in Germany after the Decision of the Federal Constitutional Court, *German Law Journal*, Vol. 15, Issue 1 (2014).

[17] Regina E. Rauxloh, Formalization of Plea Bargaining in Germany: Will the New Legislation Be Able to Square the Circle, *Fordham International Law Journal*, Vol. 34, Issue 2 (January 2011).

[18] Thomas Weigend & Jenia Iontcheva Turner, The Constitutionality of Negotiated Criminal Judgments in Germany, *German Law Journal*, Vol. 15, No. 1 (2014).

[19] PArenella, Rethinking the Functions of Criminal Procedure: The Warren Couts and Burger Court's Competing Ideologies, *Georgetown Law Journal*, Vol. 185, Issue 72 (1983).

[20] Peter Imbert, Thought on the Report of the Royal Commission in Criminal Procedure, *Police Journal*, Vol. 55, Issue 2 (1982).

[21] James Carey, Charles Laughton, Marlene Dietrich and the Prior Inconsistent Statement, *Loyola University Chicago Law Journal*, Vol. 36, Issue 2 (2005).

[22] Kenneth E. White, Mabry v. Johnson, The Supreme Court Sees the Forest through the Trees, Reverses Plea Bargain Decision, *American Journal of Trial Advocacy*, Vol. 8, Issue 2 (1984).

[23] John D. R. Craig, Guilty Plea Revocation, Constitutional Waiver and the Charter: A Guilty Plea Is Not a Trap, *Dalhousie Law Journal*, Vol. 20, Issue 1 (1997).

[24] Herbert L. Packer, Two Models of the Criminal Process, *University of Pennsylvania Law Review*, Vol. 113, No. 1 (November, 1964).

[25] John Griffiths, Ideology in Criminal Procedureora Third Model of Criminal Process, *Yale Law Journal* Vol. 79, No. 3 (January, 1970).

[26] Kent Roach, Four Models of the Criminal Process, *Journal of Criminal Law and Criminology*, Vol. 89, No. 2 (winter, 1999).

[27] Calin Loana, Plea Bargaining, *Caietede Drept Penal*, Vol. 2015, No. 4 (2015).

[28] Victor E. Kappeler & Gary W. Potter, *The Mythology of Crime and Criminal Justice*, *Long Grove: Waveland Press Inc.*, (2005).

[29] Michael Vitiello, Three Strikes: Can We Return to Rationality?, *The Journal of Criminal Law and Criminology*, Vol. 87, No. 2 (Winter, 1997).

[30] Jacqueline Cohen, Incapacitation as a Strategy for Crime Control: Possibilities and Pitfalls, *Crime and Justice*, Vol. 5 (1983).

[31] John A. Gallagher, Legislation Is Necessary for Deferred Prosecution of Corporate Crime, *Suffolk University Law Review*, Vol. 43, No. 2 (2010).

[32] Preet Bharara, Corporations Cry Uncle and Their Employees Cry Foul: Rethinking Prosecutorial Pressure on Corporate Defendants, *American Criminal Law Review*, Vol. 44 (2007).

[33] Michael Yangming Xiao, Deferred/ Non Prosecution Agreements: Effective Tools to Combat Corporate Crime, *Cornell Journal of Law and Public Policy*, Vol. 23, No. 1 (2013).

[34] Benjamin M. Greenblum, What Happens to a Prosecution Deferred? Judicial Oversight of Corporate Deferred Prosecution Agreements, *Columbus Law Review*, Vol. 105, No. 6 (Oct., 2005).

[35] Lisa Kern Griffin, Compelled Cooperation and the New Corporate Criminal Procedure, *New York University Law Review*, Vol. 82, (May, 2007).

[36] Ved P. Nanda, Corporate Criminal Liability in the United States: Is a New Approach Warranted?, *The American Journal of Comparative Law*, Vol. 58 (2010).

[37] Christopher A. Wray & Robert K. Hur, Corporate Criminal Prosecution in a Post Enron World: The Thompson Memo in Theory and Practice, *The American Criminal Law Review*, Vol. 43 (2006).

[38] Karen L. Kennard, The Victim's Veto: A Way to Increase Victim Impact on Criminal Case Dispositions. *California Law Review*, Vol. 77, No. 2 (Mar., 1989).

[39] Shirley S. Abrahamson, Redefining Roles: The Victims' Rights Movement, *Utah Law Review* 1985, No. 3 (1985).

[40] Frank Carrington& George Nicholson, The Victim's Movement: An Idea Whose Time Has

Come, *Pepperdine Law Review*, Vol. 11 (1984).

[41] EdnaErez, The Effect of Victim Impact Statements on Sentencing Patterns and Outcomes: The Australian Experience, *Journal of Criminal Justice*, Vol. 23 (1995).

[42] Paul H. Robinson, Should the Victims' Rights Movement Have Influence over Criminal Law Formulation and Adjudication, *33 Mc George L. Rev.* 749 (2002).